Peter A. Windel (Hrsg.)

Ernst Jaeger – Aus der Praxis des Insolvenzrechts

Aufsätze

Peter A. Windel (Hrsg.)

Ernst Jaeger – Aus der Praxis des Insolvenzrechts

Aufsätze

DE GRUYTER

Prof. Dr. Peter A. Windel, Ruhr-Universität Bochum

ISBN 978-3-11-027581-0
e-ISBN 978-3-11-027607-7

Bibliografische Information der Deutschen Nationalbibliothek
Die Deutsche Nationalbibliothek verzeichnet diese Publikation in der Deutschen Nationalbibliografie; detaillierte bibliografische Daten sind im Internet über http://dnb.d-nb.de abrufbar.

Datenkonvertierung/Satz: Werksatz Schmidt & Schulz GmbH, Gräfenhainichen
Druck und Bindung: Hubert & Co. GmbH & Co. KG, Göttingen
♾ Gedruckt auf säurefreiem Papier
Printed in Germany

www.degruyter.com

Vorwort

Der Name *Jaeger* steht heute für einen wissenschaftlichen Großkommentar, der den Bedürfnissen der Praxis durch eine beispielhafte dogmatische Durchdringung der insolvenzrechtlichen Strukturen wie wenig andere Erläuterungswerke gerecht wird. Geschaffen wurde dieses beeindruckende Werk von *Ernst Jaeger,* der es bis einschließlich der 6./7. Auflage (Band I 1931, Band II 1936) auch allein bearbeitet hat. Dies müsste schon für sich genommen als ungeheure Lebensleistung gelten, selbst wenn daneben nicht noch ein *Lehrbuch des Deutschen Konkursrechts* (8. Auflage 1932, Nachdruck 1973) und vor allem eine außerordentlich fruchtbare Publikationstätigkeit durch und in Periodika stehen würden. Ganz seinem Grundverständnis einer dogmatisch hochwertigen wie praktisch brauchbaren Jurisprudenz entsprechend begründete *Ernst Jaeger* 1907 zusammen mit den beiden Reichsgerichtsräten *Adelbert Düringer*[1] und *Heinrich Könige* die Leipziger Zeitschrift (LZ)[2] sowie im Jahre 1927 zusammen mit dem Charlottenburger Konkursrichter *Leopold Levy* die Zeitschrift Konkurs und Treuhandwesen (KuT), die heutige KTS. Dieser Band belegt, dass *Ernst Jaeger* bei beiden Zeitschriften nicht nur als Herausgeber und Redaktor, sondern auch als einer ihrer fleißigsten Autoren gewirkt hat. Der prägende Einfluss, den *Ernst Jaeger* auf das Vermögens- und Haftungsrecht seiner Zeit geübt hat, beruht neben dem Kommentar als unverzichtbarem Arbeitsmittel für den Praktiker und dem didaktisch hervorragenden Lehrbuch für die Studenten gerade auch darauf, dass er die drängenden Rechtsfragen der Zeit mit hoher Aktualität in den Periodika aufgegriffen hat. In jeder dieser Publikationsformen wird die Verbindung des von seinem Lehrer *Konrad Hellwig* geschulten wissenschaftlichen Tiefganges mit dem im Justizdienst erworbenen klaren Blick auf das Ergebnis deutlich.

Schön und gut, wird mancher vielleicht bei sich denken – aber was sollen wir heute, fast sieben Jahrzehnte nach dem Tod des großen Rechtsdogmatikers, mit den hier neu abgedruckten Auszügen aus den alten Gazetten anfangen? Schließlich wird deren Essenz letztlich schon in das Lehrbuch und vor allem in den Kommentar eingeflossen sein. Dieser wurde zudem in 8. Auflage durch *Friedrich Lent, Friedrich Weber, Ulrich Klug* und *Günter Jahr* und in der leider unvollendet gebliebenen[3] 9. Auflage durch *Wolfram Henckel* noch zur KO neu bearbeitet und

---

1 Von 1917 bis 1918 badischer Justizminister.

2 Zunächst Leipziger Zeitschrift für Handels-, Konkurs- und Versicherungsrecht, ab 1914 Leipziger Zeitschrift für Deutsches Recht.

3 Es stellt einen großen wissenschaftlichen Verlust dar, dass es *Friedrich Weber* nicht mehr vergönnt war, seine nahezu fertiggestellte Kommentierung der §§ 71 ff. KO zu veröffentlichen.

wird jetzt von *Wolfram Henckel* und *Walter Gerhardt* zur InsO neu herausgegeben, wodurch viele der Gedanken *Ernst Jaegers* ohnehin bis heute fortwirken. Andererseits aber lehrt gerade die Arbeit an der aktuellen Ausgabe des *Jaeger*, wie nützlich, ja manchmal sogar unverzichtbar es ist, zur Lösung von Detailproblemen des heute geltenden Insolvenzrechts auch auf die Aufsätze von *Ernst Jaeger* zurückzugreifen. Zum Ersten ist die Auseinandersetzung gerade mit den praktischen Implikationen einer dogmatischen Frage dort naturgemäß viel intensiver als im Kommentar oder gar im Lehrbuch. Zum Zweiten hatte *Ernst Jaeger* wenn überhaupt eine Schwäche, dann diejenige, dass er sich selbst offenbar nicht gern zitieren mochte – weswegen Nachweise auf seine Aufsätze in den von ihm noch selbst betreuten Auflagen des Kommentars oft fehlen oder (fast noch erstaunlicher) gelegentlich sogar in die Irre führen. Zum Dritten hat namentlich *Friedrich Lent* bei der Bearbeitung der §§ 1 – 70 KO in der 8. Auflage zudem viele Hinweise getilgt, was den konkreten Bezug der inhaltlich sonst meist unverändert gebliebenen Kommentierung leider gelegentlich verschleiert hat.

All dies hat dazu beigetragen, dass sich im Zuge der Neubearbeitung des Kommentars nach und nach eine kleine Sammlung von Aufsätzen *Ernst Jaegers* gebildet hatte. Um nicht immer aufs Neue in den schwer zugänglichen Vorkriegszeitschriften suchen zu müssen, drängte alles zu einer systematischen Erfassung der Publikationen. Dabei hat sich dann gezeigt, dass uns *Ernst Jaeger* nicht nur die dogmatischen Strukturen des alten Konkursrechts aufgezeigt hat, mit denen sich auseinanderzusetzen schon für sich genommen auch heute noch lohnend ist.[4] Es hat sich vielmehr auch herausgestellt, dass *Ernst Jaeger* auf die Gretchenfrage jeder Insolvenz, nämlich *Liquidieren oder Sanieren?*, in seinen Aufsätzen in viel stärkerem Maße eingehen konnte als im Kommentar der KO als einem schon zur Zeit ihrer Entstehung eher rückschrittlichen Liquidationsgesetz.[5] Es sind daher ganz gezielt auch Beiträge zur Geschäftsaufsicht und zum Vergleich, also zu Rechtsinstituten, die jeweils der Abwendung des Konkursverfahrens dienen sollten, in diesen Band aufgenommen, was den Titel *Aus der Praxis des Insolvenzrechts* rechtfertigt. Der Leser wird schnell erkennen, wie modern *Ernst Jaeger* nach wie vor auch zu diesem Themenkreis erscheint. Zur Abwendung persönlicher Verantwortlichkeiten muss an dieser Stelle freilich vor der Nebenwirkung gewarnt werden, dass die Lektüre dieses Bandes nicht nur Gewinn und Freude verspricht, sondern bei manchen durchaus dazu führen mag, überschäumende

---

4 Dazu eindrücklich *Hans-Peter Kirchhof*, unten S. 14 ff.

5 Dazu *Jaeger*, Lehrbuch des Deutschen Konkursrechts[8] (1932/1973), S. 216 ff., sowie jüngst *Eisenhardt*, Sanierung statt Liquidation (2011), S. 60 ff.

Reformeuphorie unserer Tage zu vergällen. Besteht dazu aber überhaupt jemals Anlass?

Dieser Band hätte in der vorliegenden Form nicht entstehen können ohne den überobligationsmäßigen Einsatz meines wissenschaftlichen Mitarbeiters *Robert Korves*, dem ich an dieser Stelle sehr für die redaktionelle Betreuung des Manuskripts danke.

Peter A. Windel

Inhalt

Erster Teil – Zur Person

Ernst Jaeger.

DJZ 1909 Sp. 1046–1048

Zu Landau in der Rheinpfalz am 22. Dez. 1869 als Sohn eines Kaufmanns geboren, habe ich in den Jahren 1879 – 1888 das humanistische Gymnasium meiner Vaterstadt besucht. Ich studierte in Straßburg, Heidelberg, Leipzig und Erlangen Rechts- und Staatswissenschaften, promovierte 1893 zu Erlangen mit einer Dissertation über die Voraussetzungen des Nachlaßkonkurses und legte 1895 die zweite juristische Staatsprüfung ab. Danach einige Jahre als Hilfsarbeiter im bayerischen Justizministerium verwendet und sodann zum Amtsrichter ernannt, bin ich 1899 als Extraordinarius für bürgerliches Recht nach Erlangen, im folgenden Jahre als Ordinarius für Zivilrecht und Zivilprozeßrecht nach Würzburg berufen worden. Seit 1905 gehöre ich der Leipziger Juristenfakultät an, von deren Mitgliedern noch ein erheblicher Teil zu meinen Lehrern zählt. | | Sp. 1047

Meine Vorliebe für das Studium des Konkursrechts geht zurück auf ein anregendes Kolleg, das ich in meinem achten Semester bei Konrad Hellwig gehört habe. Die Gunst der Zeiten fügte es, daß gerade damals die Wissenschaft des Konkursrechts durch gedankenreiche Arbeiten eine vielfältige Befruchtung empfing. Nach Veröffentlichung einiger Beiträge zur Pfandrechtslehre rheinisch-französischer Quellen (Zeitschr. für franz. Zivilrecht, Bd. 26 und 27) verfaßte ich 1895 meine erste größere Schrift, „Konkurs der offenen Handelsgesellschaft", die Hermann Staub Anlaß gab, mich zu einer Erläuterung der Konkursordnung
| Sp. 1048 anzu- | regen. Von seiner Methode ausgehend, suchte ich im Rahmen des Gesetzes eine systematische Darstellung des gesamten Konkursrechts aufzubauen. So ist der Kommentar entstanden, in dem sich seit Jahren meine Schriftstellertätigkeit konzentriert. Der Vorbereitung und Ergänzung dienten die Studien über Erbenhaftung und Nachlaßkonkurs (1898) sowie über die Gläubigeranfechtung außerhalb des Konkurses (1905). Als Mitherausgeber der Leipziger Zeitschrift bin ich bemüht, einer mit den Errungenschaften der Rechtslehre Schritt haltenden Gesetzesanwendung die Wege zu bahnen.

Ernst Jaeger zum 60. Geburtstage.

KonkTreuh 1929 S. 177

Am 22. Dezember dieses Jahres vollendet Ernst Jaeger das sechzigste Lebensjahr. Dreißig Jahre sind es her, daß er seinen Kommentar zur Konkursordnung herauszugeben begann, der ihn in die Reihe unserer großen Meister rückte. Dreißig Jahre lehrt er das Konkursrecht, 1899 in Erlangen, von 1900 ab in Würzburg und seit 1905 in Leipzig. Mit Liebe und Begeisterung lehrt er es, und seine Hörer haben seinen Vorträgen mit Andacht und Verehrung gelauscht.

Seine Bedeutung wuchs aber weit über den Hörsaal der Universität hinaus. Wohl niemals hat ein Gelehrter die Rechtsprechung so beeinflußt, ja man kann sagen beherrscht, wie Ernst Jaeger. Zeugnis hierfür legen die Entscheidungen des Reichsgerichts ab.

Kaum ist sein Kommentar erschienen, so wird er auch schon in den Urteilen angeführt und gewürdigt, zum ersten Male in RGZ. Band 46 Seite 167, das ein Urteil des IV. Zivilsenats vom 2. Juli 1900 bringt. Dann folgen Urteile auf Urteile, die Jaegers Geist atmen. Jaeger wird der unsichtbare Leiter des Konkurssenats.

Das geistige Band, das Jaeger mit dem Reichsgericht verknüpft, hat sich zu einem Treuverhältnis erweitert, das Jaeger in rührender Anhänglichkeit pflegt. Ein Leben ohne engste Verbundenheit mit dem Reichsgericht kann er sich nicht vorstellen, und so lehnte er jedes Ansinnen, ihn an eine andere Universität zu ziehen, ab. Eine solche Absage liegt mir vor, geschrieben auf einem Briefbogen, dessen Kopf das Bild des Reichsgerichts trägt.

Neben der Universität und dem Reichsgericht gilt seine Arbeit der Rechtspraxis und der Wirtschaft. Er wird nicht müde in der Beantwortung der zahllosen Anfragen von Rechtsanwälten, Konkursverwaltern, Laien. Viele Tausende von Briefen mit der zierlichen Schrift von eigener Hand gingen in die Welt hinaus, beratend, belehrend warnend. Bände füllende Gutachten kommen allen Kreisen der Wirtschaft zu Gute.

Eine Gigantenarbeit hat er verrichtet. Unablässig arbeitet er weiter an seinem Kommentar, bessernd, erweiternd, immer wieder neu auflegend. Daneben viele andere Arbeiten: Aufsätze, Lehrbücher, Gesetzessammlungen.

Daß er noch lange unser Führer und Förderer bleiben möge, wünschen mit dem Herausgeber die Mitarbeiter und Leser unserer Zeitschrift.

Leopold Levy.

Ernst Jaeger zum siebzigsten Geburtstag

KonkTreuh 1940 S. 2–3

Am 22. Dezember des verflossenen Jahres hat Ernst Jaeger, der Mitbegründer und Mitherausgeber unserer Zeitschrift in voller geistiger Spannkraft und körperlicher Frische sein siebzigstes Lebensjahr vollendet. Des Krieges wegen können ihm seine Mitarbeiter und der Verlag ihre Glückwünsche öffentlich erst in dem das neue Jahr einleitenden Hefte der Zeitschrift entbieten. Es ist ein tiefes Gefühl der Dankbarkeit gegenüber dem Jubilar und der Ehrfurcht vor seinem Lebenswerk, das nicht nur uns, sondern alle erfüllt, die wie Ernst Jaeger durch das Recht dem Leben dienen wollen. Rechtswissenschaft war ihm nie eine vom Leben abgezogene Angelegenheit, sondern unmittelbar Dienst am praktischen Leben und damit, wie es die Art des echten deutschen Rechtswahrers sein soll, Dienst am Volke. Keiner der lebenden deutschen Rechtslehrer und wohl auch keiner von denen, die vor ihm an Deutschlands Hohen Schulen gewirkt haben, hat so der Praxis nicht nur des Inlands, sondern auch des Auslands gedient und sie so beeinflußt und gefördert wie Ernst Jaeger. Insofern ist er als Forscher wie als Schriftsteller in seiner Art und Wirkung eine ganz einmalige Erscheinung. Die Ursache dieser beispiellosen Wirksamkeit beruht auf dem glücklichen Zusammentreffen von Qualitäten, wie sie nicht eben häufig in gleicher Stärke in e i n e r Persönlichkeit vereinigt sein dürften. Es sind dies ein außerordentlicher Tatsachensinn, umfassende Sachkunde, starke dogmatische Kraft und nicht zum wenigsten eine erstaunliche rechtsschöpferische Phantasie.

Von seiner Erstlingsschrift, den „Voraussetzungen eines Nachlaßkonkurses“ (1893) an hat das Schuldenabwicklungsrecht im Mittelpunkt seiner Arbeit und Forschung gestanden, mit dem Erfolg, daß dieses Gebiet eine wissenschaftliche Vertiefung erfahren hat wie kaum ein anderer Rechtsstoff, und daß die deutsche Rechtswissenschaft und Praxis im Bereiche des Schuldenabwicklungsrechts in der Welt die unbestrittene Führung erlangt und behalten hat. Innerhalb des Schuldenabwicklungsrechts ist es besonders das Konkursrecht, dem Jaeger als dem Kernstück der Materie seine volle Kraft gewidmet hat. Unser Konkursrecht hat unter einem glücklichen Stern gestanden: Zu dem genialen Schöpfer unserer Konkursordnung, Karl von Hagens, hat sich in Ernst Jaeger der kongeniale Kommentator gesellt. Sein größtes Werk, recht eigentlich sein Lebenswerk, sein Kommentar zur Konkursordnung, dessen 6. und 7. Auflage 1934/35 vollendet wurde, ist durch die Fülle des Stoffes, dessen wissenschaftliche Durchdringung und die systematische Geschlossenheit nicht nur auf seinem Gebiet, sondern in seiner Art die größte kommentatorische Leistung des deutschen Rechtsschrifttums. Jaegers Forscher- und Schriftstellertätigkeit hat sich aber nicht auf das Konkursrecht beschränkt, sondern in gleich tiefschürfender Weise das Recht der Einzelanfechtung und der Konkursverhütung sowie das Zivilprozeßrecht erfaßt. Schon diese Breite des Arbeitsgebietes zeigt, daß Jaeger alles andere als ein sogenannter Spezialist ist. Nichts ist falscher als die in Kreisen der Theorie auch neuerdings noch hin und wieder vertretene Auffassung, daß das Schuldenabwicklungsrecht eine engbegrenzte Spezialmaterie von beschränktem Geltungsbereich sei. Umfaßt es doch das gesamte Recht der Vermögenshaftung, das aus dem Blickpunkt der Schuldenabwicklung und des Prozesses erst seine letzte Abrundung und damit seine systematisch-wissenschaftliche Einheit gewinnt. Es ist eine selbstverständliche Folge davon, daß Jaegers Schriften, und zwar nicht nur die großen Kommentare zur Konkursordnung und zum Anfechtungsgesetz sowie seine systematischen Darstellungen des Konkursrechts und der Konkursverhütung, sondern auch seine fast unübersehbare Zahl von Abhandlungen und Aufsätzen die verschiedensten Gebiete des sogenannten bürgerlichen wie auch des öffentlichen Rechts berührt und ihnen neue Erkenntnisse abgewonnen haben. Eine Aufzählung seiner Arbeiten würde bald ein ganzes Heft unserer Zeitschrift füllen. Sie soll in einer dem Jubilar gewidmeten, noch in diesem Jahre erscheinenden Festschrift seiner Schüler, Freunde und Verehrer veröffentlicht werden.

Bei jeder echten wissenschaftlichen Leistung tritt der Schöpfer hinter sein Werk zurück. So ist auch Ernst Jaeger bei der Fülle seiner Arbeiten, die höchste geistige Zucht und die ganze Kraft erforderten, still seinen Weg gegangen. Es entspricht auch seiner sachlichen Art, wenig Worte zu machen und nie von sich zu reden. Deshalb soll auch bei diesem festlichen Anlasse von seinem persönlichen Leben nur das erwähnt werden, was zur Sache gehört und den Mann kennzeichnet. Jaeger ist zu Landau in der Pfalz geboren. Die Klarheit, Durchsichtigkeit und schlichte Schönheit seines Stils sind wohl durch diese Abstammung mitbestimmt. Als junger Assessor und Amtsrichter hat er sich zunächst in der richterlichen Praxis und sodann zwecks Mitarbeit an der Einführung des neuen bürgerlichen Rechts vor der Jahrhundertwende im damaligen bayerischen Justizministerium betätigt. Um so erstaunlicher bei dieser verhältnismäßig kurzen Richtertätigkeit sind deshalb sein untrüglicher praktischer Blick und seine Entscheidungsgabe. Allerdings hat Jaeger Jahrzehnte lang eine umfassende gutachtliche und beratende Tätigkeit ausgeübt, was zweifellos seine schriftstellerischen Arbeiten erheblich befruchtet hat. Die Anfragen und Anforderungen aus der Praxis waren für ihn aber immer nur Anregung zum Ausdenken weiterer Möglichkeiten und damit zur Gewinnung neuer Rechtssätze oder feinerer begrifflicher Unterscheidungen.

Zur akademischen Laufbahn gewonnen und in diese eingeführt worden ist er in Erlangen durch den großen Prozessualisten Konrad Hellwig, der ihm nicht nur Lehrer war, sondern auch Freund fürs Leben wurde. Erst 36 Jahre alt, wurde er,

nachdem er schon 1899 in Erlangen außerordentlicher Professor und bereits 1900 in Würzburg Ordinarius geworden war, der Leipziger Juristenfakultät, der damals bedeutendsten Rechtsfakultät Deutschlands, wenn nicht der Welt, gewonnen und ist ihr immer treu geblieben. Mehrere ehrenvolle Rufe hat er ausgeschlagen. Was ihn an Leipzig am meisten gefesselt hat, und weshalb für ihn Leipzig der rechte Boden geworden ist, war sein Zusammenwirken mit dem höchsten deutschen Gerichtshof, dessen Rechtsprechung er wie kein anderer Hochschullehrer den Stempel seines Geistes aufgedrückt hat. Gleich stark war auch seine akademische Wirksamkeit, Jaeger ist der geborene akademische Lehrer. Es ist selbstverständlich, daß eine solche Persönlichkeit eine große Zahl Schüler, und zwar auch noch unter den jüngsten Rechtswahrern, gefunden hat. Vielen von ihnen ist er nicht nur der anregende Lehrer, sondern auch Förderer und Freund geworden. Eine „Schule“ | hat er freilich nicht gebildet und auch niemals bilden wollen, da | S. 3
er immer der Ansicht war, daß die Bildung einer wissenschaftlichen Schule eine Fessel für echte geistige Freiheit ist, und weil ihm rein theoretische Betrachtungen bei seiner ausgesprochenen Ausrichtung auf das praktische Leben wesensmäßig fern liegen. Nach außen ist er im akademischen Leben wenig hervorgetreten. Man hat ihm daraus gelegentlich einen Vorwurf machen wollen. Zu Unrecht. Der Grund für diese Zurückhaltung war die Hingabe an sein Werk. Was ihn dabei beherrschte, war nicht Gleichgültigkeit gegen akademische Belange, die er sachlich mit Rat und Tat stets vertreten hat, sondern der Gedanke, das zu tun, was er allein oder besser als andere tun konnte, das übrige aber, was andere ebenso gut tun konnten, diesen zu überlassen.

Trotz der Riesenfülle des jeweils gebotenen Stoffes und ihres Gedankenreichtums atmen Jaegers Werke immer den Geist klassischer Ruhe und Ausgeglichenheit. Und wie er selbst eine durchaus harmonische Persönlichkeit ist, so ist auch sein persönliches Leben in seltener Harmonie verlaufen bis zum Ende des Weltkrieges. Im Spätsommer 1918, kurz vor dem Zusammenbruch, fand sein hochbegabter erster Sohn als junger Reserveoffizier an der Westfront den Heldentod. Dieser Verlust und der Niedergang Deutschlands haben ihn aufs tiefste erschüttert. Nur schwer und langsam hat er damals sein seelisches Gleichgewicht wiedergefunden, am meisten durch sachliche Arbeit und durch das Glück der Geburt eines zweiten Sohnes.

Politisch ist Ernst Jaeger nicht hervorgetreten, er hat aber in der Systemzeit, wo er konnte, mit seinen Mitteln den Wehrgedanken und die Wehrmacht gefördert. Die Wandlung des Deutschen Reiches zum Einheitsstaat, die Befreiung seiner rheinischen Heimat, die Erneuerung unserer Wehrkraft und die Schaffung Großdeutschlands durch den Führer hat er begeistert begrüßt. Für Jaeger wie auch für uns nationalsozialistische Rechtswahrer ist bedeutsam seine langjährige wissenschaftliche Zusammenarbeit mit dem Vorkämpfer des neuen Deutschlands und des nationalsozialistischen Rechtsdenkens Theodor v. d. Pfordten, dem er nahe verbunden war.

Erich Bley.

Ernst Jaeger zum Gedächtnis

ZZP 64 (1950/51) S. 1–3
Von Professor Dr. Wolfgang Bernhardt, München

Als am 12. Dezember 1944 Geheimrat Professor Dr. jur., Dr. rer. pol. h. c. Ernst *Jaeger* in Leipzig seine Augen für immer schloß, verlor Deutschland einen seiner größten Rechtsgelehrten. Die Besonderheit der Persönlichkeit Jaegers liegt darin, daß er nicht nur ein scharfsinniger Theoretiker, sondern gleichzeitig ein erfahrungsreicher Praktiker und anschaulich gestaltender Lehrer war. Daraus erklären sich seine fruchtbare wissenschaftliche Tätigkeit, seine weitreichende Beeinflussung der Rechtsprechung, namentlich des Reichsgerichtes, und die Anhänglichkeit seiner Schüler, denen er Meister und väterlicher Freund war.

Jaeger wurde am 22. Dezember 1869 in Landau in der Pfalz geboren. Dort besuchte er von 1879 bis 1888 das Humanistische Gymnasium. Anschließend studierte er bis zum Jahre 1892 an den Universitäten Straßburg, Heidelberg, Leipzig und Erlangen Rechtswissenschaft. 1893 promovierte er in Erlangen bei Konrad Hellwig zum Doktor beider Rechte. Nach Ableistung des Vorbereitungsdienstes trat er 1895 in den Bayerischen Justizdienst ein und wurde bald in seiner Vaterstadt zum Amtsrichter ernannt. Von einer Habilitation sah Jaeger aus persönlichen Gründen ab. Seine im Jahre 1897 erschienene Schrift über den Konkurs der offenen Handelsgesellschaft fand aber in der wissenschaftlichen Welt eine derart günstige Aufnahme, daß er 1899 als außerordentlicher Professor an die Universität Erlangen berufen wurde. Bereits 1900 wurde er ordentlicher Professor in Würzburg. 1905 kam er in gleicher Eigenschaft nach Leipzig, der damals angesehensten deutschen Rechtsfakultät. Es sei nur an die Namen Wach, Binding, Sohm und Mitteis erinnert. Hier hat er bis zu seiner im Jahre 1935 erfolgten Emeritierung Deutsches Bürgerliches Recht und Zivilprozeßrecht gelehrt. Bis zuletzt galt der Leipziger Juristenfakultät seine Liebe und Sorge. Ihr wissenschaftliches Ansehen zu mehren, war sein ständiges Bemühen.

Jaeger war die erste Autorität auf dem Gebiete des Konkursrechts. Hier sahen nicht nur die deutschen, sondern auch ausländische Juristen zu ihm auf. Kennzeichnend hierfür ist, daß sich die Japanische Regierung bei der Erneuerung des Konkursrechts an ihn wandte. Die Japanische Konkursordnung vom 24. April 1922, die im wesentlichen auf deutschen Grundlagen aufbaut, ist von Jaeger maßgeblich beeinflußt worden.

1901 erschien die 1. Auflage des Kommentars zur Konkursordnung, 1904 folgte die 2., 1913 die 3. und 4., 1916 die 5., 1931 und 1936 die 6. und 7. Auflage. Jaegers Ziel war es, den Rechtsstoff wissenschaftlich zu durchdringen und so die erforderlichen Grundlagen für eine zweckmäßige Rechtsanwendung zu gewinnen.

| S. 2 Zahlreiche in die Erläuterungen eingewebte Beispiele gehen auf | unveröffentlichte Rechtsfälle zurück, die ihm aus Richter- und Anwaltskreisen, mit denen er engste Fühlung hielt, unterbreitet worden waren. Gar mancher, auf kurze Zeilen zusammengedrängte Satz ist das Ergebnis eingehender Untersuchung. Jaeger hat sich nie damit zufrieden gegeben, in seinem Kommentar lediglich den neuesten Stand der Rechtsprechung und Rechtslehre aufzuzeigen, vielmehr hat er die Materie in unermüdlicher Forscherarbeit selbständig verarbeitet und gestaltet.

1905 veröffentlichte Jaeger seinen nicht minder einflußreichen Kommentar zum Anfechtungsgesetz, der 1938 in 2. Auflage erschienen ist. 1932 schrieb er sein Lehrbuch des Deutschen Konkursrechts, das in erster Linie für die Studierenden gedacht war, infolge seines das ganze Rechtsgebiet gedrängt und übersichtlich behandelnden Systems aber auch der Praxis große Dienste geleistet hat. Außerordentlich beliebt war Jaegers Sammlung der Reichszivilgesetze, die in neun Auflagen vorliegt. Von 1925 an war Jaeger Mitherausgeber der Zeitschrift für Deutschen Zivilprozeß, in der er viele bedeutsame Abhandlungen veröffentlicht hat. Außerdem war er Mitherausgeber der Zeitschrift „Konkurs- und Treuhandwesen".

Aus der großen Fülle der Probleme, die durch Jaeger ihre endgültige Lösung gefunden haben, seien nur einige wenige herausgegriffen.

Bei dem Konkurs einer Aktiengesellschaft war es eine stark umstrittene Frage, ob die Mitglieder des Vorstandes wegen ihrer aus der Zeit vor der Konkurseröffnung herrührenden Gehaltsansprüche eine nach § 61 Nr. 1 KO. bervorrechtigte Konkursforderung geltend machen können. Früher wurde allgemein gelehrt, daß Verbandsvorständen das Lidlohnvorrecht gebühre, da sie auf Grund von Dienstverträgen tätig würden. Dem ist Jaeger entgegengetreten, indem er darauf hinwies, daß dieses Vorrecht sozialpolitischen Charakter habe und daher nur dann geltend gemacht werden könne, wenn der Dienstpflichtige zu dem Dienstberechtigten in einem sozialen Abhängigkeitsverhältnis stehe. Daran fehlt es den Organen einer juristischen Person, namentlich dem Vorstand einer Aktiengesellschaft, der im geschäftlichen Unternehmen die Stellung des Prinzipals einnimmt. Wer Herr und Leiter des Unternehmens ist und eben auch darum für die Abwirtschaftung, die zum Konkurs geführt hat, die Verantwortung trägt, erscheint des Vorrechts weder bedürftig noch würdig. Damit trug Jaeger dem wirtschaftlichen und sozialen Unterschied, der zwischen dem Vorstand einer Aktiengesellschaft und ihren Angestellten besteht, auch auf rechtlichem Gebiet Rechnung. Seinen überzeugenden Darlegungen ist die reichsgerichtliche Rechtsprechung (RG. 120, 300) und die gesamte Praxis gefolgt.

Seit jeher war die Frage umstritten, ob den Vergleichsgläubigern an dem zur Durchführung eines Treuhandvergleichs dem Treuhänder übereigneten Treugute ein Recht auf abgesonderte Befriedigung zusteht, wenn später über das Vermö-
| S. 3 gen des Schuldners das Konkursverfahren eröffnet wird. Eine weit | verbreitete

Ansieht bejaht dies. Die Folge davon wäre, daß ein wertvoller Teil des Schuldnervermögens nicht zur Konkursmasse gehörte, was die Neugläubiger schwer schädigen würde. Jaeger hat demgegenüber darauf hingewiesen, daß die zum Zwecke einer Schuldenbereinigung abgeschlossenen Treuhandverträge Geschäftsbesorgungsverträge sind, mag eine natürliche Einzelperson, ein Gläubigerausschuß oder eine Treuhandgesellschaft mit der Gläubigerbefriedigung betraut sein. Demgemäß tritt nach § 23 KO. mit der Eröffnung des Konkursverfahrens unabdingbar das Erlöschen dieser Geschäftsbesorgungsverträge ein. Das Treugut, aus dessen Ertrag oder Erlös die Schuldenbereinigung erfolgen sollte, bildet dann einen Bestandteil der Konkursmasse des Treugebers. Und zwar vollzieht sich der Rückfall des Treugutes in das Schuldnervermögen bei der Konkurseröffnung automatisch, da die Übertragung des Treugutes an den Treuhänder stillschweigend in dem Sinne bedingt ist, daß sie ihre Wirksamkeit verlieren soll, wenn ihr Zweck, die Konkursabwendung, hinfällig wird. Auch in dieser Frage hat sich das Reichsgericht (RG. 145, 253) vorbehaltlos der Ansicht Jaegers angeschlossen.

Beide Beispiele zeigen, daß es Jaeger niemals nur auf juristische Logik, sondern stets auch auf wirtschaftliche Zweckmäßigkeit ankam. Deswegen werden seine Arbeiten über seinen Tod hinaus ihre Bedeutung für das Rechtsleben behalten.

Ernst Jaeger und das deutsche Insolvenzrecht am Beginn des 21. Jahrhunderts

10. Leipziger Insolvenzrechtstag S. 4–12
RiBGH a.D. Hans-Peter Kirchhof

Als mich Herr Professor Berger fragte, ob ich den heutigen Festvortrag halten wollte, habe ich mir Gedanken darüber gemacht, warum gerade mir als Praktiker der ehrenvolle Auftrag erteilt wurde, einen so bedeutenden Rechtswissenschaftler wie Ernst Jaeger zu würdigen. Ich nehme an, dass dies mit der überragenden Bedeutung zusammenhängt, die Jaeger als Rechtslehrer für die Entwicklung des deutschen Konkurs- bzw. Insolvenzrechts auch in der Praxis erlangt hat.

I.

Beginnen möchte ich mit meinen persönlichen Erfahrungen dazu. Insbesondere das Anfechtungsrecht habe ich an Hand der Jaegerschen Kommentare erlernt. Weder an der Universität noch während der Referendarzeit wurde es näher dargestellt, sondern ich musste es mir erstmals als Richter im Zusammenhang mit den Fällen erarbeiten, die jeweils an mich herangetragen wurden. Das wirkte sich vor allem bei Gerichten mit einer entsprechend spezialisierten Zuständigkeit aus, zuletzt am IX. Zivilsenat des Bundesgerichtshofs. In jener Zeit lag zur Konkursanfechtung schon die 9. Auflage des Kommentars mit der gleichermaßen überragenden Neubearbeitung durch Professor Wolfram Henckel vor. Aber in der Anfangszeit meiner Tätigkeit am BGH war noch die Anfechtung durch Einzelgläubiger außerhalb des Konkurses fast ebenso häufig, und dazu gibt es als umfassend angelegtes Werk weiterhin allein die 2. Auflage des Großkommentars von Ernst Jaeger aus dem Jahre 1938. Deshalb will ich hier speziell dieses Buch als Beispiel nehmen. Es vereinigt Wissenschaftlichkeit und Praxisnähe und lässt durchweg das didaktische Anliegen des Lehrers erkennen. Durch die stringente Gliederung erleichtert es das Einarbeiten. Alle einzelnen Rechtsfragen werden, unter Abwägung mit Gegenmeinungen, systematisch in einer Weise abgehandelt, die nur schwer Zweifel an der Richtigkeit der Ausführungen aufkommen lässt. Für die Anschaulichkeit sorgt, neben dem lebendigen Stil, die Fülle von Beispielsfällen, die jeweils straff den einschlägigen Rechtssätzen zugeordnet sind. Der gesamte wesentliche Kenntnisstand der Bearbeitungszeit scheint umfassend und zuverlässig ausgewertet. Und was ich als Praktiker besonders hervorheben möchte:

Die Ergebnisse werden meist auch darauf überprüft, ob und wie sie den sozialen und wirtschaftlichen Gegebenheiten entsprechen. Sie überzeugen durchweg ebenfalls.

II.

Als nächstes möchte ich darstellen, wie Ernst Jaegers Lehren auch heute noch – fast 65 Jahre nach seinem Tod – inhaltlich fortwirken.

1) Eine Schwierigkeit hierbei liegt darin, dass sich seine Ansichten in den meisten Fällen so sehr durchgesetzt haben, dass frühere Meinungsverschiedenheiten über die betroffenen | Fragen fast bedeutungslos geworden sind. Dazu will ich | S. 5
nur einige wenige Beispiele nennen: Etwa dass das Insolvenzverfahren im Kern dem Zivilprozessrecht – nicht der Freiwilligen Gerichtsbarkeit – zuzuordnen ist.[1] Heute vertritt auch niemand mehr die – von Jaeger bekämpfte – Ansicht, man könne durch einen Treuhandvergleich Vermögen des Schuldners mit der Wirkung ausgliedern, dass die dadurch Begünstigten ein Absonderungsrecht in einer anschließenden Insolvenz des Schuldners erlangen.[2] Dass Insolvenz- und Gläubigeranfechtung fristwahrend einseitig nur gerichtlich geltend gemacht werden können[3], ist inzwischen gesetzlich festgelegt, ebenso die Unanfechtbarkeit von Bardeckungen.[4] Kaum noch bestritten wird heute, dass nichtige Rechtshandlungen zugleich anfechtbar sein können, soweit sie die Insolvenzgläubiger tatsächlich benachteiligen.[5] Und sogar Bankjuristen leugnen nicht mehr, dass der allgemeine Nachbesicherungsanspruch der Banken – zurzeit gestützt auf Nr. 13 Abs. 1 ihrer AGB – mit Bezug auf eine spätere Anfechtung lediglich eine inkongruente Deckung begründet.[6] Dass eine unentgeltliche Zuwendung erbringt, wer – ohne Gegenleistung und ohne eigene Verpflichtung – die Schuld eines anderen tilgt, und dass hierbei der Gläubiger der Leistungsempfänger ist, falls dessen Schuld-

---

1 *Jaeger*, Lehrbuch des Deutschen Konkursrechts, 8. Aufl. 1932, S. 11 f.

2 RGZ 145, 253, 256; *Jaeger*, Kommentar zur Konkursordnung, 6./7. Aufl., 1931–1936, § 23 Anm. 8, S. 419 f.

3 So *Jaeger*, Lehrbuch (Fn. 1), S. 157 f.; vgl. jetzt § 146 Abs. 1 InsO i.V.m. §§ 203 ff. BGB, § 7 Abs. 1 AnfG.

4 *Jaeger*, Kommentar (Fn. 2) § 29 Anm. 37; vgl. jetzt § 142 InsO.

5 *Jaeger*, Kommentar (Fn. 2) § 29 Anm. 51–53; vgl. MünchKomm-InsO/*Kirchhof*, 2. Aufl. § 129 Rn. 30 – 32.

6 *Obermüller*, Insolvenzrecht in der Bankpraxis, 6. Aufl., Rn. 6.102.

ner zahlungsunfähig ist, musste allerdings noch in neuerer Zeit zu § 134 InsO gerichtlich bestätigt werden.[7]

Als zeitgeschichtliche Kuriosität möchte ich noch einen Satz aus Jaegers Lehrbuch des Konkursrechts[8] zitieren: „Befähigt zum Verwalteramte sind alle geschäftsfähigen natürlichen Personen, auch Frauen ...“ Sie werden über diese Hervorhebung wahrscheinlich lachen. Aber man muss bedenken, dass nach damaligem Recht Ehefrauen, die im gesetzlichen Güterstand lebten, nicht einmal ihr eigenes Vermögen selbst verwalten durften, sondern es zur Verwaltung und Nutznießung an den Ehemann herausgeben mussten.[9]

2) Eine so lange anhaltende literarische Wirkung ist in unserer schnelllebigen Zeit umso erstaunlicher, als sich die Praxis – inzwischen ans Internet gewöhnt – mit älterer Literatur sehr schwer tut. Dies möchte ich an einem kleinen Beispiel verdeutlichen, das gerade Ernst Jaeger betrifft: Ein Konkursverwalter war im Jahr 1990 sowohl für das Konkursverfahren über das Vermögen einer Kommanditgesellschaft als auch für dasjenige über das Vermögen ihres persönlich haftenden Gesellschafters bestellt. Ein Gläubiger meldete seine Forderung in beiden Verfahren an. Im Gesellschafterkonkurs verteilte der Verwalter aber die gesamte vorhandene Masse, ohne diesen Gläubiger zu berücksichtigen. Gegen dessen Schadensersatzklage verteidigte sich der Konkursverwalter wie folgt: Einen etwaigen Ausfall des Gläubigers im Gesellschaftskonkurs – also über das Vermögen der KG – könne er nur unter erheblichen Schwierigkeiten und nicht zuverlässig
| S. 6 ermitteln. Bis zur Klärung | eines solchen Ausfalls Teile der Masse im Gesellschafterkonkurs zurückzubehalten – wie es § 212 Abs. 2 der Konkursordnung vorsah – sei viel zu aufwändig und langwierig. Stattdessen müsse der Gesellschafter entsprechend § 153 KO selbst seinen Ausfall nachweisen, was er hier versäumt habe. Eine gegenteilige, dem Gläubiger günstigere Ansicht werde nur in einem einzigen Kommentar vertreten, nämlich dem von Jaeger, in der 8. Auflage bearbeitet von Friedrich Weber. Ich zitiere weiter: Dieses Buch sei aber 30 Jahre alt und könne schon deshalb nicht mehr richtig sein.

Am Bundesgerichtshof[10] sind wir jedoch der Begründung in jenem „überalterten“ Buch nachgegangen, die sich so schon in der von Ernst Jaeger selbst bearbeiteten

---

7 *Jaeger*, Kommentar § 32 Anm. 6; vgl. BGH WM 2006, 1156, 1157; BGHZ 174, 228, 231 f.; einschränkend BGH WM 2008, 1459, 1460.

8 Fn. 1, S. 81 f.

9 §§ 1363, 1373 ff. BGB a.F.

10 Urt. v. 9.6.1994 – IX ZR 191/93, NJW 1994, 2286 f.

früheren Auflage[11] fand. Hierbei wurde klar, dass die in § 212 Abs. 2 KO getroffene – für den verklagten Verwalter zu umständliche – Regelung auf einer sinnvollen und gewollten Abgrenzung des Gesetzgebers zum Schutz der Gesellschaftsgläubiger beruhte, auf welche die vom Verwalter zu Vereinfachungszwecken gewünschte Analogie gerade nicht passte. Hätte der fragliche Konkursverwalter auf Ernst Jaeger gehört, dann hätte er seine persönliche Haftung vermeiden können.

III.

Für diese fortdauernde Wirkung der Lehren Ernst Jaegers gibt es mehrere Gründe.

1) Dazu gehört neben den schon genannten inhaltlichen Vorzügen seines Werks ein spezifisch deutsches Phänomen in der Rechtsanwendung. Wir sind es inzwischen als selbstverständlich gewöhnt, dass jedenfalls die höheren Gerichte in ihren Entscheidungen die in der Literatur vertretenen Ansichten zu konkret bedeutsamen Rechtsfragen auswerten und sich für die eine oder andere Ansicht oder vielleicht für einen Mittelweg entscheiden. In der Literatur wird dann diese Entscheidung wieder kommentiert und möglicherweise kritisiert. Auf neue Gesichtspunkte, die hierbei vorgebracht werden, geht wenigstens ein auf Fachbereiche spezialisiertes Obergericht – wie die Zivilsenate am BGH und früher schon am Reichsgericht – bei nächster Gelegenheit wieder ein. So entwickelt sich in gewisser Weise ein fortlaufender Dialog zwischen Rechtswissenschaft und Gerichten.

Wie selten aber ein solcher Dialog ist, soll ein Vergleich mit dem benachbarten Ausland zeigen.

a) Englische Gerichtsurteile setzen sich nur mit Erkenntnissen anderer Gerichte, nicht aber mit juristischer Literatur auseinander. Als vor gut 15 Jahren erstmals eine gemeinsame Konferenz zwischen Richtern des BGH einerseits und andererseits solchen der obersten englischen Gerichte – vor allem House of Lords und Court of Appeal – in Deutschland organisiert wurde, waren von beiden Seiten auch einige namhafte Professoren anwesend. Die englischen Richter lernten hierbei die englischen Professoren erstmals persönlich kennen. | | S. 7

Die strenge Trennung zwischen Rechtsprechung und Rechtswissenschaft in England mag an einer Besonderheit des dort geltenden Common Law liegen.

11 (Fn. 2) § 212 Anm. 7 und 9 f., § 234 Anm. 7 und 14, § 236 Anm. 4.

Danach *finden* die Gerichte das Recht autonom, soweit es nicht durch Gesetz geregelt ist; und sie tun dies ähnlich wie auch ein Gesetzgeber, nämlich nach Traditions-, Gerechtigkeits- und Zweckmäßigkeitsgesichtspunkten, jedoch meist ohne eine besondere Bindung an dogmatische Grundlagen. Der Rechtswissenschaft bleibt es dann überlassen, die einzelnen Entwicklungsschritte wieder in ein kohärentes Gesamtsystem einzubinden, also in gewisser Weise nachzuvollziehen.

b) Aber auch bei den französischen Gerichten, die – fast noch strenger als wir – von einer umfassenden gesetzlichen Regelung aller Rechtsgebiete ausgehen, ist das Verhältnis zur Rechtswissenschaft ähnlich wie in Großbritannien. Die Cour de Cassation zitiert nur sich selbst. Als Begründung für ihre Entscheidungen findet man neben dem Gesetzeswortlaut oft nur einige allgemeine Erwägungen, ehe der für den Einzelfall maßgebliche Rechtssatz gewissermaßen hoheitlich ausgesprochen wird. Eine Auseinandersetzung mit abweichenden Ansichten in der Literatur gibt es nicht. Gewisse Aufschlüsse über die wesentlichen Entscheidungsgründe sowie mögliche weitere Tendenzen findet man in verhältnismäßig kurzen Anmerkungen in einer Fachzeitschrift; diese sind nur mit Anfangsbuchstaben gezeichnet. Als ich einmal den Sprecher der Cour de Cassation fragte, wer denn diese Anmerkungen verfasse, erwiderte er: meist die jeweiligen Berichterstatter für das Urteil.

c) Verglichen damit, fand Ernst Jaeger ein sehr viel günstigeres Umfeld vor. Erstens war er – wie erwähnt – selbst durchweg um Rechtssätze bemüht, die in der Praxis zu wirtschaftlich sinnvollen sowie ausgewogenen Ergebnissen gelangten. Er hielt enge Fühlung zu Richter- und Anwaltskreisen, die ihm auch über nicht veröffentlichte Rechtsfälle berichteten; seine eigene Überprüfung verarbeitete Jaeger dann als Beispielsfälle in seinen Lehrbüchern und Kommentaren.[12] Veröffentlichte Entscheidungen begleitete er oft mit prägnanten Anmerkungen, zuerst in der Leipziger Zeitschrift für deutsches Recht, später in der Zeitschrift für Konkurs- und Treuhandwesen. Weiter befruchtete die örtliche Nähe zu dem in Leipzig ansässigen Reichsgericht den gegenseitigen Meinungsaustausch; unser heutiger Veranstaltungsort gibt uns wenigstens eine schwache Ahnung davon. Professor Christoph Paulus hat mir von Erzählungen seines Vaters – Professor Gotthard Paulus – berichtet, dass Ernst Jaeger in seinen Oberseminaren zum Konkursrecht oft mit Reichsgerichtsräten diskutiert habe.

---

12 *Bernhardt* ZZP 64 /1951/, S. 1 f.

2) Die Aufgeschlossenheit Ernst Jaegers für die Bedürfnisse einer praktischen Rechtspflege möchte ich an einem Beispiel verdeutlichen, das auch heute noch aktuell ist. Es betrifft die Massekostendeckung, die als Voraussetzung für die Eröffnung eines Konkurs- bzw. Insolvenzverfahrens nötig ist. Dazu hatte Jaeger aus Gründen der Logik zunächst die Meinung vertreten, dass ein solcher Vorschuss auch die voraussichtlich unvermeidbaren Masse*schulden* sicherstellen müsse, weil diese nach dem damaligen § 60 KO Vorrang vor | den Masse*kosten* hatten.[13] In der letzten Auflage seines Lehrbuchs[14] gab er diese Ansicht aber ausdrücklich mit der Begründung auf, dass ihn eine Abhandlung des damaligen Berliner Konkursrichters Leopold Levy[15] über die unerträglichen praktischen Folgen jener Auffassung überzeugt habe. Diese ermöglichte es nämlich den Konkursgerichten, durch Anforderung extrem hoher Kostenvorschüsse die Eröffnung vieler Konkursverfahren zu vermeiden – und sich damit Arbeit zu ersparen. Die Insolvenzordnung hat inzwischen die spätere Einsicht Jaegers bestätigt, indem sie den Masse*kosten* Vorrang vor den sonstigen Masseverbindlichkeiten gewährte.[16] Aber dennoch haben in den ersten Jahren nach Inkrafttreten der Insolvenzordnung noch einige Gerichte versucht, das ihnen lieb gewordene, arbeitssparende Modell fortzusetzen. Inzwischen hört man jedoch von solchen Bemühungen nichts mehr. | **S. 8**

IV.

1) Ich will allerdings nicht verschweigen, dass der IX. Zivilsenat des BGH Ernst Jaeger in einer seiner Herzensangelegenheiten die Gefolgschaft verweigert hat. Jaeger war Vorkämpfer der Theorie von der schuldrechtlichen Natur des Anfechtungsrechts.[17] Seinen überzeugungsstarken Argumenten ist auch lange die Rechtsprechung des Reichsgerichts und des BGH gefolgt. Allerdings war schon das Reichsgericht in einem einzelnen Punkt in frühen Entscheidungen zu einem damit nicht vereinbaren Ergebnis gekommen, indem es nämlich die Eigenschaft des Anfechtungsanspruchs bejahte, ein „die Veräußerung hinderndes Recht" im Sinne von § 771 ZPO zu sein.[18] Dies hatte der IX. Zivilsenat des BGH im Jahre 1990 aber anders, nämlich ausdrücklich im Sinne der von Jaeger vertretenen Lehre ent-

13 Kommentar zur Konkursordnung, 5. Aufl., § 107 Anm. 4.
14 Fn. 1, S. 171 f.
15 KuT 1928, 118 ff.
16 §§ 26, 209 Abs. 1 Nr. 1–3 InsO.
17 KuT 1929, 147.
18 RGZ 30, 394, 397; 40, 371, 372 f.; RG JW 1895, S. 202 Nr. 15; 1910 S. 114 Nr. 18; LZ 1908, 609 ff.

schieden.[19] Das so erreichte Ergebnis erschien wiederum demselben Senat fast 14 Jahre später in neuer Besetzung unerträglich, weil es das Anfechtungsrecht gegenüber Gläubigern des Anfechtungsgegners weitgehend unwirksam macht. Er hat es dementsprechend abgelehnt, Rechtsfragen schematisch allein auf der Grundlage irgendeiner Rechtstheorie abzuleiten. Stattdessen sei auf die Wertungen abzustellen, die den jeweils einschlägigen Gesetzesnormen zugrunde liegen. Im konkreten Zusammenhang hieß das, ob der anfechtbar weggegebene Gegenstand stärker dem Vermögen dessen zuzuordnen ist, der ihn anfechtbar erlangt hat, oder noch dem haftenden Vermögen des insolventen Schuldners, welcher es in anfechtbarer Weise zulasten seiner Gläubiger geschmälert hat. Letzteres schien dem Senat richtig.[20]

Ich vermute, dass Ernst Jaeger dieses Urteil heftig kritisiert hätte, wie er es schon im Jahr 1908 gegenüber dem gleichen Ergebnis getan hat, zu dem das Reichsge-
| S. 9 richt damals ge- | langte.[21] Hier zeigt sich möglicherweise doch eine unterschiedliche Einstellung zwischen dem Rechtswissenschaftler einerseits und Rechtsanwendern andererseits: Als Richter sehen wir unsere Aufgabe vor allem darin, der Rechtspraxis möglichst gerechte, wirtschaftlich sinnvolle und zuverlässig vorausberechenbare Lösungen für ihre Probleme anzubieten: Wissenschaftliche Theorien können hierbei insbesondere für die Vorhersehbarkeit eine wesentliche Hilfe sein, sollten aber nicht zum Selbstzweck werden.

2) Ähnlich verhält es sich mit der heutigen Einschätzung einiger weiterer Lehrmeinungen, die Ernst Jaeger vertreten hat.

a) Beispielsweise war er der Ansicht, der Konkursverwalter sei zwangsweise Stellvertreter des Schuldners mit Bezug auf das zu verwaltende Vermögen.[22] Demgegenüber folgte und folgt die Rechtsprechung bekanntlich der Amtstheorie.[23] Hierbei ist sie aber stets bemüht, praktische Auswirkungen des Theorienstreits möglichst zu vermeiden.

---

19 NJW 1990, 990, 992.

20 BGHZ 156, 350, 359 ff.

21 LZ 1908, 611 f.

22 Lehrbuch (Fn. 1) S. 25 ff., 84.

23 RGZ 29, 29, 30 ff.; 120, 189, 192; BGHZ 88, 331, 334; BGH ZInsO 2006, 260 f.; vgl. *Jaeger/Windel*, InsO § 80, 151; MünchKomm-*Ott/Vuia*, 2. Aufl. § 80 Rn. 35.

b) Als nächstes zu den Treuhandverhältnissen. Diesen hat Ernst Jaeger von Anfang an Aussonderungskraft zugesprochen, insbesondere für den Treu*geber* im Konkurs des Treu*händers*. Jaeger erkannte zugleich die Notwendigkeit einer Abgrenzung gegenüber gewöhnlichen schuldrechtlichen Herausgabeansprüchen, etwa gegen einen – insolventen – mittelbaren Stellvertreter.[24] Um einer unkontrollierbaren Ausweitung von Aussonderungsrechten vorzubeugen, nahm er als Schranke – mit dem Reichsgericht[25] und anfangs auch dem Bundesgerichtshof[26] – das Unmittelbarkeitsprinzip an; das Treugut musste also grundsätzlich ohne Zwischenstation vom Treugeber an den Treuhänder gelangt sein.[27] Inzwischen hat der BGH zwar dieses Prinzip als zu formal in Frage gestellt. Stattdessen setzt er für die Aussonderungskraft eines treuhänderischen Rechts voraus, dass zur schuldrechtlichen zugleich eine dingliche Komponente hinzutreten müsse.[28] Das vorrangige *Ziel* bleibt aber dasselbe, nämlich – unabhängig von allen möglichen rechtlichen Konstruktionen – den allzu häufigen Versuchen entgegenzuwirken, erst in der wirtschaftlichen Krise des Schuldners nachträglich einzelne Personen unter dem Mantel einer intern gebliebenen „Treuhandabrede" zu begünstigen. Wichtig scheint mir, dass auch Jaeger in diesem Punkt nicht ein juristisches Prinzip oder ein Idealbild der Treuhand um ihrer selbst willen verwirklichen, sondern sie als ein zweckmäßiges Mittel im Dienst eines ausgewogenen Rechts- und Wirtschaftsverkehrs einsetzen wollte.

c) Vergleichbares findet man im Anfechtungsrecht. Sowohl nach der Konkurs- als auch | nach der Insolvenzordnung ist eine *in*kongruente – also *so nicht* – geschul- | **S. 10**
dete Leistung verdächtig und deshalb unter erleichterten Voraussetzungen anfechtbar. Mit dem Reichsgericht hielt Ernst Jaeger ein im Wege der Zwangsvollstreckung erlangtes Pfändungspfandrecht für inkongruent, weil die beizutreibende Hauptleistung jedenfalls nicht so geschuldet sei.[29] Insoweit hat der BGH zuletzt – diesmal Wolfram Henckel folgend – einen anderen Ansatz gewählt, weil ihm jene Begründung zu formal erschien und auch nicht zu in sich konsistenten Ergebnissen führte. Der BGH leitet nunmehr die Inkongruenz der Zwangsvollstreckung aus dem insolvenzrechtlichen Gleichbehandlungsgebot ab und beschränkt sie dementsprechend auf den 3-Monats-Zeitraum vor einem Insolvenzantrag, auf

---

24 Kommentar (Fn. 2), § 43 Anm. 39.
25 RGZ 84, 213, 216; 91, 12, 14.
26 Vgl. BGH NJW 1954, 190, 191; 1959, 1223, 1224; ZIP 1993, 213, 214.
27 *Jaeger*, Kommentar (Fn. 1), § 43 Anm. 41.
28 BGHZ 155, 227, 232 f.
29 Lehrbuch (Fn. 1), S. 143 f.

den dieses Gebot zurückwirkt.[30] Als Folge davon dürfte diese Inkongruenz für die Anfechtung durch *einzelne* Gläubiger – also außerhalb der Insolvenz – keine selbständige Bedeutung mehr haben.[31]

d) Schließlich zum Erfüllungswahlrecht des Insolvenzverwalters bei gegenseitigen Verträgen. Hierzu vertrat Ernst Jaeger auf der Grundlage des § 17 KO die Ansicht: Wenn der Verwalter die Erfüllung wähle, dann verpflichteten sämtliche Verbindlichkeiten des Gemeinschuldners aus dem fraglichen Vertrag seine Konkurs*masse*, also auch solche Schulden, die schon *vor* Konkurseröffnung fällig geworden waren, einschließlich etwaiger Verzugszinsen und Vertragsstrafen.[32] Umgekehrt blieben an den fortdauernden vertraglichen Ansprüchen der Konkursmasse alle Kreditsicherheiten in Kraft, die der Schuldner zuvor zugunsten Dritter bestellt hatte.[33] Dies entsprach seinerzeit wohl einhelliger Rechtsmeinung und schützte die Vertrags*partner* sowie die gesicherten Gläubiger des Gemeinschuldners mit dem Argument, dessen Konkursverwalter dürfe keine stärkeren Rechte haben als der Schuldner selbst. Das mag zwar einer gerechten Verteilung der *vorhandenen* Konkursmasse gedient haben, führte aber im Ergebnis dazu, dass die Erfüllungswahl für die Konkursmasse meist nachteilig war und deshalb unterblieb, sogar wenn die Fortführung eines Unternehmens davon abhing. Dies war ein ganz wesentlicher Grund für die immer geringer werdenden Sanierungsaussichten im früheren Konkursverfahren. Mit der zunehmenden Bedeutung seines Sanierungszwecks vollzog sich in der Rechtsprechung des BGH ein Wandel, der den Interessen der Gläubiger*gesamtheit* größeres Gewicht gab als denjenigen der einzelnen Vertragspartner und Kreditgeber des Gemeinschuldners. Die neue Wertung lautet: Was die einzelnen Gläubiger in der Vergangenheit schon verloren haben, bleibt auf die Konkursquote beschränkt; nur für die Zeit von der Erfüllungswahl an werden sie zulasten der Konkursmasse voll geschützt.[34] Korrespondierend damit sollen die allein durch diese Wahl vollwertig gehaltenen Forderungen der Konkursmasse nicht mehr zur Sicherung alter Konkursforderungen
| **S. 11** früherer Kreditgeber dienen.[35] Oder wirtschaftlich | ausgedrückt: Die *Zukunft* ist wichtiger. Für die Konkursmasse beginnen also die Chancen mit einer Erfüllungswahl neu.

---

30 BGHZ 136, 309, 312 f.; 155, 75, 82 ff.
31 *Huber*, Anfechtungsgesetz, 10. Aufl., § 3 Rn. 11.
32 Kommentar (Fn. 2), § 17 Anm. 33.
33 RGZ 11, 49, 51 f.; *Kuhn/Uhlenbruck*, KO 11. Aufl., § 17 Rn. 34; *Kilger*, KO 15. Aufl., § 17 Anm. 4 b; einschränkend *Jaeger/Henckel*, KO 9. Aufl., § 17 Rn. 145.
34 BGHZ 135, 25, 26 ff.; 129, 336, 339 ff.; 147, 28, 31 ff.; 150, 353, 359 ff.
35 BGHZ 106, 236, 241 ff.; vgl. BGHZ 116, 156, 159 ff; 150, 353, 358 ff.

Dies war die Wertung hinter dem Urteil, dessen Aussage in der Folgezeit als „Erlöschenstheorie" verstanden wurde.[36] Die dadurch ausgelöste Diskussion lehrt uns auch, dass der BGH nicht dazu bestimmt ist, seinerseits – gewissermaßen aus dem Stand – an Hand eines Einzelfalles neue, ausgewogene rechtswissenschaftliche Theorien auszuarbeiten. Dafür ist er auf die Hilfe von Vordenkern wie Ernst Jaeger und anderen angewiesen. Erst nach mehreren Anläufen ist es dem BGH gelungen, die Begründung auf das nötige – wohl auch von Anfang an nur gewollte – insolvenzrechtliche Maß zurückzuführen.[37] In der Sache jedoch haben meines Erachtens § 36 der früheren Vergleichsordnung und die §§ 105, 108 Abs. 3 InsO ebenso wie die deutlich gestiegenen Sanierungsquoten innerhalb von Insolvenzverfahren die bezweckte Aufteilung zwischen alten und neuen Leistungen des Vertragspartners bestätigt. Bezeichnend für den Wertungswandel scheint mir auch, dass an erster Stelle der Aufgaben des neuen Ernst-Jaeger-Instituts die Unternehmens*sanierung* genannt ist.

3) Ein letztes Beispiel zeigt, dass sich Ernst Jaeger ebenfalls der zeitlichen Einbindung von Rechtsansichten bewusst war. Es betrifft das *internationale* Konkursrecht. Hierzu folgte Jaeger der späteren Auffassung des Reichsgerichts über die territorial begrenzte Wirkung von Konkursverfahren. Heute ist diese Auffassung angesichts der starken Globalisierung des wirtschaftlichen und gesellschaftlichen Lebens durch Rechtsprechung sowie Gesetzgebung überholt.

Vor diesem Hintergrund scheinen mir aber die Erwägungen aufschlussreich, die Ernst Jaeger im Jahr 1936 für seine gegenteilige Meinung angeführt hat. Ich zitiere aus seinem Kommentar zur Konkursordnung[38]: „Unzweifelhaft wäre der Konkurszweck aufs Vollkommenste dann zu verwirklichen, wenn alles wo immer befindliche Schuldnervermögen in einem einheitlichen Verfahren nach denselben Regeln durch dieselbe Verwaltung gesammelt, verwertet und an sämtliche Gläubiger verteilt würde. Allein dieses Ziel ist unerreichbar. Ein auf dem Grundsatze der Allgemeinheit und Einheit des Verfahrens beruhendes Weltkonkursrecht ... würde auf unüberwindliche Schwierigkeiten stoßen. Es würde ... auch ein rückhaltloses Vertrauen in die Zuverlässigkeit der Rechtspflege jedes Auslandsstaates voraussetzen." Aus heutiger Sicht kann man angesichts unseres damaligen Herrschaftssystems zudem zweifeln, ob alle *ausländischen* Staaten volles Vertrauen in die *deutsche* Rechtsordnung hatten.

---

36 BGHZ 106, 236, 241 ff.

37 BGHZ 150, 353, 359 f.; 155, 87, 90.

38 (Fn. 2) § 237 Anm. 1.

V.

Zum Abschluss möchte ich noch ganz kurz zwei Bemerkungen Ernst Jaegers zur *Gesetzgebung* hervorheben. Erstens warnte er immer wieder vor einzelnen Reformen, da diese nur Flickwerk darstellten. Zweitens zitiere ich aus seinem Lehr-
| S. 12 buch des Konkursrechts[39]: | „Das *Vor*recht ist der *Feind* des Rechts." Beide Aussagen sind heute leider genau so aktuell wie vor 70 Jahren.

Auch in diesem Sinne wünsche ich dem neuen Institut, das Ernst Jaegers Namen trägt, für die Zukunft viel Überzeugungskraft und Erfolg.

39 Fn. 1, S. 64.

Zweiter Teil – Werk

Aus der Praxis des Konkursrechts.

LZ 1912, Sp. 202–207

1. Unrichtige Bezeichnung des Gemeinschuldners im Konkurseröffnungsbeschlusse. Auf schriftlichen, den Namen des Schuldners unrichtig wiedergebenden Gläubigerantrag ist Konkurs über das Vermögen „des Kaufmanns Franz Feller in Gantheim, Marktstr. 10" eröffnet worden. In Wirklichkeit heisst der Schuldner Franz Faller. An seiner Identität besteht kein Zweifel. Er persönlich ist nach § 105 Abs. 2 KO. gehört worden und hat das Protokoll über diese Vernehmung richtig mit „Franz Faller" unterzeichnet. Auch die besondere Zustellung des § 111 Abs. 3 KO. ist ihm zugegangen. Alle Gerichtsakten aber, namentlich der Kopf eben jenes Protokolls, der Eröffnungsbeschluss und die Bekanntmachungen des § 111 KO., enthalten die unrichtige Schreibweise. Die Beschwerdefrist (§ 109 KO.) ist verstrichen. Es fragt | sich, ob trotz der unrichtigen Namensangabe | **Sp. 203** der Konkursantrag die ihm sonst zukommende Wirksamkeit geäussert (namentlich nach Massgabe der §§ 30, 50, 55 Nr. 3, 56 KO.), der Eröffnungsbeschluss sofort (§ 108 KO.) die ihm sonst innewohnende Kraft (namentlich nach Massgabe der §§ 6 ff., 14 f. KO., § 240 ZPO.) erlangt hat.

In der Praxis ist die Ansicht aufgetaucht, es sei solchenfalls der Konkursantrag vom antragstellenden Gläubiger, der Eröffnungsbeschluss samt dessen Bekanntmachung sodann vom Konkursgericht auf den wahren Namen des Schuldners zu berichtigen, die Berichtigung wirke aber nur für die Zukunft. Letzteres trifft nicht zu.

Der Konkurseröffnungsbeschluss ist der sofortigen Beschwerde unterworfen (§§ 73 Abs. 3, 109 KO.) und dementsprechend von vornherein unabänderlich für das erlassende Gericht (§ 577 Abs. 3 ZPO.). Ohne Bedenken muss indessen das für – gleichfalls bindende (§ 318 ZPO.) – Urteile vorgesehene Berichtigungsverfahren (§ 319 ZPO.) auf den Eröffnungsbeschluss entsprechend angewandt werden (§ 72 KO.).[1] Nun besteht allerdings Streit darüber, ob eine durch Parteiversehen verursachte Unrichtigkeit der Parteibezeichnung unter den § 319 ZPO. gehört.[2] Allein in unserem Falle sicherlich muss die Frage bejaht werden. Ein Zweifel über die Person des Schuldners besteht nicht und bestand zu keiner Zeit. Das Konkursgericht hat über das Vermögen eben dessen den Konkurs eröff-

---

1 Vgl. Stein, ZPO.[10] § 329 Note 13 mit Zit.

2 Siehe Schultzenstein, ZZP. 15 S. 74 ff.; L. v. Seuffert, SeuffBl. 71 S. 637 ff., bes. S. 643 f., ZPO.[11] § 319 Anm. 1; Hellwig, Lehrbuch II § 113; Stein a. a. O. § 319 Note 19 mit abweichender Rechtsprechung.

nen wollen, der in Wahrheit durch den Konkursantrag des Gläubigers gemeint war. Ihn, den richtigen Schuldner, hat es zum Konkursantrage vernommen (§ 105 Abs. 2 KO.). Hätte der Amtsrichter die Protokollunterschrift genauer angesehen, so würde er den Zwiespalt der Schreibweise des Namens entdeckt und den Eröffnungsbeschluss auf den richtigen Namen erlassen haben. So hat auch er nur im Ausdrucke seines Willens geirrt. Sobald dieser Irrtum „offenbar" wurde, erwuchs für das Konkursgericht das Recht und die Pflicht zu einer dem § 319 ZPO. entsprechenden Berichtigung des Eröffnungsbeschlusses. Dass die Entscheidung selber (hier der Eröffnungsbeschluss) den Irrtum offenbaren müsse, sagt der § 319 ZPO. nicht. Uebrigens würde ebenso zu entscheiden sein, wenn die Anhörung des Schuldners unterblieben wäre (§ 105 Abs. 3 KO.). Auch dann läge auf Seiten des Gläubigers und ganz ebenso auf Seiten des Gerichts nur im Willensausdruck ein Irrtum vor, ein vom Gläubiger dem Gericht vermitteltes Schreibversehen. Den Willen, über eine bestimmte Schreibweise des Schuldnernamens zu entscheiden, hatte das Gericht in keinem Falle.

Die Berichtigung ist nach Eintritt der Rechtskraft des Eröffnungsbeschlusses nicht minder veranlasst und statthaft als vorher. Sie kann sogar noch nach Konkursbeendigung angebracht sein. Auch der Berichtigungsbeschluss bedarf der Bekanntmachung nach § 111 und dienstlicher Mitteilung nach § 112 KO. Es bleibt aber dabei, dass der Konkurs zu der im Eröffnungsbeschluss bezeichneten Zeit eröffnet worden ist (§ 108 KO.). Desgleichen behält der Antrag, der zur Konkurseröffnung geführt hat, seine Massgeblichkeit besonders für die Konkursanfechtung
| Sp. 204 (§§ 30, 33 KO.). |

Lauten Konkursantrag und Eröffnungsbeschluss auf den Schriftsteller- oder Künstlernamen eines Schuldners, dessen Person feststeht, so findet ebenfalls ein Berichtigungsverfahren zur Nachtragung des wirklichen Namens statt. Auch dann liegt ein Irrtum im Willensausdruck vor. Denn weiss das Gericht bei Konkurseröffnung um die doppelte Namensführung, so hat es den Eröffnungsbeschluss auf den wahren Namen zu stellen, zweckmässigerweise freilich zugleich den Schriftsteller- oder Künstlernamen beizufügen.

2. Anfechtungsklage zum unzuständigen Gericht. Das Oberlandesgericht Jena hat durch Urteil vom 29. November 1911 erkannt, dass nur die Klage zum zuständigen Gericht die Frist des § 41 KO. wahre. Aus den Gründen:

Der Ansicht des Landgerichts, dass dem § 41 KO. genügt sei, wenn innerhalb der Jahresfrist dem Anfechtungsgegner in irgendeiner Weise die Anfechtung erklärt sei, ist nicht beizupflichten. Die Anfechtung wird angriffsweise nur durch Klage geltend gemacht. Dahin ging die ständige Gerichtspraxis vor dem 1. Januar 1900 und daran hat sich durch das neue Recht nichts geändert. Die Anfechtung ist kein rechtsgeschäftlicher Akt. Der Anfechtungstatbestand ist mit der Konkurseröffnung gegeben. Um dem von der Anfechtung Bedrohten baldige Ruhe zu verschaffen, ist die Anfechtung binnen Jahresfrist geltend zu machen. Dieser Zweck kann nur erreicht werden, wenn die Geltendmachung eine gerichtliche ist. Wenn eine mündliche Erklärung ausserhalb des Prozesses genügen sollte, bliebe die Unsicherheit der Rechtslage bestehen (vgl. RG. 58, 44; 62, 199). Der Konkurs ist am 3. März 1909 eröffnet, die vorliegende Klage, die erst im Juni 1910 erhoben ist, hat also die Frist nicht gewahrt. Es fragt sich aber, ob die frühere Klage, die der Konkursverwalter Ende Februar 1910 beim Landgericht in G. erhoben hat, die Frist gewahrt hat. Soweit jene Klage wie die jetzige auf die Anfechtungstatbestände des § 30 Ziff. 1 und 2 gestützt ist, konnte sie das nicht, weil insoweit das Landgericht in G. nicht zuständig war und auch nicht nachträglich zuständig geworden ist. Nur die Klage zum zuständigen Gericht wahrt die Frist. Denn die Unsicherheit der Rechtslage wird nur behoben, wenn ein Gericht angerufen wird, das in der Lage ist, eine Entscheidung über den Anfechtungsanspruch herbeizuführen. Es kommt hinzu, dass die Klage beim Landgericht in G. zurückgenommen ist und damit die Wirkungen der Klagerhebuug erloschen sind (§ 271 ZPO.). § 212 BGB. ist nicht anwendbar.

[Mitgeteilt von OLGRat B e c k e r, Jena.]

Mit Recht geht das OLG. davon aus, dass die Fristen der Gläubigeranfechtung nur durch gerichtliche Geltendmachung gewahrt werden (vgl. Jaeger KO.[4] § 29 Anm. 59 ff., § 41 Anm. 6). Genügt aber wirklich eine beim u n z u s t ä n d i g e n[1] Gericht erhobene Anfechtungsklage grundsätzlich n i c h t zur Fristwahrung? Das OLG. verneint die Frage mit der Begründung: die Unsicherheit der Rechtslage werde nur behoben, wenn ein zur Entscheidung über den Rückgewähranspruch ermächtigtes Gericht angerufen werde; der § 212 BGB. sei unanwendbar. Darauf ist näher einzugehen. Zweifellos erscheint zunächst, dass eine noch während der Anfechtungsfrist beim unzuständigen Gericht erhobene Klage die Frist wahrt, wenn auch erst n a c h Fristablauf das Gericht – sei es durch Vereinbarung (§§ 38 ff. ZPO.) oder etwa dadurch, dass der Anfechtungsgegner | seinen | Sp. 205
Wohnsitz in den Sprengel des Gerichts verlegt (RG. 52 S. 136) – zuständig, der Rechtsstreit an das zuständige Gericht verwiesen (§§ 276, 505 f. ZPO.) oder der Zuständigkeitsmangel durch die Rechtskraft des Urteils geheilt wird. Man wird aber noch weiter gehen müssen. Die Jahresfrist des jetzigen § 41 KO. war (wie die zehn Jahre des § 12 AnfG.) u r s p r ü n g l i c h e i n e V e r j ä h r u n g s f r i s t. Wäre es dabei auch unter der Herrschaft des neuen Rechts geblieben, so würde der § 212 BGB. unmittelbar anzuwenden und nach dessen näherer Massgabe auch der Klage zum unzuständigen Gericht fristwahrende Wirksamkeit zuzugestehen sein. Die Neufassung vom 17. Mai 1908 hat nun aus Erwägungen, deren Unrich-

1 Wegen der ö r t l i c h e n Zuständigkeit siehe J a e g e r KO.[4] § 29 Anm. 17 f., wegen der s a c h l i c h e n ebenda § 37 Anm. 37.

tigkeit von der Rechtsprechung und von der herrschenden Lehre anerkannt wird, die Verjährungsfrist im § 41 Abs. 1 KO. (wie im § 12 Abs. 1 AnfG.) in eine Ausschlussfrist umgeformt (Jaeger KO.[4] § 41 Anm. 2). Der Irrtum bindet, soweit er im Gesetz Ausdruck gefunden hat. Daraus folgt, dass der § 212 BGB. unmittelbar nicht anzuwenden ist. Ja es scheint der § 41 Abs. 1 Satz 2 KO. (§ 12 Abs. 1 Satz 2 AnfG.) einen Gegenschluss auch wider die entsprechende Anwendbarkeit des § 212 BGB. zu begründen. Allein der § 212 BGB. enthält einen allgemeinen, für eine durch Klage zu wahrende Ausschlussfrist nicht minder als für die Verjährung zutreffenden Gedanken. Er löst[2] die im gemeinen Recht bestrittene, vom RG. 24 S. 199 bejahte Frage, ob eine Klage zum unzuständigen Gericht die Verjährung unterbreche, dahin: es soll die Unterbrechung selbst dann Platz greifen, wenn die Klage wegen Unzuständigkeit des Gerichts zurückgenommen oder aus diesem Grunde rechtskräftig abgewiesen wird, falls nur binnen sechs Monaten seit der Zurücknahme oder dem Eintritte der Rechtskraft des Prozessurteils eine neue Klage nachfolgt. Das rechtfertigt sich aus der Erwägung, dass eine die Unsicherheit der Rechtslage behebende förmliche Rechtsverfolgung auch in der Klage zum unzuständigen Gericht zu erblicken ist. Unbedenklich muss ein Gleiches für die nur versehentlich zur Ausschlussfrist gestempelte Zeitschranke des § 41 Abs. 1 KO. (§ 12 Abs. 1 AnfG.) gelten. Der Zweck des Erfordernisses gerichtlicher Geltendmachung wird auch durch Klage zum unzuständigen Gericht erreicht. Nur wenn es zur Zurücknahme oder Prozessabweisung kommt, ohne dass binnen sechs Monaten Neuklage erhoben wird, muss in entsprechender Anwendung des § 212 BGB. der Anfechtungsklage zum unzuständigen die fristwahrende Wirksamkeit abgesprochen werden.[3]

3. Konkursanfechtung nach § 30 Nr. 2 KO. gegenüber einer vom Prozessbevollmächtigten des Gläubigers erwirkten Pfändung. Einem Urteil des Landgerichts Metz vom 20. November 1911 liegt der Fall zugrunde, dass der Gerichtsvollzieher im Auftrage des Prozessbevollmächtigten eines Konkursgläubigers (des Anfechtungsbeklagten) knapp eine Stunde vor der Konkurseröffnung gepfändet hatte. Die auf § 30 Nr. 2 gestützte Anfechtungsklage des Konkursverwalters ist
| Sp. 206 gleichwohl kostenfällig abgewiesen worden mit folgender Begründung: |

2 Im Anschluss an die §§ 552, 553 I 9 ALR. und an den Art. 2246 code civil.

3 Der § 212 BGB. beschränkt sich nicht auf den Fall der Unzuständigkeit. Es dürfte angemessen sein, ihn seinem ganzen Inhalte nach auf die in Rede stehenden Fristen der Gläubigeranfechtung entsprechend anzuwenden. In diesem Sinne wäre Jaeger KO.[4] § 29 Anm. 62, § 41 Anm. 3 zu ergänzen.

> Die Pfändung gewährte dem Beklagten für seine Forderung gegen den nachmaligen Gemeinschulder ein Pfandrecht an den beschlagnahmten Gegenständen, also eine Sicherung, die er kraft der Forderung als solcher nicht zu beanspruchen hatte. Sie unterlag deshalb, da sie nach Einreichung des Konkursantrags erfolgte, gemäss § 30 Nr. 2 KO. an sich der Anfechtung durch den Konkursverwalter. Die Anfechtung war jedoch ausgeschlossen, wenn zur Zeit der Pfändung die Zahlungseinstellung des Schuldners, der Konkursantrag gegen ihn und seine etwaige Begünstigungsabsicht auf der Seite des Beklagten noch nicht bekannt worden waren. Dies war hier der Fall. Der Auftrag zu der Pfändung wurde nach Aussage des Zeugen (Rechtsanwalt B.) durch ihn selbst, nicht durch den Anfechtungsbeklagten erteilt. Rechtsanwalt B. war Prozessbevollmächtigter des Beklagten, hatte also auch Vollmacht, die Vollstreckung der von ihm erwirkten Urteile zu betreiben, und gab daher den Auftrag in gültiger Vertretung des Beklagten ab. Die in der Pfändung enthaltene Rechtshandlung wurde mithin durch B. als Vertreter des Beklagten vorgenommen. Der Beklagte hatte nun B. nach dessen Aussagen lediglich die Wechsel, die seiner Forderung zu Grunde lagen, überbracht, eine Prozessvollmacht ausgestellt und ihn ersucht, das weitere durch Einklagung der Wechsel zu veranlassen. Einen besonderen Auftrag, das erwirkte Urteil im Zwangsweg zu vollstrecken, die Vollstreckung alsbald einzuleiten und sie auf bestimmte Gegenstände des Schuldners zu richten, hatte er ihm nicht gegeben. Vor allen hatte er ihn nicht ersucht, im Hinblick auf eine etwaige Zahlungseinstellung und Konkursgefahr mit besonderer Eile vorzugehen. B. handelte also, indem er die Pfändung betrieb, nicht kraft bestimmter, mit der drohenden Zahlungseinstellung und Konkurseröffnung oder einer Begünstigungsabsicht des Schuldners im Zusammenhang stehender Weisungen des Beklagten (vgl. Planck BGB. 166 Anm. 2). Nach § 166 BGB. kam daher ohne Rücksicht auf das Wissen des Beklagten allein die Kenntnis oder Nichtkenntnis seines Vertreters B. in Betracht. Laut seiner Aussagen hielt aber B. bei Erteilung des Pfändungsauftrags den Schuldner noch für gut und wusste nicht, dass dieser seine Zahlungen eingestellt hatte und der Konkurs gegen ihn beantragt war; noch weniger war ihm eine Absicht des Schuldners, den Beklagten zu begünstigen, bekannt. Es fehlte dem B. somit die Kenntnis, welche die Anfechtung der Pfändung begründen würde. Die Pfändung kann daher auch nicht als anfechtbar erachtet werden.

Eine in hohem Masse befremdliche Entscheidung. Die entsprechende Anwendbarkeit des § 166 BGB. auf den Fall, dass der Pfändungsauftrag von einem Vertreter (z. B. vom Prozessbevollmächtigten) des Gläubigers erteilt wurde, rechtfertigt sich aus der Erwägung, dass der § 166 BGB. einen allgemeinen Rechtsgrundsatz zur Anerkennung bringt (Jaeger KO.[4] § 30 Anm. 21; zust. RG. LZ. 1910 S. 161). Demnach begründet die Kenntnis des Prozessbevollmächtigten, der für seine Partei pfänden lässt, die Anfechtbarkeit (arg. § 166 Abs. 1 BGB.). Demnach muss es aber auch, wenn der Prozessbevollmächtigte zur Erwirkung von Pfändungen ermächtigt war, zur Anwendbarkeit des § 30 Nr. 2 KO. genügen, dass dem Machtgeber Zahlungseinstellung oder Konkursantrag oder Begünstigungsabsicht des Schuldners nicht erweislich unbekannt waren (arg. § 166 Abs. 2 BGB). Es schadet also sowohl die Kenntnis des Prozessbevollmächtigten als die des Machtgebers, wenn die Prozessvollmacht auf Einklagung einer

| Sp. 207 Geldsumme | und, sei es ausdrücklich (nach gebräuchlichem Formular) oder stillschweigend (nach § 81 ZPO.), auf deren Beitreibung im Vollstreckungswege gerichtet war. Die Vollmacht, eine Geldforderung einzuklagen und beizutreiben, enthält im Sinne des § 166 Abs. 2 BGB. hinreichend „bestimmte Weisungen." Dass diese Weisungen mit den kritischen Tatsachen des § 30 Nr. 2 KO. im Zusammenhang[1]) stehen müssten (übrigens ein nicht sonderlich klarer Gedanke), folgt weder aus der Fassung noch aus dem Zwecke des § 166 Abs. 2 BGB. Die Vorschrift will verhüten, dass durch Bevollmächtigung eines arglosen Dritten die gesetzliche Folge der Mangelhaftigkeit eines Rechtsaktes umgangen wird. Nach diesem Zwecke muss es genügen, dass ein Gläubiger die Vollmacht zu vollstrecken (sei es diese allein oder — was die Regel ist — verbunden mit anderen Weisungen) in einem Zeitpunkt erteilt oder aufrecht erhält, in dem er bereits um die Krisis weiss. Die Gegenmeinung des Landgerichts würde zu dem ganz unannehmbaren Schlusse leiten, dass ein Gläubiger, der in Kenntnis der schlechten Vermögenslage des Schuldners einen Rechtsanwalt zur Einklagung und Beitreibung von Forderungen ermächtigt, ihm aber geflissentlich die Lage des Schuldners verschweigt, sich mit der Unkenntnis seines Anwalts entschuldigen könnte, wenn dieser nun das übliche vorläufig vollstreckbare Versäumnisurteil erwirkt und alsbald pfänden lässt.

E. Jaeger.

1 Gegen die im Urteil angerufene Bemerkung von Planck siehe v. Staudinger (Riezler) BGB.[6] § 166 Anm. 6.

Aus der Praxis des Konkursrechts.

LZ 1912 Sp. 286–298

Verträge auf Lieferung von Wasser, Gas und Elektrizität aus städtischen Werken.

I. Mehrere Aufsehen erregende gerichtliche Erkenntnisse aus neuerer Zeit wollen den gemeindlichen Wasser-, Gas- und Elektrizitätswerken die Befugnis, weitere Lieferungen bis zur Vollzahlung aller Rückstände zu verweigern, im Konkurse des Abnehmers auch hinsichtlich solcher Verbindlichkeiten zugestehen, die für die Zeit vor dem Konkurse fällig geworden sind. In juristischen Fachblättern sind die Entscheidungen bisher nicht veröffentlicht. Soweit sie uns aus Anlass eines neuen Prozesses unterbreitet worden sind, seien sie daher zunächst mitgeteilt. Die Rechtskraft steht teilweise noch aus.

1. Oberlandesgericht Kiel vom 20. Dezember 1909.

Der Konkursverwalter klagte gegen die Stadt Altona auf Weiterlieferung von Gas und Elektrizität zu den allgemeinen Bedingungen, da die Stadt diese Lieferung bis zur Nachzahlung eines kleinen Rückstandes (richterlich anerkannt in Höhe von 2 Mk.!) verweigerte. Der Verwalter hielt sich, da er den Rückstandsanspruch als blosse Konkursforderung ansah, nicht für befugt, ihn voll zu bezahlen, und machte der Stadt den Vorwurf, sie nutze ihre Monopolstellung in einer gegen die guten Sitten verstossenden Weise aus. Das Landgericht Altona schloss sich dieser Auffassung an und verurteilte, indem es die Klage als Schadensersatzklage auffasste, die Stadt aus § 826 BGB. Auf Berufung der Beklagten hat das OLG. Kiel diese Entscheidung aufgehoben mit folgender Begründung:

> Der zwischen dem Abnehmer von Gas und Elektrizität gemäss den allgemeinen Lieferungsbedingungen schriftlich oder mündlich abgeschlossene Vertrag auf Gewährung von Gas und Elektrizität zu den dort angegebenen Einheitspreisen ist ein Vertrag (Kaufvertrag) a u f s u k z e s s i v e L i e f e r u n g, also ein zweiseitiger Vertrag, und unterliegt der Vorschrift des § 17 KO., da er weder von der Beklagten (der Stadt A.) noch von den in Konkurs geratenen Firmen vollständig erfüllt war, als der Konkurs über deren Vermögen eröffnet wurde. Denn der Vertrag war nicht etwa nur bis zur etwaigen Konkurseröffnung über das Vermögen der Firmen abgeschlossen, so dass er ohne weiteres sein Ende mit diesem Zeitpunkt erreichen sollte. Die Stadt hatte daher, als es zur Konkurseröffnung kam, nur teilweise erfüllt. Ebenso hatten aber auch die Firmen, als der Konkurs über ihr Vermögen eröffnet wurde, den Vertrag

nur teilweise erfüllt, da sie die Rechnungen der Beklagten nicht ganz beglichen hatten. Die Beklagte ist somit gemäss § 17 KO. berechtigt, ihre Lieferungen mit dem Zeitpunkt ihrer Kenntnis von der Konkurseröffnung einzustellen, bis der Konkursverwalter etwa die Fortsetzung der Lieferungen verlangt. Geschieht letzteres, so muss er entgegen seiner Ansicht gemäss § 17 KO. in Verbindung mit § 59 Nr. 2 KO. die Beklagte zugleich wegen der früheren Lieferungen voll befriedigen. Er kann also die Beklagte bezüglich dieser Rückstände nicht auf die Anmeldung einer Konkursforderung verweisen: es handelt sich nach der ausdrücklichen Bestimmung des § 59 Nr. 2 KO. vielmehr um Masseschulden. Der Konkursverwalter muss also beim Verlangen auf Weiterlieferung auch dann, wenn die Erfüllung des Vertrags – wie hier – auf beiden Seiten teilbar ist, die vom Gemeinschuldner übernommenen Verpflichtungen ebenso erfüllen, wie es dem Gemeinschuldner obgelegen hätte, wenn er nicht
| Sp. 287 in Konkurs verfallen wäre, d. h. sowohl bezüglich der vor als auch be- | züglich der nach der Konkurseröffnung fällig gewordenen Teile. Hiernach hat die Beklagte mit ihrem Verlangen auf volle Bezahlung der Rückstände für gelieferten Strom nur von ihrem gesetzlichen Recht (§§ 17, 59 Nr. 2 KO.) vor Weiterlieferung nach Konkurseröffnung Gebrauch gemacht. Davon, dass der Konkursverwalter, wie er in der Berufungsinstanz in Uebereinstimmung mit der Auffassung des Landgerichts ausführt, den Abschluss eines neuen Lieferungsvertrags mit der Beklagten verlange und deshalb § 17 KO. keine Anwendung finde, kann keine Rede sein. Der Konkursverwalter verlangt die Fortsetzung der von der Stadt infolge des Konkurses der Firmen für diese eingestellten Lieferungen von Gas und Elektrizität. Wenn er meint, durch Streichung der Worte „bisherigen vertragsmässigen“ und „weiter“ in seinem ursprünglichen Klageantrage in der Klageschrift zum Ausdruck gebracht zu haben, dass er den Abschluss eines neuen Lieferungsvertrags mit der Beklagten verlange, so ist diese Auffassung rechtsirrtümlich. Es handelt sich hierbei um eine rein äusserliche, rechtlich völlig unerhebliche Aenderung von Worten. Für den Abschluss eines neuen Lieferungsvertrages ist mangels Beendigung des bisherigen kein Raum. Nach den Motiven S. 68 wurde die Fassung in § 17 KO. „an Stelle des Gemeinschuldners“ gewählt, um die Annahme auszuschliessen, dass ein Uebergang des Geschäfts auf die „Gläubigerschaft“ stattfinde, und klarzustellen, dass es sich nur um Erfüllung des bestehenden Vertrages handle. In durchaus richtiger Erkenntnis dieser Rechtslage spricht auch der Konkursverwalter selbst in früheren Schreiben an die Beklagte nur von einem „Weiterverbrauch an Gas und Elektrizität“ und fordert sie im ersteren Schreiben zur „Wiederanstellung des Gases“, im zweiten zur „Wiedereröffnung des Gaskonsums“ auf. Da die Beklagte hiernach zu ihrem Verlangen auf volle Bezahlung der Rückstände vor Weiterlieferung an die drei in Konkurs geratenen Firmen berechtigt war und sich nicht auf den Weg der Anmeldung ihrer diesbezüglichen Forderungen als Konkursforderungen verweisen zu lassen brauchte, so kann in diesem Verhalten der Beklagten entgegen der Ansicht des Klägers von einem Verstoss gegen die guten Sitten keine Rede sein. Die Weigerung der Beklagten zur Vertragserfüllung war somit voll berechtigt. Die Klage war daher unbegründet.

2. Landgericht Mainz vom 30. November 1910.

Aus dem Tatbestande. Die Beklagte, die Stadt Mainz, die allein dort Gas fabriziert, hatte dem Gemeinschuldner bis zur Konkurseröffnung stets Gas zum Betriebe seiner Fabrik und zum Privatgebrauch geliefert. Zur Zeit der Konkurseröffnung schuldete der Gemeinschuldner der Beklagten für geliefertes Gas 215 *M.* Alsbald nach der Eröffnung des Konkurses forderte die Stadt den Konkursverwalter auf, ihr diesen Betrag als Masseschuld zu zahlen. Der Verwalter weigerte sich anfangs dem Verlangen nachzukommen. Er erklärte, er lehne es ab, den Vertrag des Gemeinschuldners mit der Beklagten zu erfüllen, sei aber bereit, mit der Stadt einen n e u e n Vertrag einzugehen, und meldete sich als Gasbezieher an. Da die Stadt diese Neuanmeldung nicht annahm und drohte, bei Nichtzahlung der 215 *M* die Gasuhren entfernen zu lassen, einigten sich die Parteien dahin, dass der Verwalter unter V o r b e h a l t des Rechtes der Rückforderung den Betrag zahlte. Der Verwalter begehrte in der Klage Rückerstattung der 215 *M.* Er führte aus, die Beklagte habe kein Recht, für ihre Forderung an den Gemeinschuldner eine höhere Summe als die gewöhnliche Konkursdividende zu beanspruchen, da er als Konkursverwalter es a b g e l e h n t habe, den Vertrag des Gemeinschuldners mit der Beklagten fortzusetzen und dieser Vertrag daher mit der Konkurseröffnung | sein Ende erreicht habe. Andererseits sei die Beklagte verpflichtet, ihm, dem Konkursverwalter, auf Grund seiner Anmeldung als Gasbezieher Gas zu den gewöhnlichen Lieferungsbedingungen abzugeben. Er erblicke einen Verstoss g e g e n d i e g u t e n S i t t e n und eine Ausnutzung seiner N o t l a g e darin, dass die Beklagte als Monopolistin für Gaslieferung von ihm unter Androhung der Einstellung der Gaslieferung den vollen Preis statt der Konkursdividende für die Zeit vor der Konkurseröffnung verlange. Die Beklagte machte geltend, sie habe mit dem Gemeinschuldner einen S u k z e s s i v l i e f e r u n g s v e r t r a g geschlossen, der zur Zeit der Konkurseröffnung noch nicht abgelaufen gewesen sei. Der Konkursverwalter verlange von ihr Erfüllung dieses Vertrages und sei daher verpflichtet, ihre Forderung für Gaslieferung vor Eröffnung des Konkurses als Masseschuld zu behandeln, also den vollen Betrag der Schuld des Gemeinschuldners an sie zu zahlen. | Sp. 288

G r ü n d e : Ist ein zweiseitiger Vertrag zur Zeit der Eröffnung des Konkursverfahrens von dem Gemeinschuldner und von den anderen Teilen noch nicht vollständig erfüllt, so hat der Konkursverwalter nach § 17 KO. ein Wahlrecht, ob er an Stelle des Gemeinschuldners den Vertrag erfüllen und Erfüllung von dem anderen Vertragsteil verlangen will oder nicht. Im letzteren Falle ist der Anspruch des Gegenkontrahenten des Gemeinschuldners reine Konkursforderung. Wählt der Konkursverwalter die Erfüllung, so werden hiermit nach § 59 Nr. 2 KO. alle im Rahmen des Vertragsverhältnisses entstandenen, wie entstehenden Ansprüche zu „Masseschulden“. Alsdann muss die Forderung des Gegenkontrahenten auch für die Zeit vor der Konkurseröffnung als „Masseschuld“ aus der Konkursmasse vorweg vollständig befriedigt werden. Die Konkursmasse muss „an Stelle des Gemeinschuldners“ alles leisten, was dieser zu leisten gehabt hätte. Die Beklagte behauptet, die Voraussetzungen der §§ 17, 59 Nr. 2 KO. lagen vor. Der Konkursverwalter verlange von ihr Erfüllung des Vertrages und müsse daher ihre Forderungen für alle Gaslieferungen auch für die von der Konkurseröffnung als „Masseschuld“ vollberichtigen, während der Kläger in erster Linie die Anwendbarkeit der §§ 17, 59 KO. bestreitet. Der zwischen dem Gemeinschuldner und der Beklagten abgeschlossene Vertrag stellt sich rechtlich als ein S u k z e s s i v - w e r k l i e f e r u n g s v e r t r a g dar, als ein Vertrag auf Herstellung und sukzessive Lieferung vertretbarer Sachen (§ 651 Abs. 1 BGB.) Die Absicht der Vertragsparteien ging, wie bei allen derartigen Verträgen dahin, dass die Beklagte in ihrem Werke Gas herstellen, dass sie dies an den Gemeinschuldner liefern solle und dass diese Lieferung des Gases in zeitlich getrennten Raten und die Entrichtung des Vertragspreises durch den Gasabnehmer ebenfalls für jede Rate gesondert erfolgen solle. Vgl. GruchotsBeitr. 50, 510; 52, 67; Elektrotechn-Zeitschr. 1910 712. Der Vertrag ist Werklieferungsvertrag im Sinne des § 651 Abs. I BGB. Dass

ein Sukzessivlieferungsvertrag dieser Art, als ein „zweiseitiger Vertrag und zwar als ein vollkommen zweiseitiger Vertrag", wie dies Voraussetzung der Anwendbarkeit des § 17 KO. ist (vgl. Jaeger KO. § 17 Anm. 2), anzusehen ist, ist klar. Weitere Voraussetzung der Anwendbarkeit des § 17 KO. ist, dass beide Parteien den Vertrag zur Zeit der Eröffnung des Konkurses noch nicht vollständig erfüllt haben. Vollkommene Erfüllung auch nur von einer Partei schliesst die Anwendbarkeit des § 17 KO. aus (Jaeger § 17 Anm. 11), Dass der Gemeinschuldner dem Beklagten am Tage der Eröffnung des Konkurses aus dem Gaslieferungsvertrag 215 *M* verschulde, dass also von seiner Seite der Vertrag noch nicht vollständig erfüllt war, hat der Kläger nicht bestritten. Doch auch auf Seiten der Beklagten stand die vollständige
| Sp. 289 Erfüllung des Vertrages noch aus; denn es war unzweifelhaft die | Absicht des Gemeinschuldners wie der Beklagten bei Abschluss des Gaslieferungsvertrages, dass dieser auf eine unbestimmte Zeit geschlossen werden sollte und nicht durch die etwaige Eröffnung des Konkurses seine Ende erreichen sollte. Dass die Absicht der Vertragsparteien dahin ging, dass auf uneingeschränkte Zeit ein Vertrag auf Gaslieferung geschlossen werden solle, geht schon daraus hervor, dass der Kläger die Unmöglichkeit zugibt, ohne Gaslieferung seitens der Beklagten den Gewerbebetrieb der vor Eröffnung des Konkurses von dem Gemeinschuldner betriebenen Fabrik fortzusetzen. Die allgemeinen Voraussetzungen der Anwendbarkeit des § 17 KO. liegen also vor, der Kläger muss daher dann die gesamten Förderungen der Beklagten für Gaslieferung voll berichtigen und kann die Rückzahlung der von ihm unter Vorbehalt an die Beklagte gezahlten 215 *M* nicht verlangen, wenn er „Erfüllung" des Vertrages durch die Beklagte wählt. Im vorliegenden Falle ist diese Frage gleichbedeutend damit, ob der Kläger als Konkursverwalter mit rechtlicher Wirksamkeit die Beklagte für ihre Forderung für die Zeit vor der Konkurseröffnung auf die Konkursdividende verweisen und gleichzeitig verlangen kann, dass ihm für die Zeit nach der Konkurseröffnung von der Beklagten weiter Gas geliefert werde; denn der Kläger hat die 215 *M* an die Beklagte mit deren Einwilligung unter Vorbehalt des Rückforderungsrechtes d.h. unter der Bedingung gezahlt, dass die erwähnte von ihm in erster Linie abgegebene Erklärung durch rechtskräftiges Urteil für rechtlich wirkungslos erklärt werde. Ist das der Fall, so geht der Wille des Konkursverwalters, der unter keinen Umständen auf die Weiterlieferung von Gas seitens der Beklagten Verzicht leisten will, dahin, dass der alte Vertrag zwischen dem Gemeinschuldner und der Beklagten fortgesetzt werde, dass somit als rechtliche Folge dieser Erfüllung des alten Vertrags die Forderung der Beklagten für Gaslieferung für die Zeit vor Eröffnung des Konkurses von ihm als Masseschuld anerkannt werde. Die Erklärung des Konkursverwalters, er verweise die Beklagte für ihre rückständige Forderungen auf die Konkursdividende, sei jedoch bereit, mit der Beklagten für die Konkursmasse einen n e u e n Gaslieferungsvertrag zu schliessen, ist nun nach den bisher Ausgeführten rechtlich unwirksam, wenn die Beklagte nicht ausdrücklich oder stillschweigend diesen Vorschlag animmt, was im vorliegenden Falle nicht geschehen ist. Der Sukzessivlieferungsvertrag ist nach den oben ausgeführten ein vollkommen einheitlicher Vertrag, wenn auch Lieferung sowie Zahlung in getrennten Raten erfolgen. Wenn der Kläger Weiterlieferung des Gases von der Beklagten ohne jede Unterbrechung verlangt, so bedeutet dies, da der alte Vertrag durch die Tatsache der Konkurseröffnung noch nicht sein Ende erreicht hat, das Verlangen einer Fortsetzung des alten mit dem Gemeinschuldner abgeschlossenen Vertrages. Wenn nun der Konkursverwalter in diesem Falle der Beklagten für die Zeit vor der Konkurseröffnung nur die Konkursdividende gewähren will, so begehrt er hiermit die Erfüllung eines Teils des alten Sukzessivlieferungsvertrages, nämlich die Weiterlieferung für die Zeit nach der Konkurseröffnung, während er im übrigen auf den Vertragsvollzug verzichtet. Ein solches Ver-

langen ist, da das Erfüllungsverlangen des Konkursverwalters etwas unteilbares ist, rechtlich bedeutungslos. Eine solche Erklärung des Konkursverwalters bedeutet eine Zerlegung des einheitlichen Vertrags in soviel einzelne Verträge, als Lieferungen erfolgt sind oder noch erfolgen sollen, und ist daher rechtlich wirkungslos. Vgl. OLG. 4, 168 ff.; RGEntsch. 39, 57 ff; JW. 04, 392; Jaeger § 17 Anm. 18. Will der Konkursverwalter die Weiterlieferung des Gases seitens der Beklagten, so will er hiermit nach dem Ausgeführten auch die Fortsetzung des alten Vertrages und muss daher als rechtliche Folge den | Anspruch der Beklagten auf die Gegenleistung als Masseschuld anerkennen. So auch OLG. Kiel [oben unter 1]. Für den Abschluss eines neuen Lieferungsvertrages ist mangels Beendigung des bisherigen kein Raum. Nur dann hätte, wie schon erwähnt, die ursprüngliche Erklärung des Konkursverwalters eine rechtliche Wirkung erzeugt, wenn sie von der Beklagten angenommen worden wäre. Zwar wäre sie auch dann nicht zu einer rechtswirksamen Erklärung im Sinne des § 17 KO. geworden. Doch wäre sie als eine Ablehnung des seitherigen Vertrages verbunden mit einer Aufforderung, einen neuen Vertrag zu schliessen, aufzufassen gewesen und durch die Annahme dieses an sich unzulässigen Angebots durch die Beklagte, wäre zwischen der Beklagten und dem Konkursverwalter ein neuer Vertrag auf der Grundlage des Angebots des Konkursverwalters geschlossen worden. (vgl. JW. 04, 559). Die Beklagte musste daher die Erklärung des Konkursverwalters zurückweisen und durfte nicht ohne Zahlung der rückständigen Gebühren der Konkursmasse weiter Gas liefern, sonst hätte sie durch Annahme des Antrages des Konkursverwalters ihr Recht auf Berechtigung ihrer Forderung als Masseschuld verloren. Der Kläger wendet ein, auch bei Vorliegen der allgemeinen Voraussetzungen des § 17 KO. sei dessen Anwendung ausgeschlossen, da nach den Bestimmungen für den Anschluss von Grundstücken an das Stadtrohrnetz der Gasleitung die Lieferung des Gases nur zu Einheitspreisen erfolgen dürfe, ein Grundsatz, der ihm gegenüber dann durchbrochen werde, wenn er statt der Konkursdividende auch für die Zeit vor der Konkurseröffnung den vollen Kaufpreis zahlen müsse. Er wendet weiter ein, dass die Beklagte als alleinige Lieferantin von Gas gegen die guten Sitten verstosse und seine Notlage ausnutze, wenn sie ohne dass ihre Forderung Masseschuld werde die Lieferung von Gas verweigere. Beide Einwendungen können nicht durchgreifen. Der Grundsatz der Gaslieferung zu Einheitspreisen wird dadurch, dass der Konkursverwalter, wenn er Erfüllung wählt, die Forderung der Beklagten als Masseschuld behandeln muss, in keiner Weise durchbrochen; denn nach dem klaren Wortlaut des § 17 KO. muss dann der Konkursverwalter den Vertrag an Stelle des Gemeinschuldners erfüllen. Davon, dass der Konkursverwalter für das ihm zu liefernde Gas einen höheren Preis als den Einheitspreis zahlen müsse, kann daher nicht die Rede sein. Auch ein Verstoss gegen die guten Sitten ist in dem Verhalten der Beklagten nicht zu erblicken. Zwar kann das Ausnutzen einer Monopolstellung unter Umständen einen Verstoss gegen die guten Sitten bedeuten, was auch dadurch nicht ausgeschlossen wird, dass der Monopolist in der Ausübung eines ihm an und für sich zustehenden Rechtes handelt. Selbstverständlich muss im letzteren Falle ein Verstoss gegen die guten Sitten ganz besonders stark hervortreten, es müssen dem allgemeinen Verkehr unbillige und unverhältnismässige Opfer auferlegt und unbillige und unverhältnismässige Bedingungen vorgeschrieben werden. (RG. 62, 264 ff.) Von alledem kann im vorliegenden Falle nicht die Rede sein. Die Wirkung des § 138 BGB. kann in keinem Falle soweit gehen, dass ein Monopolist, nur weil er Monopolist ist, sich dadurch Vermögensnachteile gefallen lassen muss, dass er auf ein Recht, das einen Personenkreis dem er angehört vor diesen Vermögensnachteilen schützen soll, Verzicht leisten muss. Wäre der Standpunkt des Klägers richtig, so würde dies dazu führen, dass der Konkursverwalter, der

| Sp. 290

als Gegenleistung dafür, dass er Erfüllung eines beiderseits noch nicht erfüllten Vertrages begehrt, die gesamte Forderung des anderen Vertragsteiles aus dem Vertrage als „Masseschuld" anerkennen muss, dadurch dass er einen Monopolisten zum Gegenkontrahenten
| Sp. 291 hat, von dieser Verpflichtung befreit | wird und dass dadurch der Monopolist, nur weil er Monopolist ist, durch die einseitige Erklärung des Konkursverwalters gezwungen werden kann, seinerseits zu erfüllen, ohne wie jeder andere, als Gegenleistung volle Befriedigung zu erhalten. Fördert auch das Gesetz den Monopolisten nicht besonders, so ist es doch nicht seine Absicht, ihn nur, weil er Monopolist ist, im freien Wettbewerb zu benachteiligen. Von einer Ausnutzung der Notlage des Konkursverwalters kann schon aus dem Grunde keine Rede sein, weil die Beklagte den für ihre Gaslieferung allgemein festgesetzten Preis fordert und es daher ausgeschlossen ist, dass sie Vermögensvorteile verlangt, die den Wert der Leistung dergestalt übersteigen, dass sie im auffälligen Missverhältnisse zu der Leistung stehen. Die Beklagte ist also berechtigt, Zahlung der vollen Gebühren für die Gaslieferungen vor Eröffnung des Konkurses zu fordern. Sie hat in berechtigter Ausübung dieses Rechtes die Weiterlieferung von Gas von der Zahlung dieser Gebühren abhängig gemacht. Die Klage ist daher unbegründet.

Das Urteil ist mit Berufung nicht angefochten worden, also in Rechtskraft erwachsen.

3. Landgericht Duisburg vom 8. Juli 1911.

Der Konkursverwalter einer Aktiengesellschaft in Mülheim-Ruhr hatte der Stadt als der Eigentümerin der Gas- und Wasserwerke den Ausbruch des Konkurses mit dem Bemerken mitgeteilt, die Bezüge an Gas, Wasser und elektrischer Kraft vom Tage der Konkurseröffnung ab werde er als Masseschuld begleichen, dagegen sei die bis zur Eröffnung des Konkursverfahrens aufgelaufene Forderung als blosse Konkursforderung anzumelden. Die Stadt ging darauf nicht ein, sondern verlangte Zahlung der Rückstände in voller Höhe. Nachdem der Verwalter diesem Ersuchen trotz wiederholter Aufforderung nicht entsprochen hatte, erschien eines Tages ein Monteur, um die Leitungen abzustellen. Nunmehr erklärte der Verwalter, er wolle bei Weiterlieferung die Rückstände voll nachzahlen. Er tat das auch mit dem Erfolg, dass seitens der Stadtgemeinde weiter geliefert wurde, leistete aber die Nachzahlung unter Vorbehalt. Mit der Behauptung, das Vorgehen der Stadt enthalte eine Nötigung und verstosse gegen die guten Sitten, erhob der Verwalter hierauf Klage und beantragte, die Stadt zur Rückzahlung zu verurteilen. Die Beklagte entgegnete, der mit dem Gemeinschuldner wegen Lieferung von Gas, Wasser und elektrischer Kraft abgeschlossene Vertrag sei ein Kauf auf sukzessive Lieferung im Sinne des § 17 KO., der zur Zeit der Konkurseröffnung von beiden Seiten noch nicht vollständig erfüllt gewesen sei. Sie sei daher berechtigt gewesen, vom Kläger eine Erklärung dahin zu verlangen, ob er erfüllen wolle oder nicht. Zur Herbeiführung einer bestimmten Entscheidung sei sie gezwungen gewesen, die weitere Lieferung zu sperren. Hierauf habe sich der Kläger für Weiterlieferung entschieden und demgemäss die Rückstände voll zahlen müssen. Von einem Verstoss gegen die guten Sitten könne keine Rede sein, zur Fortführung des Betriebes sei der Kläger nicht einmal auf die Stadt angewiesen gewesen. Ein Monopol zur ausschliesslichen Lieferung besitze sie nicht. Die Gasbeleuchtung hätte Kläger durch Petroleumlampen ersetzen können, zur Krafterzeugung habe er eine Dampfmaschine zur Verfügung gehabt, endlich sei der Kläger auch bezüglich der Wasserlieferung nicht auf die Stadt angewiesen gewesen. Selbst aber, wenn sie als einzige Lieferantin in Frage käme, sei sie doch nicht zur Lieferung verpflichtet. Der Kläger machte noch geltend, dass der Glaubigerausschuss die Zahlung deshalb verweigert habe, weil er eine Bevorzugung der Stadtgemeinde vor andern Gläubigern nicht billigen könne. Das Landgericht Duisburg hat die Klage abgewiesen. Die Zahlung | sei zu Recht erfolgt ohne Rücksicht | Sp. 292 darauf, ob der Kläger sich seine Rechte vorbehalten habe. Die Stadtgemeinde sei gemäss § 17 Abs. 2 KO. berechtigt gewesen, vom Kläger eine unverzügliche Erklärung zu fordern, ob er die Erfüllung, d. h. die Weiterlieferung von Gas, Wasser und elektrischer Kraft, verlangen wolle. Nachdem er die Erfüllung für die frühere Zeit abgelehnt habe, hätte die Beklagte lediglich ihr gesetzliches Recht geltend gemacht durch die Erklärung, dass sie die Weiterlieferung einstelle. In diesem Vorgehen liege weder eine widerrechtliche Drohung noch eine Nötigung noch überhaupt ein Verstoss gegen die guten Sitten. Der Kläger könne gemäss § 17 KO. die Weiterlieferung nur dann verlangen, wenn er zugleich die Stadtgemeinde wegen der früheren Lieferung voll befriedigte, eine zeitliche Teilung der Lieferung mit der Wirkung, dass die Rückstände bis zur Konkurseröffnung als Konkursforderungen gelten sollen, die weiteren Beträge dagegen als Masseschuld, könne er nicht verlangen. Der Konkursverwalter habe vielmehr, sobald er die Erfüllung des Vertrages seitens der Stadtgemeinde verlange, den ganzen Vertrag ebenso erfüllen müssen, wie das dem Gemeinschuldner obgelegen hätte. Die rückständigen Beträge seien gemäss § 59 Nr. 2 KO. Masseschuld geworden. Endlich könne auch keine Rede davon sein, dass die beklagte Stadtgemeinde etwa aus Gründen des öffentlichen Wohles verpflichtet gewesen sei, weiter zu liefern, vielmehr habe sie dem Kläger wie jeder Privatperson gegenübergestanden. Mit Recht habe sie die Einstellung der Lieferung bei Zahlungsverweigerung erklärt. Somit sei die durch den Kläger bewirkte Zahlung der Rückstände, nachdem er sich einmal für die Weiterlieferung entschieden hatte, durchaus zu Recht erfolgt. Die Klage müsse daher abgewiesen werden.

Auf Berufung des Konkursverwalters hat **das Oberlandesgericht Düsseldorf** die vorstehende Entscheidung des LG. Duisburg durch Urteil vom 28. Dezember 1911 aufgehoben und die Stadt nach dem Antrage des Konkursverwalters verurteilt.

In den Gründen wird aufgeführt, der Konkursverwalter habe deutlich zu erkennen gegeben, dass er nicht die alten Lieferungsverträge fortsetzen, sondern neue abschliessen und nur die Verbindlichkeit aus den neuen als Masseschuld bezahlen, die Rückstände bis zur Konkurseröffnung aber als gewöhnliche Konkursforderung behandelt wissen wolle. In der Antwort der Stadt, sie werde, wenn nicht binnen kurzer Frist Vollzahlung der Rückstände erfolge, die Weiterlieferung einstellen und sich durch Ausgraben der von der Firma bezahlten Gas- und Wasserleitung wenigstens teilweise schadlos halten, liege eine Drohung im Sinne des § 123 BGB. Der Konkursverwalter sei daher zur Vollzahlung widerrechtlich bestimmt worden, dabei komme es nicht darauf an, ob die Stadt an sich befugt war, die Weiterlieferung zu versagen. Die Widerrechtlichkeit bestehe vielmehr darin, dass sie die Androhung sofortiger Unterbrechung der Lieferungen als Mittel benutze, auf den Willen des Verwalters bestimmend einzuwirken (vgl. Komm. z. BGB. von Reichsgerichtsräten § 123

Anm. 5). Die Zahlung des Verwalters unterliege daher, einerlei ob sie ohne oder unter Vorbehalt geleistet sei, der Anfechtung nach §§ 123, 142 BGB. Dementsprechend habe die Stadt den empfangenen Betrag nach § 812 BGB. zurückzugewähren.

4. Landgericht Essen vom 11. Oktober 1911.

Aus den Gründen: Wenn ein zweiseitiger Vertrag zur Zeit der Eröffnung des Konkurs-Verfahrens von dem Gemeinschuldner und von dem anderen Teile nicht oder nicht vollständig erfüllt ist, so kann der Konkursverwalter wählen, ob er die | Erfüllung von dem anderen Teile verlangen will oder nicht. Verlangt er Erfüllung, so ist er gehalten, die Gegenforderung des anderen als Masseschuld zu berichtigen. §§ 17, 59 Nr. 2 KO. Der Vertrag auf Lieferung von Wasser und Gas ist ein gegenseitiger auf Austausch von Leistung und Gegenleistung gerichteter Vertrag. Es kommt aber nicht durch jede einzelne Gas- und Wasserentnahme des Konsumenten ein neuer und selbständiger Vertrag, gerichtet auf den Kauf der im Einzelfall entnommenen Menge, zustande. Durch die Anlegung der Gas- und Wasseranschlussleitungen und Aufstellung der Gas- und Wassermesser tritt der Konsument schon äusserlich erkennbar mit dem Gas- und Wasserwerk in eine auf die Dauer berechnete vertragliche Beziehung, deren Grundlage die von der Stadt aufgestellten „Allgemeinen Bedingungen" bilden. Der innere Zusammenhang der zeitlich getrennten Einzellieferungen zeigt sich auch darin, dass je nach der Grösse der in einem bestimmten Zeitraum abgenommenen Menge der Preis verschieden bemessen ist, und dass die Verkäuferin sich ausdrücklich das Recht vorbehalten hat, im Falle der Nichtzahlung der bewirkten Lieferung dem Konsumenten die weitere Gas- und Wasserzuführung zu entziehen. Es handelt sich nach allem um einen einheitlichen, auf unbestimmte Zeit abgeschlossenen Dauer-Vertrag, wobei es dahin gestellt bleiben kann, ob er als Unterart der Sukzessivlieferungsgeschäfte eingereiht werden kann oder nicht. Dieser Dauervertrag war zur Zeit der Konkurs-Eröffnung von beiden Seiten noch nicht völlig erfüllt. Der Gemeinschuldner war unbestritten mit den Zahlungen im Rückstande. Aber auch das Gas- und Wasserwerk hatte noch nicht völlig erfüllt, weil der Antrag nicht mit der Eröffnung des Konkurses sein Ende erreichen sollte, sondern auf unbestimmte Zeit lief und nicht gekündigt war. Ein Vertrag ist von dem einen Teile so lange noch nicht erfüllt, als der andere Teil aus demselben noch eine Leistung fordern kann. Es kommt deshalb nicht darauf an, wie der Kläger meint, ob der Abnehmer nicht verpflichtet ist, Gas oder Wasser zu entnehmen, sondern ob er hierzu berechtigt ist. Dieses Recht ist ihm aber, unter Festsetzung bestimmter Ausnahmen, durch die Allgemeinen Bedingungen ausdrücklich eingeräumt. Uebrigens hat nach diesen Allgemeinen Bedingungen der Konsument, einerlei ob er Wasser abnimmt oder nicht, mindestens 1 *M* monatlich zu bezahlen für jede Anschlussleitung einschliesslich der Wassermessermiete; auch die Miete für den Gasmesser ist von der Gasentnahme unabhängig. Der Vertrag bindet den Abnehmer also auch wenn er weder Wasser noch Gas entnimmt. Es fragt sich deshalb weiter, ob und in welchem Umfange der Konkursverwalter in die schwebenden Vertragsbeziehungen zwischen dem Gemeinschuldner und der Beklagten eingetreten ist. Der Konkursverwalter hat zwar durch Schreiben erklärt, dass er „bisher in die alten Lieferungsverträge nicht eingetreten sei" und die Lieferung von Wasser und Gas neu beantragt. Diese Stellungnahme beruht aber auf einer von der der Beklagten abweichenden Auffassung von der rechtlichen Natur des in Rede stehenden Lieferungsvertrages, wonach so viele einzelne Verträge abgeschlossen sein sollen, wie Lieferungen geschehen waren. Der Konkursverwalter will auf jeden Fall Weiterlieferung von Wasser und Gas, er hat auf diesem Verlangen bestanden, auch nachdem die Beklagte erklärt hatte, von ihrer gegenteiligen Rechtsansicht nicht abgehen zu wollen. Der Konkursverwalter hat dann unter Vorbehalt gezahlt und die Entscheidung über die streitige Rechtsfrage in die Hand des Gerichts gelegt. Er hat durch dieses Verhalten zu erkennen gegeben, dass der Gegnerin die gezahlte Summe verbleiben soll, soweit seine Ansicht vom Gericht nicht gebilligt werden sollte. | Der Konkursverwalter kann einen einheitlichen Vertrag nur ganz erfüllen oder ablehnen, nicht aber durch eine einseitige Erklärung und trotz Widerspruchs des Gegners eine Reihe von selbständigen Verträgen auseinanderreissen. Soweit die Einheitlichkeit des Vertrages zu bejahen ist, fällt die Voraussetzung für den bei der Zahlung gemachten Vorbehalt und damit der letztere selbst in sich zusammen. | Sp. 294

Der Konkursverwalter hat Berufung eingelegt.

II. Vor allem ist festzustellen, ob die Verträge auf Lieferung von Wasser, Gas und Elektrizität unter die Regel des § 17 KO. oder unter eine der in den §§ 19 ff. KO. behandelten Ausnahmen fallen. Dass der Vertrag auf den entgeltlichen Bezug von Wasser aus städtischen Werken ein Kaufvertrag und als solcher dem § 17 KO. unterworfen ist, steht ohne weiteres fest. Die Pachtung eines Wassernutzungsrechtes kommt hier nicht in Frage. Desgleichen ist der Gaslieferungsvertrag mit den städtischen Werken ein Kauf, nicht (wie das Landgericht Mainz annimmt) ein Werklieferungsvertrag. Denn der Abnehmer bezieht das Gas aus dem jeweiligen Vorrate der Stadt; er bestellt es nicht als eine herzustellende Sache. Uebrigens würde der § 17 KO. auch beim Vorliegen eines Werklieferungsvertrages anwendbar sein. Sehr streitig ist dagegen die rechtliche Natur des Vertrags über Lieferung elektrischer Kraft durch städtische Werke an private Abnehmer.[1] Läge ein Pachtvertrag auf Ausbeutung einer Kraft (auf Gewährung des Gebrauchs einer unverbrauchbaren Energie) vor, so kämen im Konkurse des Abnehmers die §§ 19, 20 KO. zur Anwendung. Der Verkehrsauffassung aber dürfte, da ihr der elektrische Strom als ein in genau zu bestimmenden Massen lieferbares Handelsobjekt erscheint, nur eine Behandlung nach den Sätzen des Kaufs gerecht werden, im Konkursfalle somit eine Unterstellung unter den § 17 KO. Die Mehrzahl der Schriftsteller nimmt einen Werkvertrag an. Auch von diesem Standpunkt aus würde, da ein Geschäftsbesorgungsvertrag im Sinne des § 23 Abs. 2 KO. sicherlich nicht vorliegt, der § 17 KO. massgebend sein. Dass neben dem Haupt-

---

1 Siehe v. Staudinger BGB.[6] § 90 Anm. I (Riezler), § 581 Anm. 4 a sowie Vorbem. 10 vor § 631 (Kober) mit eingehenden Literaturnachweisungen; dazu Oertmann Schuldverhältnisse[8] Vorbem. 2 b vor § 631, Enneccerus BürgRecht[5] I § 370 zu Note 4, Mittelstein Miete[2] S. 12 f.

vertrag eine Miete von Messvorrichtungen (von „Gasmessern" usw.) einherläuft[2], kommt hier nicht in Betracht. Für die konkursrechtliche Behandlung gibt der Hauptzweck des Geschäfts den Ausschlag.

Immerhin bleibt, wenn auch die Wasser-, Gas- und Elektrizitätslieferung den Sätzen des Kaufs unterliegt, zu beachten, dass es sich hier um einen fortwährenden Güteraustausch, um eine andauernde schuldrechtliche Bindung handelt. Insofern ähnelt die Rechtslage derjenigen bei Miete und Pacht.

III. Gehen wir von der Anwendbarkeit des § 17 KO. aus, so fragt es sich weiter, ob der Konkursverwalter das Wahlrecht nur mit Wirksamkeit für die gesamte Vertragsdauer, also nur einheitlich für Vergangenheit und Zukunft, ausüben kann. Die Frage wird nicht damit erledigt, dass die Verträge auf sukzessive Lieferung von Wasser, Gas und Elektrizität gerichtet sind. Der Begriff „Sukzessivlieferungsvertrag" ermangelt einer bestimmten gesetzlichen Ausprägung. Der Wortlaut passt auf jeden Vertrag, der zu aufeinanderfolgenden
| Sp. 295 Lieferungen verpflichtet. Im Geltungsbereiche des § 17 KO. ergibt sich aber | ein Unterschied zwischen solchen Verträgen auf sukzessive Lieferung, die nach dem Willen der Vertragsparteien ein untrennbares Ganzes bilden (Sukzessivlieferungsvertrag im engeren Sinne), und solchen, bei denen die Verpflichtungen auf wiederkehrende Leistungen und Gegenleistungen gerichtet sind und kraft einer auch nur stillschweigenden Vertragserneuerung fort und fort neu entstehen. Im ersteren Falle, beim Einheitsschuldverhältnis, bürdet der Konkursverwalter, wenn er kraft des § 17 KO. Lieferung einer noch ausstehenden Rate verlangt, der Konkursmasse die ganze ungetilgte Gegenleistung als einheitliche Masseschuld auf (§ 59 Nr. 2 KO.).[3] Im letzteren Falle, beim Wiederkehrschuldverhältnis, kann der Verwalter das Wahlrecht gesondert für einen einzelnen bei Konkursbeginn laufenden Zeitabschnitt ausüben. Wichtige Wiederkehrschuldverhältnisse (Miete, Pacht und Dienstverträge) hat nun das Gesetz in den §§ 19 bis 22 KO. für bestimmte Fälle einer besonderen Regelung unterworfen. Auch für die periodische Versicherung gelten, wenigstens im Konkurse des Versicherers, Eigentümlichkeiten.[4] Im übrigen (so z.B. auch für angetretene Mieten des Gemeinschuldners auf unbestimmte Zeit) bewendet es beim allgemeinen Grundsatze des § 17 KO. Dahin gehören unsere Verträge auf wiederkehrende Lieferung von Wasser, Gas oder Elektrizität. Wohl kann man sich Verträge auf Lieferung dieser Gegenstände auch als Einheitsverträge denken.

2 Wenn überhaupt eine „Miete" im Rechtssinne vorliegt (vgl. Oertmann a. a. O. § 448 Anm. 1).

3 Näheres Jaeger KO.[4] § 17 Anm. 30; daselbst über den Einfluss des Irrtums.

4 Jaeger KO.[4] § 25 Anm. 3.

So wenn von vornherein der sukzessive Bezug einer bestimmten grossen Menge zu einem mit Rücksicht auf die Grösse des Bezugs ermässigten Einheitspreise bedungen wird. Die üblichen Lieferungsverträge städtischer Werke haben aber (was namentlich das OLG. Kiel verkennt) diesen Sinn nicht. Sie erneuern sich fort und fort für jeden neuen Monat (oder sonstigen Zeitabschnitt). Wird dabei auch der kleinere Monatsverbrauch teuerer berechnet als der grössere, so ist es doch ganz verfehlt, wenn man (wie das Landgericht Essen) aus dieser Berechnungsart auf einen Einheitsvertrag schliesst. Denn es handelt sich immer nur um den Preis des einzelnen Zeitabschnitts.[5] Für wie lange Zeit oder für welche Gesamtmenge sollte hier der einheitliche Vertrag abgeschlossen sein? Er gilt auf unbestimmte Zeit und für unbestimmte Mengen. Gerade der Umstand, dass die Vergütung für jeden einzelnen Zeitabschnitt nach einem besonderen Massstabe berechnet wird, spricht gegen die Annahme einer Einheitsschuld. So auch dann, wenn bei bestimmter Höhe der Rechnung eines Zeitabschnitts dem Abnehmer Nachlässe bewilligt werden, wie dies bei den Strompreisberechnungen elektrischer Werke für das einzelne Kalenderjahr vorkommt. Die in Rede stehenden Schuldverhältnisse sind Wiederkehrschuldverhältnisse, die auf unbestimmte Zeit abgeschlossen zu werden pflegen.

Daraus folgt: Der Konkursverwalter übt das Wahlrecht des § 17 KO. gesondert für den bei Konkurseröffnung laufenden Zeitabschnitt aus. Entscheidet er sich für Erfüllung, | so wird damit nur die Schuld des laufenden Zeitabschnitts zur Masseschuld (§ 59 Nr. 2 KO.). Für die folgenden Zeitabschnitte erwächst die Zahlungspflicht der Masse unter dem Gesichtspunkt ausdrücklicher oder stillschweigender Vertragserneuerung durch den die Lieferungen für Rechnung der Masse fortbeziehenden Konkursverwalter, somit als Masseschuld im Sinne des § 59 Nr. 1 KO. Aeltere Rückstände sind als Konkursforderungen, und zwar als nichtbevorrechtigte [siehe unten V] von der Stadt zum Konkurse anzumelden (§§ 12, 61 Nr. 6, 138 ff. KO.). Die Haftung der Masse entspricht also derjenigen bei Miet- oder Pachtverträgen auf unbestimmte Zeit, die der Konkursverwalter des Mieters oder Pächters im Einverständnisse mit dem Vertragsgegner weiter laufen lässt (§ 17 KO. mit einem dem § 19 KO. – Vertrag auf bestimmte Zeit – entsprechenden Ergebnis). Auch hier und ebenso bei Schadensversicherungen, die der Verwalter des Versicherungsnehmers weiter laufen lässt, sind die bis zum letzten Fälligkeitstermine vor Konkurseröffnung rückstän- | Sp. 296

5 So stellen die „Bedingungen" des Essener Wasserwerkes im § 6 eine Preistabelle für Wasserlieferungen auf, nach der bei einem Monatsverbrauche von 1 bis 1000 cbm Wasser ein cbm mit 10 Pfg., bei einem Monatsverbrauch von 1000 bis 5000 cbm ein cbm nur 9½Pfg. (usw.) berechnet wird. Für jeden neuen Monat wird aber eine besondere Berechnung gemacht.

digen Verbindlichkeiten des Gemeinschuldners Konkursforderungen. Auf die Vergangenheit wirkt die Entschliessung des Verwalters nicht zurück. Lehnt der Konkursverwalter kraft seines Wahlrechts für die bei Konkursbeginn laufende Lieferungsperiode die Erfüllung ab, so unterliegt es keinem Zweifel, dass die Stadt mit ihren Vertragsansprüchen nur Konkursgläubigerin ist (§ 26 KO.). Allein auch solchenfalls steht es dem Konkursverwalter frei, wenn er sich etwa im Interesse der Masse nach kürzerer oder längerer Unterbrechung für eine Wiederaufnahme des Geschäftsbetriebs entscheidet, einen neuen Lieferungsvertrag mit der Stadt abzuschliessen (§ 59 Nr. 1 KO.). Alsdann ändert sich die konkursrechtliche Natur der Rückstandsforderung so wenig als in dem Falle, dass der Erwerber, der Haus und Geschäft des Gemeinschuldners vom Verwalter erstanden hat, neue Lieferungsverträge mit der Stadt eingeht.

IV. In den Lieferungsbedingungen der städtischen Werke behält sich die Stadt das Recht vor, die weitere Abgabe von Wasser, Gas oder Elektrizität „einzustellen", wenn der Abnehmer in Zahlungsverzug gerät. Diese Befugnis besteht auch gegenüber dem säumigen Konkursverwalter als gesetzlichem Vertreter des Schuldners. Sie würde etwa praktisch, wenn der Verwalter die nach III begründeten Masseschulden nicht rechtzeitig erfüllen würde. Keinesfalls aber darf die Stadt das bei ihrer Monopolstellung besonders drückende Zwangsmittel dazu missbrauchen, um den Verwalter zur Vollzahlung solcher Rückstände zu nötigen, die nach dem Gesetz blosse Konkursforderungen darstellen. Soweit die Stadt Konkursgläubigerin ist, muss sie sich diejenige Behandlung gefallen lassen, der das Gesetz jeden Konkursgläubiger unterwirft (§ 12 KO.). Insoweit hat sie nicht früher und nicht ausgiebiger als andere Konkursgläubiger Befriedigung zu beanspruchen. Beutet sie die Notlage der auf den Fortbezug angewiesenen[6] Konkursmasse dadurch aus, dass sie die Weiterlieferung von einer gesetzwidrigen Vollzahlung abhängig macht, so findet unbedenklich der
| Sp. 297 § 826 (§ 89 Abs. 1) BGB. zugunsten der Konkursmasse Anwendung.[7] |

Unzutreffend ist es, wenn das Landgericht Duisburg meint, die Stadt sei wie ein privater Lieferant berechtigt, nach freiem Belieben neue Lieferungsverbindlichkeiten zu übernehmen oder abzulehnen. Sie hat die öffentlich-rechtliche Pflicht, dem Gemeindebürger nach Massgabe der festgesetzten

6 Sätze wie der, es sei der Verwalter auf die Gaslieferung der Stadt gar nicht angewiesen, da er die Gasbeleuchtung durch Petroleumlampen ersetzen könne (LG. Duisburg), bedürfen keiner Widerlegung.

7 Vgl. RG. Bd. 62 S. 266. Entsprechendes würde gelten, wenn die Stadt, nach dem der Konkursverwalter Haus und Geschäft des Gemeinschuldners veräussert hat, dem Ersteher neue Lieferungen so lange vorbehalten wollte, bis die Rückstandsausfälle nachbezahlt wären.

„Bedingungen" und der Gesetze die Benutzung gemeindlicher Einrichtungen zu gestatten. Insofern besteht (als Gegengewicht des Monopols) ein Kontrahierungszwang, zu dessen Erfüllung die Stadt nach Massgabe der Landesgesetze im Verwaltungsweg oder Verwaltungsrechtsweg anzuhalten ist.

Nach alledem ist die Drohung der Stadt, sie werde nicht weiterliefern, falls nicht alsbald die volle Nachzahlung der Rückstände geleistet werde, widerrechtlich im Sinne des § 123 BGB.

V. Trotz dieses öffentlich-rechtlichen Zwanges bildet der Vergütungsanspruch der Stadt eine privat-rechtliche Forderung. Er ist eine Kaufpreisschuld im Sinne des § 433 Abs. 2 BGB., nicht etwa eine öffentliche Abgabe im Sinne des § 61 Nr. 2 (oder 3) KO. (§ 10 Nr. 3 ZVG.). Das gilt für den sog. Gas- und Wasserzins nicht minder als für die Strompreise der gemeindlichen Elektrizitätswerke. Ja es gilt auch dann, wenn durch ein nach Landesrecht statthaftes Ortsgesetz die Beitreibung solcher Schulden im Verwaltungszwangsverfahren vorgesehen ist, denn die Ausschaltung des zivilprozessualen Erkenntnis- und Zwangsverfahrens (§ 13 GVG.) hebt die privatrechtliche Natur des Anspruchs nicht auf.[8] Selbst dann aber, wenn die Vergütung in Fällen dieser Art eine „Gebühr" im finanzrechtlichen Sinne wäre, würde ihr das Konkursvorrecht des § 61 Nr. 2 KO. abzusprechen sein, da diese Vorschrift nach der nun einheitlich von der oberstrichterlichen Rechtsprechung anerkannten Ansicht nur steuerartige Abgaben trifft.[9] Es ist auch durchaus angemessen, dass eine öffentliche Körperschaft mit ihrem Anspruch auf Vergütung einer bestimmten Einzelleistung den Konkursverlust ebenso miterleidet wie ein sonstiger Lieferant. Der Privatmann pflegt den Ausfall viel empfindlicher zu verspüren als eine Stadtgemeinde. Das sollte man nicht übersehen.

Zusatz. Eine mir nach Abschluss der vorstehenden Untersuchungen bekannt gewordenen Entscheidung des OLG. Hamburg vom 10. März 1911 OLG. 23 S. 300 ff. gelangt zu folgenden Ergebnissen:

Wenn der Konkursverwalter den Vertrag auf Lieferung des elektrischen Stromes fortsetze, indem er nach § 17 KO. auf Erfüllung bestehe, müsse er allerdings die Rückstände aus der Zeit vor dem Konkurs als Masseschuld nach § 59 Nr. 2 KO. erfüllen (ich halte dies für unrichtig, siehe III). Er könne aber auch den alten Vertrag auf sich beruhen lassen und Abschluss eines neuen verlangen, ohne alsdann zur Vollzahlung der Rückstände genötigt zu werden. Denn er

8 OLG. Zweibrücken vom 6. Dezember 1904 BayZ. 1905 S. 132 ff.; LG. Freiberg vom 3. Dezember 1907; SächsARpfl. 1908 S. 247 ff.; unrichtig LG. Dresden vom 30. Oktober 1908 ebenda 1909 S. 285.

9 Siehe die Nachweisungen Jaeger KO.[4] § 61 Anm. 20.

sei weder Rechtsnachfolger noch Vertreter des Gemeinschuldners; er handle vielmehr im eignen Namen und kraft eignen Rechts.

Von diesem Standpunkt aus braucht also der Verwalter nur zu erklären, dass er den Abschluss eines neuen Vertrags verlange, um der Pflicht der Vollzahlung der Rückstände zu entgehen. So kommt das Urteil schliesslich meinen Ausführungen sehr nahe. Die Begründung aber geht fehl. Der Verwalter schliesst | den Vertrag keineswegs für sich selber ab. Er selbst wird weder der Berechtigte (Gläubiger) noch der Verpflichtete (Schuldner). Berechtigt und verpflichtet wird lediglich das Subjekt der Konkursmasse und das ist der Gemeinschuldner als solcher (RG. 52 S. 332, 53 S. 352 u. ö.). Der Verwalter handelt weder im eigenen Namen noch kraft eigenen Rechts. Er handelt als Zwangsvertreter des Massesubjekts mit unmittelbarer und ausschliesslicher Wirkung für dieses. Dass er gleichwohl auch bei Fortsetzung des alten und bei Eingehung eines neuen Lieferungsverhältnisses Rückstände aus der Konkursvorzeit nicht als Masseschuld zu berichtigen hat, ergibt sich – wie bei der Miete auf unbestimmte Zeit – aus der Natur des Schuldverhältnisses, ohne dass die Frage nach der Rechtsstellung des Konkursverwalters aufgeworfen zu werden braucht. Nur spielt in unserm Falle der Kontrahierungszwang eine Rolle.

| Sp. 298

E. Jaeger.

Aus der Praxis der Aufsichtsverordnung.

LZ 1918 Sp. 16–20
Von Dr. **Ernst Jaeger** in Leipzig.

Keine von den zahlreichen Maßnahmen, die der Bundesrat auf Grund des Ermächtigungsgesetzes erlassen hat, kommt der Verordnung über die Geschäftsaufsicht zur Abwendung des Konkurses v. 14. Dez. 1916 (AufsVO.) an rechtlicher u. wirtschaftlicher Bedeutung gleich. Keine birgt eine solche Fülle von Zukunftsrecht. Zwar ist auch sie in der Drangsal des Krieges geboren. Allein der konkursverhütende Zwangsvergleich, der heute ihren Hauptinhalt bildet, war lange vor Kriegsbeginn in weitesten Kreisen unseres Vaterlandes angestrebt worden und wird unserem tieferschütterten Wirtschaftsleben nach dem Kriege erst recht vonnöten sein. An Stelle der Notverordnung muß das Gesetz, eine selbständige Regelung des Gläubigerausgleichs, treten. Seinem Ausbau hat die Rechtswissenschaft, sorgsam achtend auf die in der Praxis hervortretenden Zweifel und Bedürfnisse, schon jetzt ihre volle Aufmerksamkeit zu widmen. Die Entwicklung zu fördern und weitere Kreise zur Mitarbeit anzuregen, ist der Zweck dieser Zeilen.

I. Wohnsitzwechsel des Schuldners. Verzieht der unter Aufsicht gestellte Schuldner nach auswärts, so fragt es sich, was aus der angeordneten Geschäftsaufsicht wird. Ist sie aufzuheben oder nach dem neuen Wohnsitz überzuleiten? Gibt es eine solche Überleitung?

Die entsprechende Maßgeblichkeit der Prozeßgrundsätze (§ 14 AufsVO.) führt zu dem Schlusse, daß die einmal begründete Zuständigkeit des Aufsichtsgerichts auch durch einen Wohnsitzwechsel, den nachträglichen Wegfall des Zuständigkeitsgrundes (§ 1 AufsVO., § 71 KO., § 13 ZPO.), nicht beseitigt wird. Insofern liegen die Dinge wie im Konkurs. Anders aber als im Konkurse kann der Schuldner während der Geschäftsaufsicht auch ohne gerichtliche Erlaubnis Wohnort und Wohnsitz verlegen (Gegensatz: § 101 KO.) und jederzeit nach freiem Belieben die Aufhebung des Verfahrens erwirken (§ 66 Abs. 1 AufsVO.). Sein Wegzug in den Sprengel eines anderen (vielleicht benachbarten) Amtsgerichts bildet nicht schon als solcher einen Grund, die Geschäftsaufsicht von Amts wegen aufzuheben,[1] kann aber im Einzelfall als Verstoß gegen die Interessen der Gläubiger eine solche Aufhebung rechtfertigen (§ 66 Abs. 2 Nr. 1 AufsVO.). Kommt es auf

1 Zumal wenn der Grundstock des beaufsichtigten, vielleicht vorwiegend liegenschaftlichen Vermögens im Gerichtsbezirke verbleibt und von der Aufsichtsperson selber verwaltet wird (§ 2 Satz 2 AufsVO.). Daß der Schuldner auswärts eine vorteilhafte Stellung annimmt, kann dem Interesse der Gläubiger sehr förderlich sein.

Schuldnerantrag oder von Amts wegen zu einer Aufhebung der ersten und auf
| Sp. 17 weiteren Schuld- | nerantrag zur Anordnung einer zweiten Aufsicht an anderem Orte, so kann die Zwischenzeit namentlich mit Rücksicht auf den Wegfall des Vollstreckungshemmnisses (§ 6 Abs. 2 AufsVO.) der Gläubigergesamtheit gefährlich werden. Die Möglichkeit einer Verweisung der Geschäftsaufsicht an das Amtsgericht der neuen Zuständigkeit fehlt, obgleich eine solche Überleitung manches für sich hätte. Keinesfalls kann aus den §§ 505, 506 ZPO. (§ 14 AufsVO.) die Statthaftigkeit einer Verweisung in unserem Falle begründet werden. Empfiehlt sich eine ausdrückliche Regelung?

II. Aufsichtseinheit und Aufsichtsmehrheit. Über eine Mehrheit inländischer Unternehmungen (z. B. verschiedener Niederlassungen oder Landgüter) desselben Schuldners findet nur eine Geschäftsaufsicht statt, mag auch der Verwaltung nach die schärfste Trennung durchgeführt sein. Wie für die Einheit des Konkurses gibt für die Einheit der Geschäftsaufsicht die unterschiedslose Haftung den Ausschlag. Nur können für getrennte Geschäftskreise verschiedene Aufsichtspersonen bestellt werden (vgl. §§ 22, 29 AufsVO., § 79 KO.).

Sonderhaftung ermöglicht den Sonderkonkurs und so auch die Sonderaufsicht. Ihren wichtigsten Fall bildet die Nachlaßaufsicht (§ 73 AufsVO.). Neben der Nachlaßaufsicht kann eine Aufsicht über das Eigenvermögen des Erben hergehen. Stirbt ein unter Aufsicht gestellter Schuldner, so verhindert der Fortbestand des Aufsichtsverfahrens die Verschmelzung des ererbten und des eigenen Vermögens des Erben. War nach Aufhebung der Aufsicht Gütervereinigung erfolgt, dann ist eine Aufsicht sowohl über das Gesamtvermögen des Erben als über den wiederum zu sondernden Nachlaß (daneben dann noch über das Eigenvermögen des Erben) statthaft. Für jede dieser Verfahrensarten aber müssen, was in der Praxis zweifelhaft geworden ist, die Zulässigkeitserfordernisse nun nach der Gegenwartslage beurteilt werden. Den Nachlaßgläubigern ist die Erwirkung der Nachlaßaufsicht verwehrt (§ 73 Abs. 1 Satz 2 AufsVO.), obwohl diese in Zukunft bei überschuldeten Erbschaftsmassen größeren Umfangs das regelmäßige Mittel der erbrechtlichen Gütersonderung bilden wird. Den Nachlaßkonkurs verdrängt sie. Für eine Nachlaßverwaltung ist bei Überschuldung kein Raum.

III. Vorwiegend liegenschaftlicher Vermögensbestand. Die Zulässigkeit der Geschäftsaufsicht beschränkt sich nicht auf Gewerbetreibende. Auch der Rentner und „Hausbesitzer" ist aufsichtsfähig. Die Notlage der
| Sp. 18 städtischen Grundeigentümer (Mietausfall) hat vielfach zur Anordnung von Ge- | schäftsaufsichten geführt. Solche Aufsichten verlaufen oft recht unerquicklich. Nicht selten sind die Hauptgläubiger als Absonderungsberechtigte am Verfahren unbeteiligt. Man regt daher an, eine Zwangsverwaltung auf Schuldnerantrag zuzulassen. Das hat seine Bedenken (vgl. § 1197 BGB.). Dagegen entspricht es meines Erachtens dem Zwecke der Geschäftsaufsicht, die Aufsichtsper-

son zum Antrag auf Zwangsverwaltung zu ermächtigen, nicht auch – wie den Konkursverwalter, der die Masse zu verwerten hat – zum Antrag auf Zwangsversteigerung. Vgl. § 126 KO., §§ 172 ff. ZVG. Die Frage verdient ernste Erwägung.

Schwierigkeiten und Kosten verursacht die dem Schuldner obliegende Pflicht, den mutmaßlichen Ausfall der absonderungsberechtigten Aufsichtsgläubiger „nach Möglichkeit" glaubhaft zu machen (§ 20 Abs. 2 Satz 3, § 41 Abs. 1 Nr. 3, § 43; vgl. § 47 Abs. 3 AufsVO.). Für die genaue Beurteilung des Vermögensstandes ist diese Angabe unerläßlich. Sie aber auch nur einigermaßen wahrscheinlich zu machen, ist in der Kriegslage, die alle alten Grundstückstaxen umgestoßen hat, dem Schuldner selbst mitunter unmöglich. Auch Ermittelungen von Amts wegen (§ 16 AufsVO.) stoßen vielleicht auf unüberwindliche Zweifel. Einen Verzicht auf den Ausfall darf man den Realgläubigern nicht zumuten. Doch könnte wohl bestimmt werden, daß bei der den Vergleichsverhandlungen zugrunde zu legenden Vermögensabschätzung solche Ausfallansprüche außer Berechnung bleiben, die der Gläubiger nicht spätestens vor der Abstimmung im Termin glaubhaft macht. Eine Verwirkung der Ausfallansprüche wäre mit dieser Regelung nicht verknüpft.

IV. Zustellung durch Aufgabe zur Post. Ein weiteres durch die Kriegslage veranlaßtes Vergleichshemmnis liegt darin, daß häufig beim Beginne des Vergleichstermins die Bestätigung des Vollzugs einer Zustellung der Terminsbestimmung (§ 44 Abs. 2 AufsVO.) an einzelne Gläubiger noch aussteht. Hat der Aufsichtsrichter aus diesem Grunde die Verhandlung zu vertagen? Da eine Terminsbekanntmachung nicht erfolgt, wird der Richter sich kaum leichten Herzens über den Mangel hinwegsetzen dürfen. Eine bloße Aussetzung des Bestätigungsbeschlusses bietet keinen ausreichenden Schutz. Die Wurzel auch dieses Übels liegt im Ausschlusse der Öffentlichkeit. Läßt man gleichwohl in Erweiterung des § 17 Abs. 2 AufsVO. Zustellung „durch Aufgabe zur Post" genügen, was im Konkurse mit Rücksicht auf dessen Öffentlichkeit keine Bedenken hat (§§ 76, 77 KO.), so eröffnet man zwar einen Ausweg, aber doch nur auf Kosten der Billig- | keit. In der Praxis ist empfohlen worden, der Schuldner solle | Sp. 19
dafür Sorge tragen, daß jeder Gläubiger mit der Zustimmung zum Vergleichsvorschlage (§ 41 Abs. 1 Nr. 2 AufsVO.) die Erklärung verbinde, er verzichte auf Zustellung der Terminsbestimmung oder er begnüge sich mit bloßer Aufgabe zur Post.

V. Absonderungs- und Vorrechtsgläubiger im nachfolgenden Konkurse. Der § 49 Abs. 1 Nr. 2 KO. schränkt das gesetzliche Vermieterpfandrecht, das nach § 559 BGB. für alle Zinsrückstände besteht, im Konkurse des Mieters dahin ein, daß es als Absonderungsrecht nur den Rückstand des letzten Jahres vor Eröffnung des Konkurses deckt. Im Falle einer Geschäftsaufsicht über das Vermögen des Mieters gilt diese Beschrän-

kung mit der Maßgabe, daß der Vermieter kraft seines gesetzlichen Pfandrechts mit den Zinsansprüchen für das letzte Jahr vor Anordnung der Aufsicht vom Verfahren unberührt bleibt (§ 13 Abs. 1 Nr. 4 AufsVO.). Führt nun dieselbe Zahlungsunfähigkeit oder Überschuldung, die den Grund zur Anordnung der Geschäftsaufsicht abgegeben hat, ohne behoben zu werden, den Konkurs herbei, so fragt es sich, ob der Mietzins nur vom letzten Jahre vor der Konkurseröffnung ab oder weiter zurück vom letzten Jahre vor der Aufsichtsanordnung ab durch das Absonderungsrecht des § 49 Abs. 1 Nr. 2 KO. gedeckt ist. Die entsprechende Frage erhebt sich für die zeitlichen Grenzen der Konkursvorrechte des § 61 KO. Sind z. B. die Rückstände von Lidlohn und Steuern nur für das letzte Konkursvorjahr oder sind sie für die ganze Zeit vom letzten Aufsichtsvorjahr ab im nachfolgenden Konkurse bevorrechtigt? Eine Rückberechnung vom Tage des Beginns der Geschäftsaufsicht ab würde die Wirksamkeit der Absonderungs- und Konkursvorrechte ganz erheblich zum Nachteile der bloß persönlichen Ansprüche erweitern, nicht selten verdoppeln oder verdreifachen. Mit dem Zwecke der konkursrechtlichen Zeitschranken wäre solche Ausdehnung unvereinbar. Sie hat auch keine positivrechtliche Stütze. Wohl erstreckt der § 75 AufsVO. Konkurs- und Einzelanfechtung durch Nichteinrechnung der Zwischenzeit eines mißlungenen Aufsichtsverfahrens. Allein die Anfechtungsfristen konnten während der Geschäftsaufsicht zugunsten von Aufsichtsgläubigern gar nicht gewahrt werden. Diese Gläubiger würden daher einen ungerechtfertigten Schaden erleiden, wenn die anfechtungsfreie Zwischenzeit auf den Fristenlauf anzurechnen wäre. Ganz anders liegt unser Fall. Die Gläubiger des § 13 Abs. 1 Nr. 4 u. 5 AufsVO. werden
| S. 20 durch die Ge- | schäftsaufsicht nicht gehindert, ihre Ansprüche rechtzeitig zu verwirklichen. Unberührt durch das nur den Aufsichtsgläubigem geltende Vollstreckungsverbot des § 6 Abs. 2 AufsVO. können die Absonderungs- und Vorrechtsgläubiger des Konkurses während der Geschäftsaufsicht zwangsweise Sicherung und Befriedigung erwirken. Auch der vorläufige Zwangsschutz des Arrests, vollzogen durch Eintragung einer Sicherungshypothek oder durch Pfändung, verleiht den so gesicherten Rückständen eine Deckung, die dem künftigen Konkurs als Absonderungsrecht standhält (§§ 47, 49 Abs. 1 Nr. 2 KO.). Versäumen es die Gläubiger des § 13 Abs. 1 Nr. 4, 5 AufsVO., während der Geschäftsaufsicht ihre nach rückwärts begrenzten Sonderrechte rechtzeitig zu verwirklichen oder in neue Sicherungen von selbständiger Dauer überzuleiten, dann haben sie es sich selber zuzuschreiben, wenn sie im späteren Konkurs eine Einbuße erleiden. Die Sache liegt nicht anders, als wenn sie es bei außergerichtlichen Ausgleichsversuchen unterlassen, ihre Ansprüche durchzuführen. Der Gedanke des § 75 AufsVO. läßt sich daher auf die Fristen der §§ 49 Abs. 1 Nr. 2, 61 KO. auch nicht entsprechend anwenden: eine Fristerstreckung findet im nachfolgenden Konkurse nicht statt.

(Fortsetzung folgt.)

Aus der Praxis der Aufsichtsverordnung.*

LZ 1918 Sp. 417–425

Von Dr. **Ernst Jaeger** in Leipzig.

VI. Aufsichtsperson und Gläubigerbeirat. Die Stellung der Aufsichtsperson und des Gläubigerbeirats gibt in der Praxis fortwährend Anlaß zu neuen Erörterungen.

Der in seiner Fassung völlig mißlungene § 2 Satz 2 AufsVO. bestimmt: zum Zwecke der Unterstützung und Überwachung der Vermögensverwaltung des Schuldners könne die Aufsichtsperson „insbesondere die Geschäftsführung ganz oder teilweise selbst übernehmen oder einer anderen Person übertragen". Das klingt, als habe der Aufsichtspfleger die Macht, sein Amt im ganzen einem Dritten zu übertragen. Daß dies aber nicht der Sinn des § 2 ist, leuchtet ohne weiteres ein. Denn eine solche Übertragung wäre nicht nur mit der Vertrauensstellung eines Aufsichtspflegers, sondern auch mit dem Grundsatze der behördlichen Bestellung unvereinbar, kraft dessen das Aufsichtsgericht nach seinem pflichtmäßigen Ermessen die ihm geeignet erscheinende Persönlichkeit auszuwählen hat (§ 22 AufsVO.). Keinesfalls kann ein mit der Aufsicht betrauter Rechtsanwalt, weil er etwa zum Heere eingezogen oder von einer länger dauernden Krankheit ergriffen wird, einem anderen, wäre es auch seinem Sozius, vertretungsweise die gesamten Obliegenheiten der Aufsichtsführung übertragen oder, was gleichfalls versucht worden ist, durch Prokuraerteilung das Heft aus der Hand geben. Auch gehen die Aufsichtsverrichtungen weder | durch den Willen des bisherigen Aufsichtspflegers noch von selbst auf einen Vertreter über, der ihm zur Wahrnehmung seiner allgemeinen anwaltschaftlichen Berufsaufgaben nach § 25 RAO. durch die Justizverwaltung bestellt wird. Vielmehr setzt die Bekleidung der auf einer besonderen gerichtlichen Bestellung beruhenden vormundschaftlichen Ämter, zu denen die Sondergutspflegschaften der Konkursverwaltung, Nachlaßverwaltung und Geschäftsaufsicht gehören, auch eine besondere gerichtliche Ermächtigung voraus. Zur Ernennung eines Amtsvertreters ist aber das bestellende Gericht schon kraft der gesetzlichen Bestellungsbefugnis berufen. Wenn es die Macht hat, den Bestellten zu entlassen und durch einen andern zu ersetzen, muß es auch imstande sein, ihm einen Amtsvertreter an die Seite zu geben. In diesem Sinne haben denn auch die PreußMinVerf. v. 20. Aug. 1914 (JMBl. S. 688) und gleichlautende Dienstanweisungen anderer Gliedstaaten (z. B. Bayerns, Sachsens) anerkannt, daß in der Einberufung eines Konkursverwalters zum Heere regelmäßig eine Verhinderung zu | **Sp. 418**

* LZ. 1918, 16.

erblicken sei, die das Konkursgericht ermächtige, zum Zwecke der Vertretung des Einberufenen neben ihm einen andern Verwalter zu bestellen. Solche Bestellung eines Vertreters (z.B. des Sozius) kann im Einzelfalle weit angemessener sein als Entlassung und Neubestellung. Die Wahl zwischen beiden Wegen liegt aber ganz im Ermessen des Gerichts. An den Willen der Aufsichtsperson selbst ist es dabei in keiner Weise gebunden. Ebenso kann es, wenn ihm die Kraft der einen Auf-
| Sp. 419 sichtsperson unzulänglich erscheint, auch gegen | deren Willen eine zweite unter genauer Abgrenzung der Obliegenheiten, also z. B. zur Verwaltung eines gesonderten (vielleicht erst während der Aufsicht vorn Schuldner ererbten) Unternehmens, bestellen. Eine ungeeignete Persönlichkeit zu entlassen, nicht aber durch einen Mitpfleger zu beschränken, gebietet die Zweckmäßigkeit. In ihrer Beurteilung ist der Aufsichtsrichter frei.

Wenn das Gericht die Aufsicht von Amts wegen aufhebt (§ 66 AufsVO.), der Schuldner aber Beschwerde gegen den Aufhebungsbeschluß einlegt, dauert das Amt der Aufsichtsperson und ihre Verantwortlichkeit (§ 24 AufsVO.) fort, bis der Beschluß in Rechtskraft erwachsen ist (§ 68 AufsVO.). Keineswegs darf also die Aufsichtsperson schon inzwischen ihre Tätigkeit einstellen. Gerade in diesem Stadium hat sie, falls der Konkurs bevorsteht, bei persönlicher Haftung weiteren Vermögensverlusten entgegen zu wirken. Ihre geschäftlichen Maßnahmen muß sie nun freilich mit dem Ziele der Aufsichtsbeendigung in Einklang bringen, also z. B. die Eingehung neuer Verträge vermeiden, die zwar im Aufsichtszweck, aber nicht im Konkurszweck ihre Rechtfertigung finden.

Die Vergütung bemißt der Aufsichtsrichter nach freiem, wenngleich im Beschwerdeweg kontrollierbarem Ermessen (§ 27 AufsVO.). Er kann sie auch stufenweise in Teilfestsetzungen zubilligen, wenn diese die Durchführung der Aufsicht nicht beeinträchtigen. Es ist fraglich geworden, ob Honorarvereinbarungen zwischen Schuldner und Aufsichtsperson den Richter binden. Wohl kann die Aufsichtsperson auf jede Honorierung mit dem Erfolge verzichten, daß der Richter außerstande ist, hinterher doch eine Vergütung zu bewilligen. Solche Verzichte sind nicht selten. In Leipzig z. B. erwirkt der Aufsichtsrichter bei Bestellung der Aufsichtsperson eine Erklärung darüber, ob sie das Amt unentgeltlich führen wolle. Ein vor der Übernahme des Amtes gegenüber dem Gericht oder dem Schuldner erklärter Verzicht kann keinesfalls nach Belieben widerrufen werden. Anfechtbarkeit wegen eines Willensmangels ist denkbar, etwa wegen arglistiger Täuschung durch den Schuldner über den Umfang der Aufgabe. An der Statthaftigkeit eines Verzichts auf Vergütung besteht aber kein Zweifel. Andererseits sind Abmachungen zwischen dem Schuldner und der Aufsichtsperson über eine bestimmte Höhe oder Mindesthöhe des Honorars nach § 27 Abs. 2 Satz 1 für den Richter unverbindlich. Ja es muß selbst die Wirksamkeit unter den Beteiligten geleugnet werden, wenn die Übereinkunft der Unparteilichkeit des Aufsichtspflegers Abbruch tut (§ 138 Abs. 1 BGB.). Zumal als Anwalt wird er solche Abreden vermeiden müssen. Geht die Aufsicht über in den Konkurs, dann zählt das Honorar zu den Kon- | kursmassekosten (§ 71 AufsVO.). Entsprechend wird, wenn eine | Sp. 420 vorzeitig aufgehobene Aufsicht bei unveränderter Sachlage alsbald von neuem angeordnet wurde, anzunehmen sein, daß die im Vorverfahren bewilligte Vergütung nun zu den Aufsichtsmassekosten des § 13 Abs. 1 Nr. 6 AufsVO. zählt. Wird aber ohne innern Zusammenhang mit einem früheren Aufsichtsverfahren, also nicht kraft des unbehobenen alten, sondern kraft eines neuen Konkursgrundes (vielleicht nach Jahren) abermals eine Geschäftsaufsicht angeordnet oder der Konkurs eröffnet, dann genießt der alte Vergütungsanspruch keinerlei Vorrang.

Die Mitglieder eines Gläubigerbeirats haben keinen Honoraranspruch. Ihr Amt ist von Rechts wegen Ehrenamt. Sonst müßte im § 30 auch der § 27 für anwendbar erklärt und im § 13 Abs. 1 Nr. 6 sowie im § 71 der Beiratsvergütung gedacht sein. Näheres JW. 1917, 919. Niemand braucht dieses Ehrenamt zu übernehmen. Wer es aber übernommen hat, kann es nicht nach Willkür niederlegen, ohne sich persönlicher Haftbarkeit auszusetzen (§ 30 Abs. 2 mit § 24). Er ist darauf angewiesen, seine Entlassung zu fordern. Gegenüber einer Verweigerung der Entlassung macht der Beschwerdeausschluß (§ 19) sich allerdings empfindlich fühlbar. Siehe VIII.

VII. Aufsicht über Gesellschaften in Liquidation. Eine Handelsgesellschaft im Abwickelungsstande der Liquidation ist als juristische Person wie als Gesamthandgemeinschaft bis zum Vollzuge der Vermögensverteilung noch konkursfähig (§§ 207 Abs. 2, 209 Abs. 2 KO., § 63 Abs. 2 GmbHG.) und folglich insolange auch aufsichtsfähig (§ 72 AufsVO.). Entsprechendes gilt für eingetragene Genossenschaften im Auflösungsstadium (§ 98 Abs. 2 GenG., § 72 AufsVO.). Der Konkurs schließt jede andere Art der Abwickelung aus und verdrängt darum, rechtskräftig eröffnet, auch die Liquidation (§§ 145, 161, 294, 320 HGB.; § 66 GmbHG.). Kraft Gesetzes erlischt daher das Amt des Liquidators, sobald der Konkurseröffnungsbeschluß in Rechtskraft erwächst. Daraus folgt z. B. für offene Handelsgesellschaften in Liquidation, daß der Liquidator als solcher (auch wenn er kein Gesellschafter wäre) zwar zum Konkursantrag und zur Gemeinschuldnerbeschwerde gegen den Konkurseröffnungsbeschluß ermächtigt ist (§ 210 KO.), im rechtskräftig eröffneten Konkursverfahren aber keine Rolle mehr spielt und darum auch den Vorschlag eines Zwangsvergleichs nicht mitzubestimmen hat (§ 211 KO.), Beschwerde gegen die Bestätigung oder Verwerfung des Vergleichs oder gegen die Bemessung des Verwalterhonorars nicht einlegen kann.[1] Ganz

---

1 Siehe Jaeger, Offene Handelsgesellschaft im Zivilprozesse (Leipz. Sohm-Festschrift, 1914), S. 72 Note 94. Bleibt nach Konkursbeendigung unverteiltes Gesellschaftsvermögen übrig, dann

| Sp. 421 | anders liegen die Dinge bei der Geschäftsaufsicht. Sie ist kein Konkurs; sie soll ihn ja abwenden. Sie verträgt sich mit der Liquidation. Wie das Unternehmen im Erwerbsstande kann das Unternehmen im Abwickelungsstande zum Zwecke der Verhütung des auch hier noch statthaften Konkurses beaufsichtigt werden. Für die Regel verbleibt den Liquidatoren die Vermögensverwaltung (§ 2 AufsVO.), wenngleich auch ihnen wie anderen gesetzlichen Schuldnervertretern (z. B. Vormündern) durch den Aufsichtszweck bestimmte Pflichten auferlegt werden (§ 3 AufsVO.). Zwar haben auch den Zwangsvergleich im Aufsichtsverfahren über offene Handelsgesellschaften ausschließlich die Gesellschafter selbst, nicht die Liquidatoren vorzuschlagen (§ 72 AufsVO. mit § 211 KO.), weshalb den letzteren auch wohl die Ermächtigung zur Vergleichsbeschwerde (§ 42 Abs. 3, § 59 Abs. 2 AufsVO.) abgesprochen werden muß. Im übrigen aber, also gegenüber der Honorarfestsetzung und der Aufsichtsaufhebung (§§ 27, 68 AufsVO.) bleiben die Liquidatoren der beaufsichtigten offenen Handelsgesellschaft zur Beschwerde ermächtigt. Neben Ihnen kommt jedem Gesellschafter ein selbständiges Beschwerderecht zu.[2] Bei der Aufsicht über Kommanditgesellschaften gilt dies für die persönlich haftenden Mitglieder, nicht für Kommanditisten.

VIII. Beschwerde und weitere Beschwerde. Für die Regel sind Beschlüsse des Aufsichtsgerichts unanfechtbar (§ 19 AufsVO.). Der Ausschluß des Rechtsmittels hat den Vorteil einer Beschleunigung des Verfahrens. Allein dieser Gewinn wird allzu teuer erkauft. Auch in Ermessensfragen ist die Nachprüfung unerläßlich, wenn es sich um folgenschwere Entscheidungen handelt. Erst recht bei Erledigung schwieriger Rechtsfragen. Mit guten Gründen fordert daher die Praxis als Regel die Zulässigkeit der Beschwerde, wie sie der § 73 Abs. 3 KO. und das Ausland (§ 63 ÖsterrAusglO. mit § 76 ÖsterrKO., § 60 UngarAusglO.) anerkennt. Siehe LZ. 1917, 581.

---

findet mangels anderweiter Übereinkunft der Gesellschafter neuerdings die Liquidation statt (§ 145 HGB.). Entsprechend verdrängt auch der Konkurs einer Aktiengesellschaft oder sonst einer Körperschaft die Liquidation. Das Erlöschen der Vertretungsbefugnis der Liquidatoren macht die Bestellung neuer Vorstände und Geschäftsführer zur Wahrnehmung der Rechte und Obliegenheiten eines Gemeinschuldners nötig. So besonders zu Zwecken der Vergleichsschließung. Die konkursrechtliche Literatur bedarf in dieser Hinsicht der Nachprüfung.

2 In einem Leipziger Fall ist es jüngst streitig geworden, ob der einzelne Gesellschafter einer unter Geschäftsaufsicht gestellten offenen Handelsgesellschaft neben dem dritten Liquidator zur Beschwerde aus § 27 AufsVO. befugt sei. Das Landgericht Leipzig hat die Frage bejaht (2 B C 359/17) mit der Begründung: „Schuldner im Aufsichtsverfahren über eine offene HG. sind, da diese keine juristische Person ist, ihre Gesellschafter. Sie haften für die Vergütung der Aufsichtsperson nicht nur mit dem Vermögen der offenen Handelsgesellschaft, sondern auch mit ihrem sonstigen Vermögen. Infolge dieses unmittelbaren Interesses sind sie berechtigt, und zwar jeder für sich, sich gegen die Festsetzung der Vergütung der Aufsichtsperson zu wehren."

In einigen Ausnahmefällen findet schon jetzt die sofortige Beschwerde statt (§§ 27, 42, 59, 68 AufsVO.). Ob alsdann auch weitere Be- | schwerde zuläs- | Sp. 422 sig sein kann, ist bestritten. Die amtliche Begründung zum § 19 AufsVO. verneint. Ihr folgen die Handausgaben, neuestens auch das OLG. Bamberg (LZ. 1918, 172). Ich habe den bejahenden Standpunkt JW. 1917, 262 u. 919 näher zu begründen versucht. Hätte die herrschende Meinung Recht, dann würde nicht einmal innerhalb der einzelnen Oberlandesgerichtssprengel eine einheitliche Anwendung der AufsVO. gewährleistet sein. Schon dieses Ergebnis sollte zu denken geben. Die Gegenansicht steht aber auf außerordentlich schwachen Füßen. Ihre einzige Stütze ist die nun auch vom OLG. Bamberg erneuerte Behauptung, der § 19 AufsVO. spreche schlechthin von Entscheidungen „des Gerichts“, nicht nur „des Amtsgerichts“, und treffe daher auch die Beschwerdeentscheidungen des Landgerichts. Allein „Gericht“ bedeutet im § 19 wie in allen anderen Vorschriften der AufsVO. das Aufsichtsgericht, ganz wie in allen Vorschriften der KO. „Gericht“ das Konkursgericht ist. Wo die Beschwerde stattfindet, unterliegt deren Behandlung der ZPO. (§ 14 AufsVO.). Sollte abweichend vom § 568 ZPO. die weitere Beschwerde trotz Vorhandenseins von neuen selbständigen Beschwerdegründen unzulässig sein, so mußte diese Besonderheit eigens verordnet werden, wie dies z. B. im § 189 Abs. 3 KO. geschah. Übrigens scheitert die Gegenansicht schon an sprachlichen Erwägungen. Der § 19 AufsVO. sagt lediglich: „Die Entscheidungen des Gerichts sind, soweit diese Verordnung nichts anderes bestimmt, unanfechtbar“; soweit sie anderes bestimmt, Beschwerde zuläßt, also „anfechtbar“. Art und Schranken dieser Anfechtbarkeit regelt der § 19 überhaupt nicht. Das ist Sache der ZPO. (§ 14 AusfVO.). Diese begrenzt mangels einer Sondervorschrift die Beschwerdeinstanzen durch die allgemeinen Vorschriften der §§ 567, 568. Niemand würde auf den Gedanken bedingungsloser Unanfechtbarkeit der Entscheidungen des Beschwerdegerichts verfallen sein, wenn er nicht in der Begründung ausgesprochen wäre, die entgegen der JW. 1918, 144 zu 1 wiederholten Ansicht von Cahn keinesfalls als „authentische Festlegung“ gelten kann. Das OLG. Dresden hat die grundsätzliche Zulässigkeit der weiteren Beschwerde schon mehrmals stillschweigend bejaht. In der sächsischen Praxis sind irgendwelche Bedenken bisher nicht aufgetaucht.[3]

IX. Rückwirkung neuer Rechtssätze. Die erste AufsVO. v. 8. Aug. 1914 war auf einen raschen Verlauf des Krieges angelegt. Je länger dieser dauerte, desto mehr wurde ihr Zweck, die Rettung notleidender Einzelwirtschaften, in Frage gestellt. So erwuchs der Neuregelung v. 14. Dez. 1916 vor allem die Aufgabe, eine | sachdienliche Abwicklung der bereits schwebenden Geschäftsaufsichten | Sp. 423

3 Diese Feststellung verdanke ich der Güte des Herrn Senatspräsidenten Reinhard in Dresden.

zu ermöglichen. Für sie mußte in erster Linie die Möglichkeit der Beendigung durch Zwangsvergleich erschlossen werden. Die Anwendbarkeit dieser wesentlichsten Neuerung auf alte Aufsichten verstand sich denn auch für die Verfasser der Novelle derart von selbst, daß sie es für überflüssig erachteten, die rückwirkende Kraft der Vergleichsgrundsätze ausdrücklich anzuordnen, und diese Rückwirkung im § 80 Abs. 2 stillschweigend voraussetzen. Mit der Vergleichsregelung hängen aber auch die meisten anderen Neuerungen unmittelbar oder mittelbar zusammen. So namentlich die Sätze von der vorzeitigen Lösbarkeit schwebender Gegenseitigkeitsverträge (§§ 9 ff., 13), deren Hauptzweck dahin geht, dem konkursabwendenden Zwangsvergleich die Wege zu bahnen. Obwohl diese Bestimmungen materiellen, nicht formellen Inhalts sind, wird ihre rückwirkende Maßgeblichkeit ohne Bedenken anerkannt.[4] In einer Reihe von Fällen dient die Neufassung nur dem Zwecke, die zweifelhaft gewordene Bedeutung einer Vorschrift klarzustellen. Daß solche „authentische Interpretationen" zurückwirken, liegt in ihrem Wesen. Über diese Fragen habe ich mich bereits an anderer Stelle (Geschäftsaufsicht neuer Ordnung S. 82 ff.) näher geäußert und dort schon habe ich betont, daß es verfehlt wäre, deshalb, weil der § 80 nur für die Erstreckung der Anfechtungsfristen nach § 75 die Rückwirkung ausdrücklich vorschreibt, einen Gegenschluß dahin zu ziehen, daß jede andere sachliche Neuerung nur in einem seit dem 25. Dezember 1916 angeordneten Aufsichtsverfahren gelten solle. Die Rückwirkung des § 75 mußte eben kalendermäßig abgegrenzt werden und wurde nur darum eigens festgelegt.

Unter diesem Gesichtspunkt ist auch die zweifelhaft gewordene Frage zu prüfen, ob der § 76 AufsVO. rückwirkende Kraft hat. Er läßt das Ausscheiden einzelner Genossen aus einer *unter Aufsicht stehenden Genossenschaft* frühestens mit Schluß des Geschäftsjahres wirksam werden, in dem die der Genossenschaft bewilligte Zwangsstundung (§ 35 Abs. 2 AufsVO.) oder das ohne Zwangsstundung verlaufende Aufsichtsverfahren endet. Damit soll verhütet werden, daß die Ausscheidenden sich ihrer Haftpflicht zu einer Zeit entziehen, in der die Genossenschaftsgläubiger das Ausscheiden nicht durch Erwirkung des Genossenschaftskonkurses unschädlich machen können (§§ 75, 101 GenG.; § 6 Abs. 1 AufsVO.). Amts- und Landgericht Leipzig haben die rück-
| **Sp. 424** wirkende Kraft verneint (JW. 1918, 63); Hillig und | Waldecker sind dieser Recht-

4 So hat z. B. das AmtsG. Leipzig durch Beschluß v. 26. Jan. 1917 im Verfahren der Geschäftsaufsicht über ein umfängliches Verlagsunternehmen nach § 9 Aufs.VO. die Ermächtigung erteilt, die Erfüllung der vom Schuldner abgeschlossenen Lebens- und Unfallversicherungsverträge abzulehnen, weil sonst der Konkurs unvermeidlich gewesen wäre. Treffend *Klien*, AufsVO. (1917) § 11 Anm. 7.

sprechung beigetreten (a. a. O. Note u. Berichtigung S. 112). Die Gründe gipfeln in dem Satze, daß die Rückwirkung ausdrücklich hätte verordnet werden müssen. Vor „wohlerworbenen Rechten Dritter“, also der am 25. Dez. 1916 bereits wirksam (vgl. §§ 65—67 GenG.) ausgeschiedenen Mitglieder mache die VO. Halt. Sie gelte nur den „derzeitigen“ Genossen. „Nur“ (!) aus dem Zwecke der Vorschrift, meint Hillig, könne eine abweichende Meinung begründet werden, und es sei zuzugeben, daß unter der Herrschaft der alten VO. eine „bedauerliche Schwächung des Kredits“ der unter Aufsicht gestellten Genossenschaften eingetreten sei, weil die alte VO. auch hier eine Lücke aufwies, die erst die neue ausfüllte. Ganz unumwunden aber gibt Waldecker „die Schwäche“ zu, die der neuen VO. bei dieser Auslegung anhafte, und empfiehlt Abhilfe durch „eine Ergänzung des § 54“. So wiederholt sich also dieselbe Erfahrung, die wir unter der Herrschaft der alten VO. gemacht haben: der Geist wird dem Buchstaben geopfert, die zweckwidrige Lösung in den Kauf genommen und der leidtragende Verkehr auf bessere künftige Tage vertröstet (vgl. meine Geschäftsaufsicht S. 12). Das argumentum e contrario, das schon so viel Unheil angestiftet hat und nirgends unangebrachter ist als bei berichtigenden und ergänzenden Novellen, feiert wieder einmal einen traurigen Triumph. Wie liegen denn die Dinge? Eine konkursreife Genossenschaft wird zum Zwecke der Sanierung unter Aufsicht gestellt. Wäre der Konkurs eröffnet worden, dann würde jedem den Kreditunterlagen der Genossenschaft abträglichen Austritt eines Genossen ein Riegel vorgeschoben worden sein (§§ 75, 101 GenG.). Die Lücken der ersten VO. gestatten nun aber den Genossen auch jetzt noch, der Haftpflicht zu entschlüpfen, obwohl beim Feststehen des Konkursgrundes ein solches Ausscheiden sachlich ganz offenbar ungerechtfertigt ist. Natürlich rettet sich nun, wer kann. Und alte Mitglieder, die sich so ihrer persönlichen Verantwortlichkeit entziehen und damit die gesetzlichen Grundlagen des Kredits der Genossenschaft noch im Stadium der Konkursmäßigkeit untergraben, sollten fortab als „Dritte“ sich auf „wohlerworbene Rechte“ berufen dürfen? Unmöglich. Vielmehr ist zu sagen: Der § 76 verfolgt den Zweck, die Gläubiger der Genossenschaft vor dem Schaden zu bewahren, der ihnen dadurch droht, daß die den Konkurs hintanhaltende Aufsicht noch eine Enthaftung ermöglicht, die nach Konkurseröffnung ausgeschlossen sein würde. Dieser Schutz muß von dem Zeitpunkt ab einsetzen, in dem die Sicherungen des Genossenschaftsgesetzes (§§ 75, 101) ausgeschaltet werden, d. h. mit Anordnung der Aufsicht. Während des Aufsichtsverfahrens erfolgende Lösungen der Mitgliedschaft entlasten daher | die | Sp. 425
Ausscheidenden nicht, einerlei, ob die Lösung vor oder nach dem Inkrafttreten der Novelle wirksam wird. Der § 76 AufsVO. ist so weit gefaßt, daß er diese dem Zweck entsprechende Auslegung vollkommen deckt. Läßt er doch den Zeitpunkt des Ausscheidens offen.

(Fortsetzung folgt.)

Aus der Praxis der Aufsichtsverordnung.*

LZ 1919 Sp. 977–984
Von Dr. **Ernst Jaeger** in Leipzig.

X. Erweiterung der Geschäftsaufsicht. Nach § 1 AufsVO. setzt die Zulässigkeit des Aufsichtsverfahrens voraus, daß der Konkursgrund infolge des Krieges eingetreten ist. Krieg und Konkursgrund müssen also ursächlich zusammenhängen. Der Krieg braucht aber weder die unmittelbare noch die alleinige Ursache des Konkursgrundes zu sein. Wie seine Vorwirkungen, die schon durch die Erklärung des Kriegszustandes verursachten Zusammenbrüche, so fallen seine Nachwirkungen in den Bereich der Geschäftsaufsicht. Der Waffenstillstand, die Revolution und ihre Begleiterinnen, besonders die allgemeinen Arbeitseinstellungen, sind selber Kriegsfolgen. Die von ihnen ausgelösten Notlagen stehen daher als mittelbare Kriegsfolgen immer noch in dem durch den § 1 AufsVO. geforderten ursächlichen Zusammenhang. Von diesem Standpunkt aus müssen sogar Unternehmungen, die erst aus Anlaß des Krieges ins Leben gerufen oder für dessen Zwecke umgestaltet worden sind, wenn sie unter dem Einflüsse des Waffenstillstandes oder der Revolution in Zahlungsunfähigkeit oder Überschuldung verfallen sind, der Geschäftsaufsicht zugänglich sein. Auch diese Rechtseinrichtung muß Schritt halten mit den immer wechselnden Bedürfnissen des wirtschaftlichen Lebens. Dafür Sorge zu tragen, daß sie nicht
| Sp. 978 veralte u. | erstarre, ist die Aufgabe einer verständigen Rechtsanwendung. Die große Mehrheit unserer Gerichte aber hat sich bisher zu dieser Freiheit der Auslegung nicht durchzuringen vermocht. In allen Teilen des Reiches sind nach dem unglücklichen Ausgange des Krieges Unternehmungen, die unversehens zur Einschränkung oder Einstellung ihres Betriebs genötigt waren (Wegfall der Heereslieferungen, Rohstoffmangel, Kohlennot, Überspannung der Lohnansprüche), dem Verhängnisse des Konkurses ausgeliefert worden, indem das Gericht die beantragte Geschäftsaufsicht für unzulässig erklärte: weil der Eintritt des Konkursgrundes nicht eine Folge des Krieges, sondern der Kriegsbeendigung sei. So hat sich eine allgemeine, fort und fort wachsende Notlage ergeben, unter der die Reste des Mittelstandes besonders zu leiden haben. Ende des vorigen Jahres habe ich daher eine alsbaldige reichsgesetzliche Abhilfe empfohlen (Berliner Tageblatt Nr. 660 v. 27. Dez. 1918, Handelsteil). Ich bin dabei von der Erwägung ausgegangen, daß die Sanierung um so aussichtsreicher u. mit um so milderen Mitteln durchzuführen ist, je früher sie versucht wird. Um so weniger wird sie auch einem

---

* LZ. 1918, 16 u. 417.

„verschleierten Konkursverfahren“ ähneln. Siehe ZZP. 48, 145 u. 146 Note 7. Mit Rücksicht auf die große Tragweite der gerichtlichen Entscheidung über den Aufsichtsantrag, sie sei Anordnung oder Ablehnung der Geschäftsaufsicht, halte ich im Interesse aller Beteiligten hier jedenfalls die Anfechtbarkeit für geboten. Deshalb habe ich vorgeschlagen, den § 1 AufsVO. so zu fassen: | „Schuldner, die in ernste Zahlungsschwierigkeiten geraten sind, können bei dem für die Eröffnung des Konkurses zuständigen Gerichte die Anordnung einer Geschäftsaufsicht zur Abwendung des Konkurses beantragen. Dem Antrag ist stattzugeben, wenn Aussicht besteht, daß sich die Schwierigkeiten in absehbarer Zeit beheben lassen. Die Entscheidung unterliegt der sofortigen Beschwerde.“ | Sp. 979

Die Anregung hat in Handelskreisen vielfache Zustimmung gefunden. Namentlich hat die Handelskammer München unterm 3. Jan. 1919 beim damaligen Reichsjustizamte die vorgeschlagene Änderung befürwortet. Andere Handelskammern haben diese Befürwortung unterstützt. Allein es vergingen Monate, ohne daß Abhilfe eintrat. Als dann die Stürme der Räterepublik das bayerische Wirtschaftsleben aufs neue erschüttert hatten, wandte sich die Handelskammer München unterm 5. Mai 1919 an das bayerische Ministerium für Handel, Industrie, Gewerbe mit der Bitte, bei der Reichsregierung auf die beantragte Gesetzesänderung hinzuwirken oder die Erweiterung doch wenigstens für solche Gebiete durchzusetzen, die „infolge innerer Unruhen, langdauernder Streiks und wirtschaftlich schädlicher Maßnahmen vorübergehender Machthaber besonders gelitten“ haben. Seitdem sind wiederum Monate verstrichen.

Bestehen etwa sachliche Bedenken gegen die beantragte Erweiterung? Den Schuldner selbst bedroht sie jedenfalls insolange nicht, als die Geschäftsaufsicht nur auf seinen Antrag angeordnet werden darf und jederzeit auf seinen Antrag aufzuheben ist (§§ 1, 66 AufsVO.). Ist aber vielleicht die Besorgnis begründet, daß die Erweiterung der Zulässigkeit den Gläubigern zum Schaden gereiche, weil sie Klage und Vollstreckung der einzelnen hemmt (§§ 12, 6 AufsVO.)? Keinesfalls, wenn dem Vorschlag entsprechend als Aufsichtsgrund nicht schon irgendeine vorübergehende, sondern nur eine solche Zahlungsschwierigkeit genügt, die nach pflichtmäßigem Ermessen des Gerichts „ernst“ genug ist, um die Anordnung einer Geschäftsaufsicht zu rechtfertigen. Die Triftigkeit des Grundes darf man getrost der im Beschwerdewege nachzuprüfenden richterlichen Beurteilung überlassen. Gerade diese Freiheit des Ermessens verbürgt eine sachgemäße Behandlung des Einzelfalles. Andrerseits muß verlangt werden, daß die Zahlungsschwierigkeiten in absehbarer Zeit zu beheben sind. Unberechenbare Heilungsmöglichkeiten können nicht genügen. Die Wendung „Behebbarkeit nach Wegfall der Kriegsverhältnisse“ (§ 1 Abs. 2 | AufsVO.) läßt sich für die Zukunft keinesfalls halten. | Sp. 980

XI. Unzuständigkeit des Gerichts. Nach Anordnung einer Geschäftsaufsicht hat sich ergeben, daß der Schuldner seine gewerbliche Niederlassung im Sprengel eines anderen Gerichts hatte. War dies ein Grund, die Geschäftsaufsicht von Amts wegen aufzuheben?

Unabhängig vom Willen des Schuldners kann die Geschäftsaufsicht nach § 66 AufsVO. nur aufgehoben werden, „wenn ein wichtiger Grund für die Aufhebung vorliegt". Ein solcher ist nicht schon in dem Umstande zu erblicken, daß dem Gerichte zur Zeit der Anordnung die Zuständigkeit gefehlt hat. Das folgt zunächst aus allgemeinen prozeßrechtlichen Erwägungen. Das Aufsichtsverfahren bildet eine besondere Art des Zivilprozesses (§ 14 AufsVO.; ZZP. 47, 177). Im Zivilprozesse gilt aber anerkanntermaßen der Satz, daß rechtskräftige Entscheidungen des Gerichts aus dem bloßen Grunde des Fehlens seiner Zuständigkeit nicht angefochten werden können. Die Rechtskraft heilt den Mangel. Das bestätigt ein Gegenschluß aus § 579 ZPO. Nun ist nach § 15 AufsVO. die Anordnung der Geschäftsaufsicht von vornherein unanfechtbar. Sie wird also schon mit Erlassung des Beschlusses rechtskräftig. Der Zuständigkeitsmangel wird so gering bewertet, daß er nicht einmal die Beschwerde begründet (was freilich keineswegs bedenkenfrei ist; siehe LZ. 1918, 421). Die Wirkungen des Konkurses greifen tiefer als die der Geschäftsaufsicht. Darum verleiht schon das geltende Recht dem Schuldner gegenüber der Konkurseröffnung durch ein unzuständiges Gericht die sofortige Beschwerde (§ 109 KO.). Von Amts wegen kann aber das Gericht auch die Eröffnung des Konkurses nicht zurücknehmen, auch nicht vor Eintritt der Rechtskraft (§ 577 Abs. 3 ZPO.). Daß mit der Rechtskraft sogar die Konkurseröffnung unabänderlich wird, steht außer Frage (LZ. 1909, 668).

Dieses Ergebnis bekräftigen Zweck und Fassung des § 66 AufsVO. Aus dem bloßen Grunde ursprünglicher Unzuständigkeit wäre vielleicht die Verweisung, aber gewiß nicht die „Aufhebung" eines noch so weit gediehenen Aufsichtsverfahrens zu rechtfertigen. Hätte also die VO. den nachträglich aufgedeckten Zuständigkeitsmangel einer Berücksichtigung von Amts wegen unterwerfen wollen, so würde sie Überleitung an ein anderes Gericht, aber keinesfalls deren völlige Beendigung vorgesehen haben. Ein „wichtiger Grund für die Aufhebung" liegt nur vor, wenn feststeht, daß eine Fortsetzung des Verfahrens zwecklos ist. Das bestätigen die im Abs. 2 hervorgehobenen Hauptgründe. Wenn die Nr. 2 bestimmt, einen wichtigen Aufhebungsgrund bilde besonders
| Sp. 981 nachträglicher Wegfall | „der Voraussetzungen für die Anordnung der Geschäftsaufsicht", so gedenkt sie damit der sachlichen Voraussetzungen des § 1 Abs. 2 AufsVO. Das will sagen: Besteht keine Aussicht mehr, den Konkursgrund zu beheben, namentlich den Konkurs durch ein Abkommen mit den Gläubigern abzuwenden, dann muß die Geschäftsaufsicht aufgehoben werden. Alsdann hat sie keinen Zweck mehr. Mit diesem Gedanken hängt ein in seiner allgemei-

nen Fassung leicht zu mißdeutender Satz der amtlichen Begründung zum § 66 zusammen: „Selbstverständlich ist die Geschäftsaufsicht auch dann aufzuheben, wenn sich nachträglich herausstellt, daß es schon bei ihrer Anordnung an den Voraussetzungen für sie fehlte." Auch hier sind die sachlichen Erfordernisse des § 1 Abs. 2 gemeint. Die Stelle erläutert also den § 66 Abs. 2 Nr. 2 dahin: um so mehr erscheint die Aufhebung geboten, wenn sich ergibt, daß von vornherein auf eine Behebung des Konkursgrundes nicht zu rechnen war und (wie man hinzusetzen muß) fortdauernd nicht zu rechnen ist. Um die Zuständigkeit handelt es sich hier überall nicht.

Ist nun aber nicht mit der Möglichkeit zu rechnen, daß der Schuldner durch Vorspiegelung des Zuständigkeitsgrundes die Anordnung der Aufsicht bei einem unzuständigen Gericht erschleicht und so eine Lage schafft, deren Beseitigung das Interesse der Gläubiger gebieten kann? Der Fall ist unwahrscheinlich. Sollte er indessen vorkommen, so würde das Verhalten des Schuldners, sobald sich ergibt, daß es den Interessen der Gläubiger zuwiderläuft, einen sachlichen Aufhebungsgrund bilden (§ 66 Abs. 2 Nr. 1).

In der von mir begutachteten Sache hat das Amtsgericht Charlottenburg durch Beschluß v. 6. Juni 1919 (40 Nr. 3. 19./54) sich im wesentlichen auf denselben Standpunkt gestellt.[1] In den Gründen heißt es:

> „Die Unzuständigkeit des Gerichts bedingt an u. für sich keine Aufhebung der Geschäftsaufsicht. Zwar ist es als wichtiger Grund anzusehen, wenn die Voraussetzungen für die Anordnung der Geschäftsaufsicht nachträglich weggefallen sind (§ 66 Abs. 2 Nr. 2). Als Voraussetzungen im Sinne dieser Bestimmung gelten aber nur die im § 1 der Verordnung genannten sachlichen Voraussetzungen. Der Wegfall dieser Voraussetzungen ist nicht dargetan. Auch ein wichtiger Grund im Sinne des § 66 Abs. 2 Nr. 1 liegt nicht vor. In der Erschleichung der Zuständigkeit ist eine Pflichtverletzung nicht zu erblicken, da als Verletzung der durch die Geschäftsaufsicht erwachsenen Pflichten nur Handlungen in Frage kommen, die nach Anordnung der Geschäftsaufsicht vorgenommen sind. Ebensowenig liegt in der Erschleichung der Zuständigkeit eines an sich unzuständigen Gerichts eine Zuwiderhandlung gegen die Interessen der Gläubiger; denn die Gläubiger sind in der Wahrnehmung ihrer Rechte nicht dadurch benachteiligt, daß das Aufsichtsverfahren vor dem Amtsgericht | Charlottenburg u. nicht etwa vor dem Amtsgericht Berlin-Mitte stattfindet."[2] | Sp. 982

XII. Klaganlaß im Sinne des § 12 AufsVO. Erhebt ein Aufsichtsgläubiger während der Geschäftsaufsicht die Leistungsklage, so fallen ihm nach

1 Die Mitteilung verdanke ich der Güte des Herrn Rechtsanwalts Dr. Jaffa (Berlin).

2 Wenn die große Mehrzahl der Gläubiger im Sprengel des zuständigen Gerichts wohnt u. durch die Zuständigkeitsverletzung gezwungen wird, vor einem auswärtigen Gericht zu handeln z. B. Termine wahrzunehmen, liegt gewiß eine Benachteiligung der Allgemeinheit vor.

der Regel des § 12 Satz 1 „die Prozeßkosten“ zur Last, wenn der Schuldner den Anspruch sofort anerkennt. Diese Kostenlast trifft den Kläger nach Satz 2 namentlich dann nicht, wenn er „bei der Erhebung der Klage“ keine Kenntnis von der Geschäftsaufsicht hatte. Die Unkenntnis hat im Streitfalle der Kläger zu beweisen (vgl. auch § 22). Wie nun, wenn der Kläger in der Zwischenzeit zwischen Klagerhebung und Verhandlungstermin von der Geschäftsaufsicht erfährt, aber auf der Zuerkennung des im Termin anerkannten Anspruchs beharrt? In einem solchen Falle hat das Landgericht II Berlin unterm 5. Jan. 1918 angenommen, der Kläger habe zwar die bis zum Augenblicke der Kenntnisnahme entstandenen Kosten nicht zu tragen, wohl aber die Kosten des Anerkenntnisurteils. Das Kammergericht hat dagegen auf Berufung durch Urteil v. 18. Nov. 1918 (4. U. 1168. 18/17) dem Beklagten die gesamten Kosten des Prozesses auferlegt.[3] In den Gründen heißt es:

> „Weder die Klägerin selbst noch deren Prozeßvertreter hatte bei Anstrengung der Klage von dem Bestehen der Geschäftsaufsicht über das Vermögen des Beklagten Kenntnis. Daraus folgt aber, daß gemäß § 12 AufsVO. den Beklagten die sämtlichen Kosten des Rechtsstreites treffen. Der Meinung des Beklagten, daß sich seine Kostenpflicht nur auf die von ihm anerkannten Kosten, nämlich auf die durch die Klageeinreichung selbst entstandenen Kosten (Prozeßgebühr u. Pauschalsatz) beziehe, weil Klägerin vor dem ersten Verhandlungstermine von dem Bestehen der Geschäftsaufsicht Kenntnis erlangt habe, konnte nicht beigepflichtet werden. Die erwähnte VO. verbietet (§ 6 Abs. 2) wohl die Vornahme von Zwangsvollstreckungen während der Geschäftsaufsicht, nicht aber schon die Erhebung von Klagen u. die Durchführung derselben bis zur Erlangung eines Schuldtitels. Sie stellt die Erhebung einer Klage nur bedingungsweise unter den Rechtsnachteil der Kostenpflicht, wenn nämlich die Klage trotz Kenntnis von der Geschäftsaufsicht angestellt wird u. der Beklagte den Klageanspruch, wie das hier geschehen ist, in der ersten Verhandlung anerkennt (§ 12). Es ist auch nicht zutreffend, daß die Klägerin kein Interesse mehr an der Erlangung des Schuldtitels gehabt habe, nachdem sie jene Kenntnis, wenn auch erst nach Zustellung der Klage erlangt habe. Dies Interesse ergab sich ohne weiteres daraus, daß die Klage nun einmal angestellt war, u. daß der Beklagte vor Anstellung der Klage vergeblich zur Berichtigung der eingeklagten Forderung aufgefordert war. Deshalb steht ihm auch der § 93 ZPO. nicht zur Seite.“

Der Entscheidung des Kammergerichts pflichte ich bei. Hätte der Beklagte freilich | **Sp. 983** | auch im Sinne des § 93 ZPO. einen Klaganlaß nicht geboten, dann mußte der Kläger trotz Unkenntnis der Geschäftsaufsicht alle Kosten tragen. Ein solcher Klaganlaß lag jedoch vor. Denn der Kläger hatte den Beklagten vor der Klagerhebung fruchtlos zur Leistung aufgefordert. Sonach war lediglich der § 12 AufsVO. maßgebend, der den allgemeinen § 93 ZPO. für den besonderen Fall des Aufsichtsverfahrens dahin verschärft, daß er einen vor der Geschäftsaufsicht ein-

3 Für die Einsendung habe ich Herrn Rechtsanwalt Fr. Weinberg (Berlin) zu danken.

getretenen Klaganlaß nicht mehr als solchen genügen läßt, wenn ein Aufsichtsgläubiger die Leistungsklage erst während der Aufsicht und in deren Kenntnis erhebt. Die Verschärfung versagt aber nach den klaren Worten des § 12 AufsVO., wenn der Gläubiger „bei der Erhebung" der Klage die Geschäftsaufsicht nicht kannte. Alsdann bewendet es bei den allgemeinen Kostenvorschriften der ZPO., namentlich beim § 91, demzufolge der voll unterliegende Teil alle Kosten zu tragen hat. Ein für allemal entscheidet für die Anwendbarkeit des § 12 AufsVO. die Kenntnis im Zeitpunkte der Klagerhebung. Indem der § 12 Satz 2 verordnet „dies gilt nicht, wenn", verneint er jede mit Rücksicht auf die Geschäftsaufsicht den Kläger treffende Kostenlast (Satz 1 „die Prozeßkosten"). Eine Kostenteilung im Sinne des Landgerichts ist mit dem Wortlaute des § 12 wie mit der sonst als Regel anerkannten Einheit der Prozeßkostenlast (vgl. z. B. Jaeger, KO.[5] § 59 Anm. 2) völlig unvereinbar. Sie müßte ausdrücklich vorgeschrieben sein, zumal es ja sehr nahe liegt, daß der Kläger noch vor der ersten Verhandlung Kenntnis von der Aufsicht erlangt.

Ist aber etwa dieser Standpunkt der VO. de lege ferenda als sachlich unangemessen zu verwerfen? Ich glaube nicht. Nachdem der Gläubiger die Klage einmal unter Umständen erhob, die trotz Anordnung der Geschäftsaufsicht eine kostenfällige Verurteilung des Schuldners rechtfertigen, hat er, wie das KammG. zutreffend andeutet, ein schutzwürdiges Interesse an urteilsmäßiger Zuerkennung des Anspruchs. Wer weiß, ob die Geschäftsaufsicht ihren Zweck erreicht? Verfehlt sie ihn, so bietet das Urteil dem Gläubiger wesentliche Vorteile, auch wenn die Schuld dauernd anerkannt wird, und zwar sowohl für die Einzelvollstreckung (siehe auch § 2 AnfG.) wie für den Konkurs (§ 146 Abs. 6 KO.). Allerdings kommen solche Erwägungen überhaupt gegenüber dem § 12 AufsVO. in Betracht. Sie haben aber ein weit höheres Gewicht, wenn der Prozeß einmal schwebt. Eine folgerechte Durchführung der Gegenansicht müßte auch in solchen Rechtsstreitigkeiten, die schon vor Anordnung der Geschäftsaufsicht begonnen hatten, die Urteilskosten dem siegreichen Kläger aufbürden, | wenn im ersten während der Geschäftsaufsicht stattfindenden Termine der bis dahin bestrittene Anspruch anerkannt würde. | **Sp. 984**

XIII. Auskunftpflicht des Aufsichtspflegers. Nicht selten wird in der Praxis darüber geklagt, daß der Aufsichtspfleger Anfragen einzelner Gläubiger über den Stand der Geschäftsaufsicht unbeantwortet lasse. Es fragt sich, ob er nach geltendem Recht zu solcher Auskunft verpflichtet, im Falle der Verneinung, ob der Standpunkt der VO. aufrecht zu erhalten ist.

Den einzelnen Gläubigern gegenüber besteht keine Auskunftpflicht des Aufsichtspflegers. Diese Pflicht hat die VO. erschöpfend geregelt. Nur dem Gläubigerbeirat, nicht jedem einzelnen Gläubiger erkennt sie das Recht zu, vom Aufsichtspfleger Auskunft über die Lage der Sache und die Geschäftsführung zu verlangen (§ 31 Satz 3), ein Verlangen, das seinerseits einen nach § 32 gültigen Kollegialbeschluß des Beirats (Sitzungs- oder Umlaufsbeschluß) voraussetzt. Im übrigen hält es die VO. für genügend, daß der Aufsichtspfleger nach § 28 dem Aufsichtsgericht jeden von diesem gewünschten Bericht zu erstatten und daß jeder Gläubiger nach § 18 (Abs. 2 Satz 2) ein unbeschränkbares Recht auf Einsicht der wiederkehrenden wie der besonderen Berichte hat. Die Berichterstattung gewinnt im Vergleichsverfahren erhöhte Bedeutung (§§ 42, 45, 49). Sie steht überall unter dem Schutze der §§ 24, 25. Einsicht in die Gläubigerliste, das Vermögensverzeichnis, die Bilanz und andere Bestandteile der Aufsichtsakte kann jedem Gläubiger gerichtlich gestattet werden (§ 18 Abs. 2 Satz 1). Inwieweit der Aufsichtspfleger einzelnen Gläubigern unmittelbar Rede stehen will, bleibt seinem pflichtmäßigen Ermessen überlassen. Im Weigerungsfalle sind die einzelnen Gläubiger darauf angewiesen, durch Vermittelung des Gerichts oder des Beirats Auskünfte zu erwirken.

Diesen Standpunkt (entsprechend einer Anregung aus fränkischen Anwaltskreisen) aufzugeben, empfiehlt sich n i c h t. Eine allgemeine und unmittelbare Auskunftspflicht des Pflegers gegenüber den Gläubigern würde den Schuldner gefährden und bei großer Gläubigerzahl eine unerträgliche Belastung des Pflegers bedeuten. Berechtigtem Auskunftverlangen wird das Gericht jederzeit Geltung verschaffen. Auch im Konkurse haben die einzelnen Gläubiger keinen Anspruch auf Auskunft des Verwalters (LZ. 1907, 213). Die bei abweichender Regelung zu besorgenden Unzuträglichkeiten sind im Aufsichtsverfahren gewiß nicht geringer als im Konkurse.

(Fortsetzung folgt.)

Aus der Praxis der Aufsichtsverordnung.*

LZ 1919 Sp. 1048–1057
Von Dr. **Ernst Jaeger** in Leipzig.

XIV. Erleichterung des Vergleichsabschlusses. Im Gegensatze zum konkursbeendenden Zwangsvergleich kann der konkursabwendende, wenn er sich auf eine kurzfristige Stundung (mit oder ohne Zinserlaß für deren Dauer) beschränkt, mit einfachen Mehrheiten beschlossen werden (§ 38 AufsVO.). Diese Regelung empfiehlt sich auch für Konkursvergleiche. Die Praxis drängt aber noch weiter. Daß einzelne Hauptgläubiger, deren Ansprüche mehr als ein Viertel der Forderungsgesamtsumme betragen, den Vergleichsabschluß hintertreiben können, wird innerhalb wie außerhalb des Konkurses beanstandet. Ein mir aus rheinischen Industriekreisen zur Begutachtung unterbreiteter Vorschlag will für beide Fälle bestimmen:

> „Ist das Zustandekommen des Zwangsvergleichs durch den Widerstand eines oder mehrerer Gläubiger, welche über ein Viertel der Gesamtsumme der Forderungen vertreten, in Frage gestellt, so soll vom Gericht die zuständige Handelskammer mit der Nachprüfung der Geschäftsverhältnisse des Schuldners beauftragt u. von dieser die Quote festgesetzt werden, welche er nach Lage der Sache als Mindestquote zahlen kann."

| Zur Begründung wird geltend gemacht: unter der bisherigen Regelung habe besonders derjenige Teil des kaufmännischen Mittelstandes zu leiden, dessen Vermögen in Außenständen bei kleinen Leuten, Handwerkern und Arbeitern festliege; solche Schuldner des Kaufmanns seien, namentlich als Kriegsteilnehmer, durch die Rechtswohltat der Zahlungsfristen geschützt, während der Kaufmann selbst von der Gnade seiner Lieferanten abhänge und seiner Existenz verlustig gehe, wenn einzelne Hauptgläubiger den Vergleich vereiteln können. | **Sp. 1049**

Ist auch zuzugeben, daß das Erfordernis der Dreiviertelsummenmehrheit (§ 182 Abs. 1 Nr. 2 KO., § 37 Nr. 2 AufsVO.) in einzelnen Fällen zu bedauerlichen Ergebnissen führt, so erscheint doch weder der Inhalt noch die Fassung des Vorschlags bedenkenfrei. Die Verbindung der Kopf- und der Summenmehrheit hat guten Sinn. Sie verhütet, daß viele kleine durch einzelne große und daß einzelne große durch viele kleine Gläubiger vergewaltigt werden. Auf jede Summenmehrheit zu verzichten, geht keinesfalls an. Das wagt auch kein Auslandsgesetz. Ob bereits Zweidrittel oder Dreifünftel der Forderungssumme ausreichen sollen, wie manche Rechte bestimmen, darüber läßt sich streiten. In dieser Hinsicht verdient

* LZ. 1918, 16, 417 u. 977.

der Wandel des vorbildlich gewordenen französischen Gesetzes Beachtung, das die ursprünglich geforderten Dreiviertel 1889 auf Zweidrittel herabgesetzt hat. Das österreichische Recht von 1914 hält am Erfordernisse der Dreiviertelsummenmehrheit fest (§ 147 KO., § 42 AusglO.), während die ungarische AusglO. von 1915 Zweidrittel des angemeldeten stimmberechtigten Kapitals genügen läßt. Siehe Jaeger, KO.^{5} § 182 Anm. 9; JW. 1916, 789. Wenn Sachverständige festgestellt haben, was mindestens vom Schuldner verlangt werden muß u. höchstens von ihm geleistet werden kann, sind immer noch die Vergleichsparteien selbst zur Vereinbarung der Quote berufen. Dabei haben die Gläubiger mit Doppelmehrheit zu beschließen. Nun könnte man vielleicht sagen: scheitert ein nach dem Gutachten der Sachverständigen für die Allgemeinheit günstiger Vergleichsvorschlag am Widerstand einer Minderheit von Gläubigern, deren Forderungen mehr als ein Viertel betragen, so kann das Gericht nach Anhörung des Gläubigerausschusses (Gläubigerbeirats) und des Konkursverwalters (Aufsichtspflegers) die erforderliche Summenmehrheit auf einen gesetzlich zu bestimmenden geringeren Bruchteil (etwa $^2/_3$ oder $^3/_5$) herabsetzen. Auch die Berechtigung eines solchen Zugeständnisses wird aber noch nachzuprüfen sein.

XV. Vergütungsansprüche aufeinanderfolgender Auf-
| Sp. 1050 **sichtspfleger.** Lösen in der Führung einer Geschäftsaufsicht oder | in der Verwaltung eines Konkurses zwei Personen einander ab, so fragt es sich, wie die Vergütung für jede von ihnen zu berechnen sei (§ 27 AufsVO., § 85 KO.). In der schlesischen Praxis ist die Meinung aufgetaucht,[1] Vormann und Nachmann hätten jeder die volle Vergütung zu beanspruchen. Davon kann keine Rede sein. Wann die Vergütung festzusetzen sei, ist nicht besonders bestimmt. In beiden Verfahrensarten steht die Festsetzung überhaupt und darum auch die Entscheidung darüber, ob die Vergütung abschnittweise oder einmalig festzusetzen sei, im pflichtmäßigen Ermessen des Gerichts. Hier wie dort unterliegt dieses Ermessen der Nachprüfung im Beschwerdeweg. Eine beschlußmäßige Ablehnung des Antrags auf Bewilligung wiederkehrender Vergütungen ist beschwerdefähig, auch im Aufsichtsverfahren.[2] Die maßgebenden Vorschriften gehen ihrem Wortlaute nach von einmaliger Festsetzung, also von einer Festsetzung bei Beendigung des Amtes aus. Bei längerer Dauer des Verfahrens wird meist die Festsetzung von Zeit

---

1 Zunächst für Konkursverwalterhonorare, die an vielen Orten tarifmäßig berechnet werden (KO.^{5} § 85 Anm. 2).

2 Der § 27 Abs. 2 Satz 2 AufsVO. gilt nach dem Zwecke der Vorschrift für alle die Festsetzung betreffenden Beschlüsse, auch für ablehnende. So auch, wenn ein Pfleger nur ganz kurz im Amte war und ihm beschlußmäßig jede Vergütung verweigert wird. „Festsetzen" heißt hier bewilligen u. bemessen.

zu Zeit vorzuziehen sein, nicht nur im Interesse des Aufsichtspflegers oder Konkursverwalters, sondern auch in dem des Schuldners selbst, der rechtzeitig über die Höhe seiner Honorarverbindlichkeit unterrichtet sein will. Auch sonst ein triftiger Grund kann Teilvergütungen rechtfertigen. Lösen nun in ein und demselben Verfahren verschiedene Träger des Amtes einander ab, so ist klar, daß jeder nur für seine eigene Mühewaltung Honorar zu beanspruchen hat. Das Gericht muß also entsprechend teilen. Auch die Verteilung als solche unterliegt der sofortigen Beschwerde.

XVI. Lösung gegenseitiger Schuldverhältnisse. Die §§ 9–11 AufsVO. lassen im Interesse des Aufsichtsschuldners eine vorzeitige Abwickelung langfristiger Gebundenheiten zu, namentlich bei Verträgen auf Sukzessivlieferung, bei teueren Ladenmieten u. bei kostspieligen Anstellungsverhältnissen. Sie begründen zur Förderung des Aufsichtszweckes eine Lösbarkeit, die nach den allgemeinen Vorschriften des bürgerlichen Rechts nicht besteht, lassen aber diese Vorschriften im übrigen unberührt. Die Rechtslage ist in einer Wiesbadener Sache auf seltsame Weise verkannt worden. Ein Aufsichtspfleger, der die Geschäftsführung selbst übernommen hatte (§ 2 Satz 2 AufsVO.), stellte einen Bediensteten wegen pflichtwidrigen Benehmens zur Rede, worauf dieser ihn bedrohte. Nach Lage des Falles war im Verhalten des Angestellten ein | wichtiger Grund zu fristloser Kündigung im Sinne des § 626 BGB. (§ 70 HGB.) zu erblicken. Das Kündigungsrecht des unter Aufsicht stehenden Dienstherrn übte der Aufsichtspfleger aus. Das Prozeßgericht aber sprach der sofortigen Kündigung die Wirksamkeit ab, weil die nach § 11 AusfVO. erforderliche Ermächtigung durch das Aufsichtsgericht fehle. Als ob der § 11 AufsVO. *jede* vom Dienstherrn oder seinem Vertreter ausgehende Kündigung an die Erlaubnis des Aufsichtsgerichts binden wollte! Der Zweck dieser Vorschrift geht doch offenbar nur dahin, eine besondere Kündbarkeit zu schaffen, nicht die allgemeine zu erschweren. Welchen Sinn hätte solche Erschwerung? So wenig als der § 22 KO. verdrängt der § 11 AufsVO. eine schon nach sonstigen Rechtssätzen begründete Kündigungsbefugnis (siehe KO.[5] § 22 Anm. 19). Ob der Aufsichtsschuldner als Dienstherr die Kündigung in Person erklärt oder ob sie an seiner statt vom selbstverwaltenden Aufsichtspfleger erklärt wird, das begründet weder bei der besonderen Kündbarkeit des § 11 AufsVO. noch bei der des allgemeinen bürgerlichen Rechts einen Unterschied. | Sp. 1051

XVII. Zweifel über die Tragweite des § 60 AufsVO. Eine rheinische Geschäftsaufsichtssache war durch Zwangsvergleich dahin beendet worden, daß die Vergleichsgläubiger alsbald nach rechtskräftiger Vergleichsbestätigung 30 % ihrer Forderungen zu erhalten und auf den Rest einschließlich aller Zinsansprüche zu verzichten hatten. Ein Wechselgläubiger, dessen Forderung in das Gläubigerverzeichnis aufgenommen war, verlangte die Vergleichsrate, weigerte sich aber, gegen diese Zahlung den Wechsel auszuliefern, weil er für den Restbetrag Regreß zu nehmen beabsichtigte. Dem wurde entgegengehalten, dem Aufsichtsschuldner (Akzeptanten) drohe, wenn der Wechsel nicht zurückgegeben werde, eine schwere Gefährdung. Denn anders als im Konkurse seien die Rückgriffsrechte der Wechselgaranten nach § 60 Abs. 1 Satz 2 AufsVO. vom Zwangsvergleich unberührt geblieben, weil sie keine Aufnahme in das Gläubigerverzeichnis gefunden hätten; sie seien dem Aufsichtsschuldner häufig auch nur teilweise bekannt. Der Wechselinhaber erwiderte, er erleide bei Auslieferung des Wechsels einen vollkommen ungerechtfertigten Regreßverlust. Es wurde gefragt, wie der Widerstreit zu lösen sei. In Wahrheit besteht ein solcher gar nicht. Die Rechtslage entspricht der des Konkurses.

Die Frage hat eine viel weitergehende Bedeutung. *Wie wirkt der Zwangsvergleich einer Geschäftsaufsicht auf Ausgleichungsansprüche von Mitschuldnern des Beaufsichtigten?*

| Sp. 1052 | Im *Konkursverfahren* scheiden Mitverpflichtete des Gemeinschuldners, die im Falle ihrer Inanspruchnahme durch den Hauptgläubiger Erstattung vom Gemeinschuldner verlangen können, insoweit von der Berücksichtigung aus, als der Hauptgläubiger selbst am Konkurse teilnimmt. Ihre Erstattungsansprüche gegenüber dem Gemeinschuldner bilden gesetzlich bedingte Konkursforderungen im Sinne des § 67 KO. Sie gelangen aber nur *statt* des Hauptanspruchs, nicht *neben* und nicht *nach* ihm zum Zuge. Die einmalige Schuldenlast vervielfältigt sich nicht. Das gilt besonders für Wechselregreßrechte. Auch die Wechselverbindlichkeit des Gemeinschuldners gelangt nur einmal voll in Ansatz. Neben dem voll berücksichtigten Indossatar hat kein Indossant mehr konkursmäßige Befriedigung zu fordern. Für den konkursbeendeten Zwangsvergleich folgt: die Vergleichsrate hat ein Gläubiger nur zu beanspruchen, wenn und soweit er als einfacher Konkursgläubiger zu berücksichtigen ist (§§ 173, 193 KO.); bezieht also der Hauptgläubiger die Rate für den ganzen Anspruch, so darf der Eventualberechtigte nicht noch eine weitere Rate für den von ihm bezahlten Ausfall des Hauptgläubigers verlangen; hat der Gemeinschuldner den Hauptanspruch vergleichsmäßig erfüllt, dann ist er auch von der Ausgleichungspflicht befreit. Siehe KO.[5] § 67 Anm. 5, 6.

Im Verfahren *der Geschäftsaufsicht* u. besonders im Aufsichtsvergleichsverfahren gestaltet sich die Rechtslage entsprechend. Auch hier bilden die etwaigen Rückgriffsansprüche gesetzlich bedingte Gläubigerrechte. Sie kommen — abgesehen von den besonderen wechselrechtlichen Erfordernissen (Protest) — nur unter der Voraussetzung zustande, daß der Mithaftende seinerseits den Gläubiger befriedigt. Darum finden zwar wie im Konkurse die Vorschriften über aufschiebend bedingte Forderungen auf die etwaigen Rückgriffsansprüche der Mitverpflichteten des Aufsichtsschuldners Anwendung, also die §§ 43, 47 Abs. 3, 48 Abs. 2 AufsVO. Allein wie im Konkurse verdrängt der Hauptgläubiger den

Ersatzgläubiger. Hat der Hauptgläubiger die volle Zwangsvergleichsrate bezogen, dann ist der Aufsichtsschuldner auch dem Ersatzgläubiger gegenüber entlastet. Nun bestehen allerdings gegenüber dem Konkurse zwei Unterschiede. Erstens kennt die Geschäftsaufsicht keinen öffentlichen Gläubigeraufruf und kein Anmeldungsverfahren. Die gewissenhafte Angabe der Gläubiger bleibt dem Schuldner überlassen (§ 20 AufsVO.). Im Vergleichsverfahren ersetzen seine Verzeichnisse die Konkurstabelle (§§ 47, 61 AufsVO.). Ebendarum gilt zweitens die Besonderheit, daß der Zwangsvergleich nichtverzeichnete Gläubigerrechte unberührt läßt (§ 60 Abs. 1 Satz 2 | AufsVO.). Das alles ändert aber nichts an unserem Ergebnisse. | Sp. 1053
Steht der Hauptanspruch im Gläubigerverzeichnisse, so könnte der Eventualanspruch nur eine alternative und zugleich subsidiäre Aufnahme finden, weil ja die Verpflichtung des Aufsichtsschuldners bei etwaigen Verteilungen während der Geschäftsaufsicht (§ 5 AufsVO.) wie im Vergleichsverfahren nur einmal berücksichtigt werden darf. Eine solche Aufnahme erübrigt sich aber, da der Vormann den Nachmann deckt. Nennt daher das Gläubigerverzeichnis den Hauptanspruch, so wird der § 60 Abs. 1 Satz 2 AufsVO. überhaupt nicht anwendbar, auch nicht für Eventualansprüche. Er käme nur in Betracht, wenn auch der Prinzipalanspruch nicht eingetragen wäre. Ist dieser eingetragen, so verfällt die Haftung des Aufsichtsschuldners einheitlich – gegenüber dem Eingetragenen und gegenüber jedem Ersatzgläubiger – den Wirkungen des Zwangsvergleichs. Für den Beispielsfall ergibt sich daraus, daß der im Verzeichnis stehende Wechselinhaber (der letzte Indossatar) die Vergleichsrate von 30 % vom Aufsichtsschuldner (Akzeptanten) zu beanspruchen und über deren Empfang auf dem Wechsel zu quittieren hat (Teilquittung im Sinne des Art. 39 Satz 2 WO.). Der Wechsel selbst verbleibt dem Inhaber zur Regreßnahme wegen des Ausfalls von 70 %. Ein Wechselgarant, der diesen Ausfall zahlt, kann vom Aufsichtsschuldner selbst keine weitere Leistung verlangen, weder den gezahlten Vollbetrag noch die Vergleichsrate dafür. Er muß sich an etwaige Vormänner halten. So wird der Ausfall in der Regel am Aussteller heimgehen.

Den wichtigen Fall der Bürgschaft mag ebenfalls ein Beispiel veranschaulichen. Angenommen: der Aufsichtsschuldner hat dem A 1000 *M* Darlehen zurückzuerstatten, B hat im Auftrage des Schuldners den vollen Schuldbetrag verbürgt; die Vergleichsrate beträgt 30 %; der Darlehensgläubiger A, nicht auch der Bürge B, ist im Gläubigerverzeichnis aufgeführt. Hier kann A (der Hauptgläubiger) vom Aufsichtsschuldner die Vergleichsrate (300 *M)* verlangen und den ganzen Ausfall (700 *M*) bei B eintreiben, ohne daß B (der Ersatzgläubiger) daraufhin auch nur 30 % des Geleisteten (210 *M*), geschweige denn die volle Leistung (700 *M*) vom Aufsichtsschuldner nachfordern dürfte. Nach § 60 Abs. 2 AufsVO. mindert ein Zwangsvergleich die Haftung des Bürgen nicht. Die Inanspruchnahme des Bürgen setzt aber voraus, daß auch ihm gegenüber Fälligkeit einge-

treten ist. Der § 36 AufsVO. mit § 65 KO. macht nicht zugleich die Bürgenhaftung fällig (KO.[5] § 65 Anm. 4). Ob der Bürge als Beauftragter (§ 670 BGB.) oder kraft
| Sp. 1054 gesetzlichen Ein- | tritts in den von ihm erfüllten Teil der Darlehensforderung (§ 774 BGB.) Erstattung vom Hauptschuldner beansprucht, begründet für unsere Frage keinen Unterschied (KO.[6] § 3 Anm. 24). Nimmt der Darlehensgläubiger den Schuldner überhaupt nicht, den Bürgen aber auf die ganze Schuld (1000 *M*) in Anspruch, dann gebührt dem Bürgen die Vergleichsrate für den vollen gezahlten Betrag (also 300 *M*). Auf Grund des § 774 BGB. kann der Bürge, der nicht selber im Gläubigerverzeichnisse steht, die Vollstreckbarkeit der darin eingetragenen Darlehensforderung für seinen Rückgriff als Rechtsnachfolger des ursprünglichen Gläubigers (§§ 727, 730 f. ZPO.) ausnutzen.

Zweifel bestehen endlich, wenn ein ausgleichungsberechtigter Mitschuldner des Beaufsichtigten Teilzahlungen an den Hauptgläubiger bewirkt. Angenommen, es zahle im Falle des letzten Beispiels der Bürge vor oder während der Geschäftsaufsicht die Hälfte der noch unerfüllten Darlehensverbindlichkeit des Aufsichtsschuldners (also 500 *M*) an den Gläubiger; konkurrieren nun Hauptgläubiger u. Bürge? macht es einen Unterschied, wann die Teilzahlung erfolgte? Im Konkurse sind Teilzahlungen vor u. nach Eröffnung des Verfahrens scharf zu scheiden (KO.[5] § 3 Anm. 26 f.). Die Schuldenmasse des Konkurses wird eben durch den Zeitpunkt der Konkurseröffnung festbegrenzt. Diesen Grundsatz stellen die §§ 3 (Abs. 1), 68 KO. auf. Für die Geschäftsaufsicht im allgemeinen fehlt es aber an einer entsprechenden Beschränkung: auch Neugläubiger nehmen am Verfahren teil (§ 4 AufsVO.). Selbst für das Aufsichtsvergleichsverfahren gilt die Schranke des § 3 Abs. 1 KO. nicht. Vielmehr trifft der Zwangsvergleich (vorbehaltlich der Ausnahmen des § 33 Abs. 2 AufsVO.) auch Gläubiger, deren Forderungen erst während des Aufsichtsvergleichsverfahrens entstanden sind. Trotzdem findet im Vergleichsverfahren der Geschäftsaufsicht der § 68 KO. entsprechende Anwendung (§ 36 AufsVO.). Zeitlich entspricht dabei der Konkurseröffnung „die Eröffnung des Vergleichsverfahrens“ (§§ 41 ff. AufsVO.), nicht etwa die Anordnung der Geschäftsaufsicht im allgemeinen. Doch können Geschäftsaufsicht u. das Vergleichsverfahren auf Antrag gleichzeitig eingeleitet werden. „Neben“ dem Aufsichtsschuldner haftet nicht nur ein etwaiger Gesamtschuldner, sondern auch ein Bürge, wenn dieser nicht die Einrede der Vorausklage hat (KO.[5] § 68 Anm. 3). Zahlt nun ein solcher Mitschuldner erst während des Vergleichsverfahrens der Geschäftsaufsicht die Hälfte der Schuld des Beaufsichtigten, so hat der Hauptgläubiger (im Beispielsfalle der Darlehensgeber) gleichwohl die Vergleichsrate für den vollen Forderungsbetrag (also für jene 1000 *M* die Vollrate
| Sp. 1055 von 300 *M*) zu beanspruchen u. | verdrängt damit den ausgleichungsberechtigten Mitschuldner ganz. Auch das Stimmrecht steht solchenfalls allein u. zur vollen Höhe der Forderung beim Hauptgläubiger. War dagegen die Teilzahlung vor

Eröffnung des Vergleichsverfahrens bewirkt worden, dann ist der Hauptgläubiger (wie ein Gegenschluß ergibt) nur noch zum Restbetrage Vergleichsgläubiger. Fortab steht also der Ersatzgläubiger für den Teilbetrag neben dem Hauptgläubiger, stimmt selbständig für den Teilbetrag ab u. bezieht für sich die Vergleichsrate auf den Teilbetrag. Im Falle der Bürgschaft wird dieser Unterschied namentlich dann bedeutsam, wenn der Bürge als bloßer Teilbürge nur für den von ihm gezahlten Betrag einzustehen hatte, also auf den Ausfall nicht belangt werden kann. Der Satz des allgemeinen bürgerlichen Rechts „nemo subrogat contra se" (§ 426 Abs. 2 Satz 2, § 774 Satz 2 BGB.) weicht hier besonderer Regelung (KO.[5] § 3 Anm. 26).

XVIII. Erstreckte Anwendbarkeit des Grundsatzes der Doppelberücksichtigung (§ 36 AufsVO. mit § 68 KO.). Die konkursrechtliche Streitfrage, ob der § 68 KO. auch für Fälle der bloßen Sachmithaftung maßgebend sei (KO.[5] § 64 Anm. 3 a. E.; § 68 Anm. 4 mit Verw.), hat auch für das Aufsichtsvergleichsverfahren Bedeutung gewonnen. In der konkursrechtlichen Praxis verneint das OLG. Dresden v. 27. Mai 1907, LZ. 1908, 89 die Frage; das OLG. Hamm v. 7. Jan. 1918, SeuffA. 73 Nr. 89, dagegen bejaht sie neuestens. Das RG. vermeidet in den Urteilen v. 19. Dez. 1904, Entsch. Bd. 59, 372 u. v. 2. April 1908, LZ. 1908, 458, eine ausdrückliche Stellungnahme nach dieser Hinsicht. Doch rechtfertigen sich beide Entscheidungen ohne weiteres, wenn der § 68 KO. auch Fälle der Realinterzession trifft (s. KO.[5] § 64 Anm. 3, § 67 Anm. 7). Nach erneuter Prüfung spreche ich mich entgegen meiner bisherigen Ansicht für die Anwendbarkeit des § 68 KO. aus. Setzen wir den Fall, für eine Darlehensschuld des Beaufsichtigten in Höhe von 1000 *M* habe ein Angehöriger von ihm aus eigenem Vermögen ein Pfand bestellt, ohne sich persönlich mitzuverpflichten. Nachdem das Aufsichtsvergleichsverfahren eröffnet ist, befriedigt sich der Darlehensgläubiger aus dem Pfande des Dritten u. erzielt einen Erlös von 800 *M*. Gebührt ihm nun die Vergleichsrate für den ursprünglichen Vollbetrag der Darlehensforderung (1000 *M*) oder nur für den Ausfall (200 *M*)? Ersterenfalls erhält er schon bei einer Vergleichsrate von 20 % Vollbefriedigung. Letzterenfalls würde der ausgleichungsberechtigte Drittverpfänder die Rate für den getilgten Teilbetrag (von 800 *M*) zu beanspruchen haben (§ 1225 BGB.). U n m i t t e l b a r greift der § 68 KO. nicht Platz. Vielmehr setzt er | nach seinem Wortlaut eine Mehrheit persön- | Sp. 1056
licher Haftungen voraus, mögen diese unbeschränkt oder (wie bei der Teilbürgschaft) beschränkt sein. Vom Haften „mehrerer Personen" ist die Rede (während in unseren Fällen nach dem Sprachgebrauche des BGB. nur „das Grundstück", „das Pfand" „haftet", vgl. z. B. §§ 1118, 1210 BGB.); zugleich aber rechnet der § 68 KO. ausdrücklich mit der Möglichkeit, daß die Haftung auch im Konkurse des Mithaftenden als Konkursforderung verfolgt werden kann. Dies verkennt das OLG. Hamm a. a. O. Immerhin rechtfertigt sich eine e n t s p r e c h e n d e Anwendbar-

keit auf Fälle bloßer Sachmithaftung. Freilich nicht deshalb schon, weil Pfand- u. Bürgenhaftung im wirtschaftlichen Ziele u. in der rechtlichen Gestaltung einander ähneln, wie das OLG. Hamm a. a. O. betont. Denn trotz dieser Verwandtschaft gilt ja, wenn die Pfandhaftung auf Gegenständen der Masse lastet, nach § 64 KO. gerade das umgekehrte Prinzip der Ausfallhaftung. Allein die Vorschrift des § 64 KO., die eine Konkursteilnahme absonderungsberechtigter Konkursgläubiger auf den Ausfall beschränkt, also die Vollberücksichtigung des dinglichen und des persönlichen Anspruchs ablehnt, stellt als Abschwächung der allgemeinen Haftungsgrundsätze eine auf Billigkeitsgründen beruhende Ausnahme dar. Sie darf über ihren Zweck hinaus nicht erstreckt werden. Ihr Zweck geht aber nur dahin: zu verhüten, daß die bloßen Konkursgläubiger, denen der Absonderungsberechtigte als solcher schon einen vielleicht sehr erheblichen Wert der Masse vorweg nimmt, auch dessen volle Konkurrenz als Konkursgläubiger bei Verteilung der Restmasse zu tragen hätten. Für diesen Schutzgedanken ist kein Raum, wenn die Vorzugsdeckung gar nicht auf Kosten der Konkursmasse besteht, sondern in dinglicher Belastung von Vermögensstücken dritter Personen begründet ist. Hier drängt sich in der Tat die Analogie des § 68 KO. auf, der für Fälle persönlicher Mithaftung eines Dritten den Grundsatz der Doppelberücksichtigung mit der Maßgabe anerkennt, daß in jedem Konkurs eines Mithaftenden dessen Schuld in der ganzen bei Konkurseröffnung noch ausstehenden Höhe zum Zuge gelangt. Die persönliche u. die dingliche Haftung bewahren also ihre volle ihnen nach den allgemeinen Regeln des bürgerlichen Rechts innewohnende Kraft Die Besonderheit des § 68 KO. erschöpft sich darin, daß der bei Eröffnung des Einzelkonkurses noch ungetilgte Betrag für diesen Konkurs endgültig maßgebend bleibt. Wenn also RG. v. 2. April 1908 a. a. O. (KO.[5] § 67 Anm. 7) bei Sachhaftung eines Dritten dessen Verdrängung durch den Haupt-
| Sp. 1057 gläubiger auf den allgemeinen Satz „nemo subrogat contra se" (§ 1225 Satz 2 | mit § 774 Satz 2 BGB.) zurückführt, so geht es zwar von einer richtigen Erwägung aus, aber diese reicht konkursrechtlich nicht zu. Sie bedarf der Ergänzung durch entsprechende Anwendung des § 68 KO. Damit löst sich auch die für das Aufsichtsvergleichsverfahren aufgeworfene Frage. Wie schon Sp. 1054 betont ist, entspricht die Eröffnung des Vergleichsverfahrens (nicht der Geschäftsaufsicht im allgemeinen) der Eröffnung des Konkurses. Erhält also der durch das Pfand eines Dritten gesicherte Vergleichsgläubiger aus dem während des Vergleichsverfahrens verwerteten Pfande 800 von 1000 *M* seiner Forderung, so bezieht er trotzdem die Vergleichsrate noch für den vollen Betrag von 1000 *M* u. verdrängt damit jede Vergleichsbeteiligung des Drittverpfänders. Wäre dagegen die Pfandbefriedigung schon vor Eröffnung des Vergleichsverfahrens (wenn auch erst nach Anordnung der Geschäftsaufsicht) erfolgt, dann würden Hauptgläubiger u. Drittverpfänder nebeneinander am Vergleiche teilnehmen, jener nur mit 200, dieser mit 800 *M*

Guthaben. Hier zeigt sich klar, daß man mit den allgemeinen Haftungsregeln allein nicht auskommt. Denn hier konkurriert der Ersatzgläubiger in der Tat auf Kosten des Hauptgläubigers.

(Fortsetzung folgt.)

Aus der Praxis des Konkursrechts.

ZZP 50 (1926) S. 157–172
Von Ernst Jaeger.

I. Ansprüche auf persönliches Handeln des Gemeinschuldners.

1. Nach § 3 Abs. 1 KO. begründet ein Konkursgläubigerrecht nur „der Vermögensanspruch an den Gemeinschuldner", d. h. nur die Forderung auf eine aus dem Vermögen beitreibbare Leistung. Der Anspruch auf eine Handlung, die nur durch persönliche Tätigkeit vollzogen werden kann, bildet als solcher, mag er auch einen schätzbaren Vermögenswert haben[1], keine Konkursforderung. Insofern gibt lediglich der Inhalt, nicht der Entstehungsgrund des Anspruchs den Ausschlag. Es ist klar, daß Ansprüche, die aus der wechselseitigen Verpflichtung der Ehegatten zur ehelichen Lebensgemeinschaft (§ 1353 BGB.) erwachsen und auf persönliches Verhalten (z. B. auf Rückkehr oder Aufnahme in die häusliche Gemeinschaft) gerichtet sind, schon mit Rücksicht auf ihren Inhalt im Konkurse des Verpflichteten keine Konkursforderungen darstellen, sondern vollkommen außerhalb des Verfahrens stehen und darum ausschließlich durch Klage gegen den Gemeinschuldner in Person (§ 606 ZPO.) zu verfolgen sind[2]. Die
|S. 158 Vorschrift des § 69 KO. kommt, da sie eine „Kon- | kursforderung", also einen

1 Für diesen Fall nimmt im Anschluß an die Motive der KO. (S. 25) eine verbreitete Lehre das Gegenteil an. Zuletzt noch Th. Wolff KO.[2] (1921) § 3 Anm. 3.

2 So würde es auch sein, wenn die Ausnahmevorschrift des § 888 Abs. 2 ZPO. fehlte. Nicht aber entscheidet, daß die Ansprüche auf familienrechtlichem Rechtsgrunde beruhen. Familienrechtliche Unterhaltsansprüche, die für die Vergangenheit begründet sind (vgl. §§ 1613, 1711 BGB.), bilden Konkursforderungen (das bestätigt ein Gegenschluß aus § 3 Abs. 2 KO.) und sind lediglich als solche verfolgbar (§ 240 ZPO.; §§ 12, 14, 144, 146, 193 KO.). Die Unterhaltsklage kann daher nur, wenn der Gemeinschuldner selbst den für die Vergangenheit angemeldeten Anspruch bestritten hat, gegen ihn persönlich aufgenommen oder neu erhoben werden (vgl. § 144 Abs. 2 KO.), nicht anders als sonstige Klagen auf Geldsummen. Klagen auf Feststellung eines Eltern- oder Kindesverhältnisses unter den Parteien oder auf Feststellung einer unehelichen Vaterschaft (§§ 640, 644 ZPO.) bleiben vom Konkurs einer Partei unberührt und sind ausschließlich mit dem Gemeinschuldner in Person zu führen, nicht zugleich mit dem Konkursverwalter. Durchaus abweichend Th. Wolff aaO. Die von ihm in diesem Zusammenhange genannten Statusrechte, wie das Pflichtrecht der elterlichen Gewalt, sind keine „Ansprüche". Auch die dort erwähnte Kündigungsbefugnis aus § 1358 BGB. (ein Gestaltungsrecht) kommt deshalb als Konkursforderung nicht in Frage, weil sie kein Anspruch ist.

„Vermögensanspruch" im Sinne des § 69 KO. voraussetzt, hier überhaupt nicht in Betracht. Weiter kann es keinem ernsten Zweifel unterliegen, daß Ansprüche auf die persönliche Tätigkeit eines Künstlers oder Gelehrten (z. B. ein Gemälde herzustellen, auf der Bühne aufzutreten, Vorträge zu halten) ihrem Inhalte nach aus dem Begriffe der Konkursforderungen ausscheiden, mag auch die geschuldete Leistung einen festen Geldwert darstellen[3]. Nichts anderes gilt von Ansprüchen, die auf Erteilung einer nur dem Gemeinschuldner selber möglichen Auskunft oder Rechenschaft ergehen. Auch sie richten sich gegen die Person, nicht gegen das Vermögen des Schuldners und sind auch während des Konkursverfahrens durch Beugemittel gegen diesen selbst nach § 888 Abs. 1 ZPO. zu erzwingen, keineswegs bloß als Forderungen auf den Geldwert der Leistung nach § 69 KO. verfolgbar[4].

2. In den Kreis dieser Art von außerkonkursmäßigen Verbindlichkeiten gehört auch die Pflicht des Gemeinschuldners, eine frühere rechtsgeschäftliche Willenserklärung öffentlich beglaubigen zu lassen. Die jüngste Praxis sah sich wiederholt vor die Frage gestellt, gegen wen der Beglaubigungsanspruch aus § 1154 Abs. 1 Satz 2 (§§ 1192 Abs. 1, 1274) BGB. zu verfolgen sei, nachdem der Berechtigte die verbriefte Hypothekenforderung oder Grundschuld nur privatschriftlich abgetreten oder verpfändet hatte und alsdann in Konkurs verfallen war: gegen den Gemeinschuldner persönlich, gegen den Konkursverwalter, gegen beide zugleich? Wird der Prozeß nach § 240 ZPO. unterbrochen, wenn die Klage auf Verurteilung | des Verpflichteten zur Vornahme der Beglaubigung | S. 159
schon erhoben war, ehe er in Konkurs verfiel?

Der Beglaubigungsanspruch dient dem Schutze des dinglichen Gläubigerrechts, das sich, wenn alle Erwerbserfordernisse des § 1154 Abs. 1 Satz 1 BGB. erfüllt sind, im nachfolgenden Konkurse des Zedenten oder Verpfänders als Aussonderungs- oder als Absonderungsrecht bewährt. Wie aber wirkt hier der Beglaubigungsanspruch? Insofern er darauf abzielt, daß der Verpflichtete seine schon vor Konkursbeginn betätigte Verfügung, die Abtretung oder Verpfändung, öffentlich beglaubigen lasse, hat der Anspruch eine rein persönliche, nicht ersetzbare („unvertretbare") Leistung zum Inhalte. Nach § 183 FGG. fordert die

3 Die Unersetzbarkeit der vom Gemeinschuldner zu erbringenden Leistung schließt beim beiderseits unerfüllten gegenseitigen Vertrag eine Erfüllung durch den Konkursverwalter und ebendarum die Anwendbarkeit des § 17 KO. aus. Siehe Jaeger KO.[5] § 17 Anm. 27.

4 Diese Behandlung würde den Anspruch geradezu vereiteln. Jaeger KO.[5] § 3 Anm. 10 mit abw. Ansichten. Übernimmt der Konkursverwalter auf Grund des § 17 KO. eine ersetzbare Geschäftsbesorgung, dann erwächst eine daraus entspringende Pflicht zur Auskunft und Rechenschaft (§§ 675, 666 BGB.) fortab als Masseschuld im Sinne des § 59 Nr. 2 KO., die mit Zwangsmitteln gegenüber dem Verwalter durchgesetzt werden kann.

Erfüllung der Beglaubigungspflicht, daß der Schuldner selbst in Gegenwart der Urkundsperson die zu beglaubigende Unterschrift vollziehe oder die schon vollzogene als die seinige anerkenne. Dem Konkursverwalter fehlt insoweit jede Vertretungsmacht. Denn der durch die Beglaubigung zu wahrende Rechtserwerb hatte sich in einer die Anwendbarkeit des § 15 KO. ausschließenden Weise bereits vor dem Konkurse vollendet. Irgendwelche Verfügung über einen noch zur Konkursmasse gehörenden Vermögensgegenstand oder auch nur eine Verwaltungsmaßnahme in Ansehung eines solchen Gegenstandes (§ 6 KO.) bildet der Vollzug jener Beglaubigung nicht. Er liegt also außerhalb der Aufgaben, die das Gesetz dem Konkursverwalter zuweist. Das Beglaubigen-Lassen des § 1154 Abs. 1 Satz 2 BGB. ist keine aus dem Vermögen des Schuldners beitreibbare, sondern eine nur ihm selber mögliche, nur durch Zwang gegen seine Person (§ 888 ZPO.) durchzusetzende Handlung. Der Anspruch auf die Beglaubigung ist somit kein „Vermögensanspruch" im Sinne des § 3 KO. Er steht als solcher außerhalb des Konkurses.

Nun hat der Veräußerer im Falle des § 1154 Abs. 1 Satz 2 BGB. anders als im Falle des § 403 BGB. die Kosten der Beglaubigung zu tragen. Solche Last trifft das Vermögen. Sie kann daher den Inhalt einer Konkursforderung bilden. Träfe es freilich zu, daß der nur auf besonderes Verlangen zu erfüllende, der sog. verhaltene, Anspruch erst mit dem Erfüllungsbegehren zur Entstehung kommt[5], dann stände ohne weiteres fest, daß das erst im Konkurse des Verpflichteten gestellte Verlangen nach § 3 KO. eine Konkursforderung nicht mehr auszulösen imstande wäre. Begründet ist nun aber die Verbindlichkeit des § 1154 Abs. 1 Satz 2 BGB. wohl schon mit dem Rechte, dessen Durchführung sie gewährleisten
| S. 160 soll[6]. | Nur bleibt zu beachten, daß die Kostenhaftung eine bloße Verstärkung der Beglaubigungspflicht bildet. Der § 1154 Abs. 1 Satz 2 BGB. regelt nicht zwei nebeneinander herlaufende Verbindlichkeiten, die eine zur Beglaubigung und die andere zur Aufwandserstattung, sondern die einheitliche Pflicht: auf eigne Kosten beglaubigen zu lassen. Die auf diese Leistung gehende Klage ist auch während des Konkurses des Verpflichteten gegen ihn persönlich zu erheben und wird, wenn vor Konkursbeginn erhoben, durch die Eröffnung des Verfahrens nach keiner Richtung unterbrochen.

3. Einen abweichenden Standpunkt vertritt, was die Beglaubigung des § 1154 Abs. 1 Satz 2 BGB. betrifft, das Urteil des Oberlandesgerichts Hamm vom 6. Juli 1917, OLG. 36, 167 f. Dort wird behauptet: im Konkurs über den Nachlaß des Verpfänders einer Grundschuld „gehe" die Beglaubigungspflicht „über" auf den

5 Dies behauptet Kohler, Lehrbuch des bürgerlichen Rechts, 1, 186.
6 In diesem Sinne v. Tuhr, Allgemeiner Teil, 1, 257.

Konkursverwalter als Vertreter der Konkursmasse; der Erbe selbst sei während des Nachlaßkonkurses gar nicht berechtigt, die Beglaubigung zu erwirken; vielmehr habe der Konkursverwalter in öffentlich beglaubigter Form „anzuerkennen", daß der Erblasser die Grundschuld verpfändet habe. Die Begründung des Urteils gipfelt in den Worten: die Verpfändung habe sich bereits vollwirksam vor dem Konkurse vollzogen; die Beglaubigung verschaffe dem Pfandgläubiger lediglich die erforderliche „Legitimation" zur Ausübung seines Rechtes. Der Gedanke ist ganz richtig; aber er stützt das Urteil nicht, er widerlegt es. Gerade weil die in der Verpfändung liegende Rechtsübertragung schon vor dem Konkurse zum Abschlusse gelangt war, geht den Konkursverwalter ihre Beglaubigung nichts mehr an. Das leuchtet ohne weiteres ein bei der Abtretung eines Grundpfandrechtes, weil von ihrem Vollzug an das abgetretene Recht nicht mehr zum Vermögen des Zedenten, also auch nicht mehr zu seiner Konkursmasse gehört. Die Verpfändung aber, die ja auch in der Form einer Abtretung entspricht (§ 1274 BGB.), hat für ihren beschränkteren Bereich den gleichen Erfolg einer Ausscheidung des Grundpfandrechtes aus dem Vermögen des Verpfänders. Die nachträgliche Beglaubigung der Verpfändung geht ebensowenig auf Kosten der Konkursmasse als die Beglaubigung einer früheren Zession. Die Dinge liegen auch ganz anders als beim Anspruch auf Grundbuchberichtigung durch Eintragung unverbuchter Aus- oder Absonderungsrechte (§ 894 BGB.), weil eine derartige Berichtigung immerhin den formalen Rechtsbestand der Konkursmasse trifft. Solche Berichtigung hat allerdings der Konkursverwalter zu bewilligen. Woraus er aber die rechtliche Macht oder auch nur die tatsächliche Befähigung schöpfen sollte, allemal wirksam anzuerkennen, daß die Unterschrift des in Konkurs verfallenen | Zedenten oder Verpfänders unter einer vollwirksamen privatschriftlichen Ver- | S. 161
fügung (§§ 1154 Abs. 1 Satz 1, 1274 BGB.) echt sei, das ist ganz unerfindlich. Diese Anerkennung hätte vielmehr der Zedent oder Verpfänder, auch wenn er inzwischen in Konkurs geraten ist, persönlich auszusprechen. Daß nach dem Tode des Verfügenden eine Anerkennungserklärung des Erben genügt, versteht sich durchaus nicht von selbst. Auch hier können sich ernste tatsächliche Bedenken erheben[7]. Keinesfalls aber trifft es zu, daß im späteren Konkurs über das gesamte oder über das ererbte Vermögen des Erben dessen Beglaubigungspflicht auf den Konkursverwalter „übergehe".

Einen entsprechenden Zweck des Erwerberschutzes wie die Verbriefungs- und die Beglaubigungspflicht der §§ 403, 1154 BGB. verfolgt die Auskunftspflicht des § 402 BGB. Hatte der jetzige Gemeinschuldner eine Forderung vor Eröffnung des Konkurses vollwirksam abgetreten, dann ist doch wohl klar, daß er in Person und

7 Siehe die Kommentare zum § 183 FGG.

daß nicht statt seiner der Konkursverwalter die Auskunftspflicht eines Zedenten zu erfüllen hat. Von ihr gilt, was von der Auskunftspflicht im allgemeinen unter 1 ausgeführt ist: sie steht außerhalb des Konkurses. Wie die Auskunftpflicht des § 402 ist die Beurkundungspflicht des § 403 BGB. eine persönliche Angelegenheit des Zedenten. Der § 1154 Abs. 1 Satz 2 BGB. enthält nur eine besonders geartete Fortbildung des den § 403 BGB. beherrschenden Schutzgedankens.

4. Handelt es sich bei der dem Schuldner obliegenden Erwirkung der öffentlichen Beglaubigung (§§ 403, 1154 BGB.) um eine nur ihn persönlich treffende Pflicht, dann kann auch keine Rede davon sein, daß der Anspruch auf die Beglaubigung *zugleich* gegenüber dem Konkursverwalter geltend zu machen wäre. Eine Mitwirkung des Verwalters, etwa im Sinne der Zustimmung, kommt nicht in Frage. Liegt aber die Mitwirkung außerhalb seiner Zuständigkeit, dann würde eine zugleich gegen ihn erhobene Klage in dieser Richtung unter entsprechender Kostenlast des Klägers als unbegründet abzuweisen und nicht etwa unter Verurteilung der Konkursmasse in einen Teil der Kosten (§ 59 Nr. 1 KO.) zuzuerkennen sein. Um deswillen allein, weil es dem Berechtigten zweifelhaft ist und zweifelhaft sein kann, ob er den einen oder den anderen zu belangen hat, wird ihm die Gefahr, die mit der Ausklagung des Unrechten verbunden ist, natürlich nicht abgenommen. Für eine urteilsmäßige Feststellung des Inhalts, daß der Konkursverwalter nicht befugt sei, der Beglaubigung zu widersprechen, läge das nach § 256 ZPO. erforderliche Rechtsschutzbedürfnis nur dann vor, wenn der Kon-
| S. 162 kursverwalter | sich solche Widerspruchsbefugnis angemaßt und dadurch eine Unsicherheit der Rechtslage heraufbeschworen hätte. Kann der Konkursverwalter die Wirksamkeit des Erwerbs, als dessen Ausfluß der Beglaubigungsanspruch erscheint, nicht bestreiten, dann hat er auch keinen Anlaß, sich der Beglaubigung zu widersetzen.

II. Identität der Partei.

Über das Vermögen eines auf den Namen Friedrich Frank polizeilich gemeldeten Kaufmanns wird beim Amtsgerichte seiner gewerblichen Niederlassung das Konkursverfahren eröffnet. Der Eröffnungsbeschluß lautet auf den Namen Friedrich Frank und erwächst in Rechtskraft. Nachdem bereits der allgemeine Prüfungstermin abgehalten worden ist, stellt sich heraus, daß der Schuldner im Gerichtsbezirk einen falschen Namen geführt, sich aber an anderen Orten zurzeit der Konkurseröffnung des richtigen Namens (Franz Faller) bereits wieder bedient hatte. Er wird wegen Führung eines ihm nicht zukommenden Namens rechtskräftig auf Grund des § 360 Nr. 8 StGB, verurteilt. Nun erklärt er selbst gegenüber dem Konkursverwalter, der Konkurs sei in ungültiger Weise eröffnet, die Feststellung angemeldeter Ansprüche zur Konkurstabelle ermangle daher ebenfalls der gesetzlichen Wirksamkeit (§§ 144, 164 KO.). Der Konkursverwalter fragt an, ob es in der Tat geboten sei, auf neuen Antrag ein neues Konkursverfahren zu eröffnen.

Keineswegs. Die Identität der Partei, über deren Vermögen die Konkurseröffnung ausgesprochen ist, steht außer Zweifel. Eben diesen Schuldner hatte der Richter bei Erlassung des Eröffnungsbeschlusses im Auge. Nur hat der feststehende Wille des Richters infolge eines Irrtums über den Namen des Schuldners einen falschen Ausdruck gefunden. Der Eröffnungsbeschluß leidet daher an einer offenbaren Unrichtigkeit im Sinne des § 319 ZPO. Daß der Irrtum des Richters durch eine vom Schuldner selbst ausgegangene Täuschung erweckt worden war, steht der Anwendung des § 319 ZPO. nicht entgegen[8]. Das Berichtigungsgebot gilt unmittelbar dem Urteil, und zwar auch dem rechtskräftigen. Die entsprechende Maßgeblichkeit für den Eröffnungsbeschluß ergibt der § 72 KO. So wird die Brücke zur Berichtigung der Konkurstabelle geschlagen (vgl. § 145 Abs. 2 KO.).

Der Konkursrichter hat daher die Amtspflicht, die dem Eröffnungsbeschluß anhaftende Unrichtigkeit sofort zu berichtigen, indem er ihm einen Beschluß des Inhalts beifügt, der Gemeinschuldner heiße Franz Faller, nicht Friedrich Frank. | Dieser Berichtigungsbeschluß muß, wie der Eröffnungsbeschluß, selber zuge- | S. 163
stellt, öffentlich bekannt[9] gemacht und den vom Konkurse zu benachrichtigenden Behörden mitgeteilt werden (§§ 111, 112 KO). Er unterliegt nach § 319 Abs. 3 ZPO. der sofortigen Beschwerde binnen einer Notfrist von zwei Wochen, einheitlich beginnend mit dem Vollzuge der öffentlichen Bekanntmachung (§ 577 Abs. 2 ZPO., § 76 Abs. 3 KO.)[10]. Sobald der Berichtigungsbeschluß in Rechtskraft erwachsen ist, hat der Konkursrichter eine entsprechende Berichtigung der Konkurstabelle anzuordnen, namentlich im Hinblick auf die Vollstreckbarkeit des § 164 (§§ 194, 206) KO. Auch wird es geboten sein, mit Rücksicht auf etwaige Nachzügler, von Amts wegen einen „besonderen Prüfungstermin“ anzuberaumen, zumal feststeht, daß der Schuldner anderwärts unter seinem wahren Namen Rechtsgeschäfte abgeschlossen hat. Diese Terminsbestimmung ist mit dem Berichtigungsbeschlusse zu verbinden (vgl. § 110 KO.). Die Kosten der Nachprüfung sind nach § 6 GKG. niederzuschlagen (vgl. § 142 Abs. 1 KO.). Bei solcher Behandlung besteht kein Zweifel darüber, daß unser Konkurs ein einheitliches, von vornherein wirksam eröffnetes Verfahren, sowie daß eine im allgemeinen Prüfungster-

8 Siehe Förster-Kann ZPO.[3] § 319 Amn. 1 b.

9 Die durch die VO. vom 14. Februar 1924 (RGBl. 1, 119) eingeführten Schranken konkursrechtlicher Bekanntmachungen sind wieder gefallen (VO. vom 20. Juni 1925, RGBl. 1, 88).

10 Siehe Jaeger KO.[5] § 76 Anm. 5.

min erfolgte Feststellung (§ 145 KO.) fortdauernd rechtsbeständig ist. Allerdings wird sogar solchen Gläubigern, die nur infolge der Unrichtigkeit des Eröffnungsbeschlusses den allgemeinen Prüfungstermin versäumt und Bestreitungen unterlassen haben, die sie bei Kenntnis des richtigen Schuldnernamens erklärt hätten, eine Wiedereinsetzung in den vorigen Stand versagt. Das Gesetz ermöglicht sie eben nur dem Schuldner (§ 165 KO.).

III. Winkeladvokaten in Konkursterminen.

Der Vorsteher eines „Schutzverbandes“ übernimmt gegen Vergütung die Vertretung von Gläubigern im Konkursverfahren und tritt in Konkursterminen für sie auf. Das Konkursgericht weist ihn zurück. Ist es dazu ermächtigt?

Nach § 72 KO. sollen die Vorschriften der ZPO. auf das Konkursverfahren entsprechend anwendbar sein, soweit die KO. nicht unmittelbar oder mittelbar eine abweichende Regelung trifft. Damit ist das Konkursverfahren seinem Zwecke gemäß als eine Unterart des Zivilprozesses gekennzeichnet. Die Begründung des jetzigen § 72 KO. (S. 297) hebt unter den Bestimmungen der ZPO., die entsprechender Anwendbarkeit zugänglich seien, „einzelne Vorschriften über mündliche | S. 164 Verhandlung, ihre Leitung, Aufnahme des Protokolls, Sühneversuch“ usw. hervor. Im Einklange damit steht das gesamte Schrifttum des Konkursrechts auf dem Standpunkte, daß die allgemeinen Rechtssätze der ZPO. über Prozeßleitung und Sitzungspolizei, darunter die §§ 136–144, 156–165, auf Verhandlungen vor dem Konkursgericht entsprechend anwendbar sind. In diesem Sinne sagt z. B. der Kommentar von Petersen (u. Kleinfeller), 4. Aufl., § 72 Anm. 4: „Weil auch im Konkursverfahren mündliche Verhandlungen in der weiteren Bedeutung des Wortes vorkommen, müssen diejenigen Vorschriften der ZPO., welche sich auf die Leitung solcher Verhandlungen beziehen (§§ 136, 139, 141–144, 149, 156–158), entsprechende Anwendung finden.“ Auffallenderweise aber heißt es unmittelbar vorher wörtlich: „Personen, welche geschäftsmäßig Gläubiger im Konkursverfahren vertreten, dürfen nicht zurückgewiesen werden; die Zurückweisung ist selbst dann unzulässig, wenn feststeht, daß diese Personen auch das mündliche Verhandeln vor Gericht geschäftsmäßig betreiben; denn dieser letztere Geschäftsbetrieb ist nur im Zivilprozesse beachtlicher Tatbestand.“

Die Anwendbarkeit des (jetzigen) § 157 Abs. 1 ZPO. wird also von Petersen verneint. Zur Stütze dieser in der Wissenschaft vereinzelt dastehenden Ansicht verweist der Kommentar auf einen Beschluß des OLG. Köln vom 14. Februar 1890, Zeitschr. des rheinpreuß. Amtsrichter-Vereins 8. Jahrg. 1890 S. 36 ff. (auch abgedruckt im Rhein. Archiv Bd. 81 II S. 30 ff.). Die Frage bedarf erneuter Prüfung.

Eine gebotene Mündlichkeit im Sinne des § 128 ZPO., der an der Spitze des Titels „Mündliche Verhandlung“ steht, kennt der Konkurs unzweifelhaft nicht. Die Entscheidungen des Konkursgerichts können ohne mündliche Verhandlung ergehen (§ 73 Abs. 1 KO.). Die Termine vor dem Konkursgericht, besonders Wahl-, Prüfungs- und Vergleichstermin, sind also keine Verhandlungen vor einem im Sinne des § 128 ZPO. „erkennenden“ Gericht und ermangeln deshalb der Öffentlichkeit im Sinne des § 169 GVG. (n. F.). Dennoch wird auch in solchen Terminen und darüber hinaus überall dort, wo das Konkursgericht die freigestellte Mündlichkeit anordnet (§ 73 Abs. I KO.), vor ihm „verhandelt“. Auf dieses Verhandeln sind nach § 72 KO. die §§ 136 ff., 156 ff. ZPO. „entsprechend“ anwendbar, wie das z. B. für die Protokollierung (§§ 159 ff. ZPO.) heute außer Zweifel steht. Vgl. RG. 64, 85. Auch die Maßgeblichkeit der Vorschriften über Verhandlung und Sitzungspolizei ist im Interesse einer gedeihlichen Rechtspflege gar nicht zu entbehren. Das gilt besonders vom § 157 ZPO. Gerade im Konkursverfahren begegnen wir in bedenklich steigendem Maße der Erscheinung, daß die Ab- | | S. 165
stimmungen der Konkursgläubiger, dem Besten der Allgemeinheit zum Schaden, durch Bevollmächtigte beeinflußt werden, denen es gelungen ist, eine Mehrzahl von Stimmen in ihrer Person zu vereinigen. Das Gericht muß die Möglichkeit haben, dem geschäftsmäßigen Treiben solcher Elemente, die – durch den Sondervorteil bestimmter Machtgeber und durch eigene Gewinnsucht verleitet – der Wahrung des gemeinsamen Wohles, also dem obersten Konkursgebot zuwider handeln. Die Schutzvorschrift des § 157 Abs. 1 ZPO. ist also auch im Konkurse nicht zu entbehren. Vielmehr erheischen Zweck und Wesen des Verfahrens ihre entsprechende Anwendung (§ 72 KO.). Von der Gewissenhaftigkeit und Sachlichkeit des Richters darf erwartet werden, daß er die Zurückweisungsbefugnis nicht mißbraucht. Gegenüber Rechtsanwälten und zugelassenen Prozeßagenten ist sie schon gesetzlich ausgeschaltet (§ 157 Abs. 4 ZPO.).

Wenn Petersen aaO. einerseits dem § 157 Abs. 1 ZPO. die Maßgeblichkeit für das Konkursverfahren abspricht, anderseits aber zugibt, daß auf die Leitung der im Konkurse vorkommenden Verhandlungen die §§ 156–158 ZPO. entsprechend anwendbar seien, so liegt darin ein kaum zu lösender Widerspruch. Es trifft aber auch nicht zu, daß der angeführte Beschluß des OLG. Köln vom 14. Februar 1890 dem Konkursrichter die Machtbefugnisse des § 157 Abs. 1 ZPO. schlechthin versagt. In jenem Falle hatte der Konkursrichter dem Direktor eines Kreditorenverbandes die Erteilung einer Abschrift des Gläubigerverzeichnisses verweigert und ihn in der Besorgnis, daß seine gewerbemäßige Gläubigervertretung das Gemeinwohl der Konkursgläubiger gefährde, auf Grund des früheren § 143 Abs. 2 (jetzt § 157 Abs. 1) ZPO. „für jetzt und für die Zukunft sowohl in der gegenwärtigen Konkurssache als auch in allen anderen beim Konkursgericht anhängigen oder anhängig werdenden Konkurssachen als Bevollmächtigten von

Konkursgläubigern zurückgewiesen". Daß eine solche Verdammung von Ewigkeit zu Ewigkeit über den Zweck des § 157 Abs. 1 ZPO. hinausgeht, leuchtet ein. Das OLG., das die Anfechtbarkeit des Zurückweisungsbeschlusses bejahte[11], hat denn auch dessen Aufhebung darauf gestützt, daß die Zurückweisungsbefugnis nur für Verhandlungen gelten und deshalb auch im Konkursverfahren „nur für die in demselben vorkommenden mündlichen Verhandlungen" platzgreifen könne. Es betont ausdrücklich (S. 34 f.): „Selbstverständlich bleibe dem Amtsgericht die Befugnis vorbehalten, auf Grund des § 143 (jetzt § 157) ZPO. im einzelnen
| S. 166 | Falle den Beschwerdeführer nach Prüfung der konkreten Sachlage von dem Auftreten bei der mündlichen Verhandlung zurückzuweisen, falls er solches geschäftsmäßig betreibe." Damit hat auch das OLG. Köln unsere Frage im Sinne entsprechender Anwendbarkeit des § 157 Abs. 1 ZPO. auf die Termine des Konkursverfahrens bestimmt und unzweideutig bejaht. Vom Inhalte des oberlandesgerichtlichen Beschlusses geben also die Ausführungen von Petersen, die auch in dessen Kommentar zur ZPO. (5. Aufl. § 157 Anm. 2 und 3) übergegangen sind, kein richtiges Bild[12].

IV. Zwangsvollstreckung durch Massegläubiger.

1. Die Massegläubiger bilden unter den Gläubigern des Gemeinschuldners eine Gruppe für sich. Sie können ihre Ansprüche (die „Masseansprüche"), einerlei, ob diese Masseschulden oder Massekosten darstellen, ungehemmt durch die den Konkursgläubigern gezogenen Schranken während der Dauer des Konkurses im Klage- und Vollstreckungswege gegenüber dem Konkursverwalter, dem Zwangsvertreter des Masseträgers, verfolgen, und zwar jeder selbständig. RG. 61, 261. So ist es z. B. denkbar, daß nach einem Verwalterwechsel der bisherige Verwalter die ihm vom Konkursgericht bewilligte Vergütung zwangsweise gegenüber dem neuen Verwalter beitreibt (§§ 58 Nr. 2, 85 mit § 73 KO., § 794 Nr. 3 ZPO.) und daß er diesen nach fruchtlosem Versuche der Beitreibung zum Offenbarungseide drängt (§§ 807, 899 ff. ZPO.). Das Vollstreckungsverbot des § 14 KO. steht einem Massegläubiger nicht entgegen. Mitunter freilich reichen die Masse-

11 Mit einer gegenüber der kategorischen Fassung des § 157 Abs. 3 ZPO. nicht überzeugenden Begründung.

12 Wenn die oben wiedergegebene Begründung von Petersen behauptet, der Tatbestand geschäftsmäßiger Betreibung des mündlichen Verhandelns vor Gericht sei nur „im Zivilprozesse" (nicht im Konkursverfahren) zu beachten, so hängt diese etwas dunkle Wendung vielleicht damit zusammen, daß er trotz des § 72 KO. dem Konkurse die Zugehörigkeit zum Zivilprozesse abspricht. Siehe dagegen Jaeger KO.^{5}§ 71 Anm. 2.

mittel nicht einmal dazu aus, die Massegläubiger voll zu befriedigen. Stellt sich eine solche Unzulänglichkeit schon während des Konkurses heraus, dann setzt die Rangordnung des § 60 KO. und mit ihr eine wechselseitige Beschränkung der Massegläubiger ein. Der § 60 KO. enthält eine Weisung für den Konkursverwalter. Ihm obliegt die Amtspflicht, dafür zu sorgen, daß die hier festgelegte Reihenfolge gewahrt bleibt. Wird sie durch den Zwangszugriff einzelner Massegläubiger gestört, dann hat der Konkursverwalter als gesetzlicher Vertreter des Schuldners dem | Störer auf dem Wege des § 767 ZPO, entgegenzutreten. Denn der Einwand, | S. 167
daß der Gläubiger durch seinen Zwangszugriff sich einen dem § 60 KO. widersprechenden Rang anmaße, trifft die Wirksamkeit des Anspruchs selber[13]. Nach beendetem Zwangszugriffe steht dem Konkursverwalter noch die Bereicherungsklage aus § 812 I 1 BGB. mit dem Antrag auf Rückgewähr zur Konkursmasse offen. Rangstreit der Konkurrenten kann zur Hinterlegung (§ 372 Satz 2 BGB.) und daraufhin wohl zu einem Verteilungsverfahren vor dem Amtsgerichte des Konkurses in entsprechender Anwendung der §§ 872 ff. ZPO. führen. So gewinnt man einen festen Rechtsboden[14].

Wie liegen nun aber die Dinge *nach Konkursbeendigung*? Die KO. sucht durch die an den Verwalter gerichteten und von ihm unter persönlicher Verantwortlichkeit (§ 82) zu erfüllenden Gebote der §§ 57, 191 Abs. 1 dafür zu sorgen, daß in den Fällen der „Aufhebung" des Verfahrens (Vollzug der Verteilungen oder Bestätigung eines Zwangsvergleichs) keine ungedeckten Masseansprüche nachbleiben. Auch wenn das Verfahren vorzeitig im Wege der „Einstellung" abgebrochen wird, hat der Konkursverwalter nach § 205 Abs. 2 mit § 191 Abs. 1 noch die Amtspflicht, Masseansprüche zu erfüllen oder sicherzustellen. Beruht aber die Einstellung darauf, daß die Massemittel nicht einmal ausreichen, um die Kosten des Konkurses, also die Masseansprüche des § 58 Nr. 1, 2 zu decken, dann beschränkt sich das Gebot der §§ 205, 191 auf die Weisung an den Verwalter, unter Beobachtung der Rangfolge des § 60 die noch vorhandenen Mittel zur Befriedigung oder Sicherstellung der Massegläubiger zu verwenden. Es kommt daher vor, daß der Konkurs endet, die Masseansprüche aber teilweise oder auch gänzlich ungedeckt bleiben. Solche Fälle zeitigte naturgemäß der Währungsver-

13 Siehe OLG. 10, 204 (Posen). Der Einwand ist nicht eine formale Erinnerung im Sinne des § 766 ZPO. und noch weniger Bekämpfung einer Schikane im Sinne des § 226 BGB. (gegen Th. *Wolff* KO.[2] § 60 Anm. 2).

14 *Jaeger* KO.[5] § 60 Anm. 7. Infolge der unzulänglichen Fassung des § 60 KO. ist dies alles streitig. Der Stütze des § 72 KO., der sich freilich auf das Konkursverfahren selbst bezieht, bedarf die Analogie gar nicht. Sie gründet sich auf die Ähnlichkeit der Rechtslage und wird durch die Lückenhaftigkeit des Gesetzes geboten (gegen Th. *Wolff* aaO. Anm. 6).

fall, da er Reichsmark-Massen zu nichts zerrinnen ließ[15]. Wenn nach derartigen Mißerfolgen des Konkurses der Schuldner wieder zu Vermögen gelangt, rühren
| S. 168 sich auch die noch unbefriedigten Massegläubiger. So berichtet Levy, | ZZP. 49, 212 ff., von gehäuften Anträgen ehemaliger Konkursverwalter oder Ausschußmitglieder auf vollstreckbare Ausfertigung der Honorarfestsetzungen (§§ 85, 91 KO.). Er billigt die dort S. 214 dargestellte Berliner Praxis, die eine Zwangsvollstreckung auf Grund des mit der Vollstreckungsklausel versehenen Feststellungsbeschlusses deshalb für unzulässig erklärte, weil der Schuldner weder im Titel noch in der Klausel mit Namen bezeichnet sei, wie das der § 750 Abs. 1 ZPO. verlange. Wenn nun aber der Titel lautet: „Im Konkurs über das Vermögen des Kaufmanns Franz Faller in Gantheim beschließt das Amtsgericht daselbst durch den Amtsrichter NN: die Vergütung für die Tätigkeit des Konkursverwalters wird auf dreitausend Reichsmark festgesetzt," wenn diesem Konkursverwalter eine vollstreckbare Ausfertigung des Beschlusses erteilt und dabei ausdrücklich dessen Zustellung „an den Gemeinschuldner" bezeugt ist (wie dies alles aaO. zutrifft), dann heißt es doch die Bedeutung des Erfordernisses „namentlicher Bezeichnung" bis zur Unerträglichkeit überspannen, wenn man es für nicht erfüllt erklärt. Daß Schuldner der Massegläubiger nur der Gemeinschuldner sein kann, ist in der Praxis ausgemacht und wird wohl auch von keinem lebenden Rechtslehrer mehr bestritten. Dieser Gemeinschuldner ist aber im Eingange des Beschlusses nach Namen, Stand und Wohnort bezeichnet, was ebensoviel gilt, als wenn der Kopf eines Urteils den Beklagten ausreichend bestimmt. Die Zustellung des Titels an eben diesen Schuldner ist im Anschluß an die Erteilung der vollstreckbaren Ausfertigung noch überdies rechtsförmlich bestätigt. Das muß genügen. Steht der Schuldnername im Titel selbst, dann braucht er in der Klausel nicht wiederholt zu werden. Anders läge der Fall, wenn nach Beendigung eines Konkurses, „über den Nachlaß des Kaufmanns Franz Faller", gegen den Erben Franz Faller jun. die Zwangsvollstreckung betrieben werden soll. Hier bedarf es ausdrücklicher Nennung des Franz Faller jun. in der Klausel, obwohl er schon während des Konkurses in seiner Erbeigenschaft Gemeinschuldner war. Die Erfahrung der Berliner Praxis wird freilich zur Vorsicht mahnen und es empfehlen, in der Vollstreckungsklausel den Schuldner stets noch einmal namentlich zu bezeichnen.

2. Es besteht aber in dem behandelten Falle noch eine ernste Zweifelsfrage, die vielleicht bei der ablehnenden Haltung der Praxis mitbestimmend war. Haftet der frühere Gemeinschuldner in der Tat unbeschränkt für die erst seit Konkurseröffnung neu entstandenen Masseansprü-

15 Während Sachwert-Massen scheinbar zu voller Zahlungsfähigkeit erstarkten. Siehe Jaeger, Konkursrecht (1924) S. 7 mit Note 1; ZZP. 49, 31.

che? Levy aaO. S. 213 bejaht im Gegensatze zu meinem Kommentar die Frage. Die von ihm genannten Beschlüsse lassen sie offen. Ich muß bei der Verneinung beharren. | | S. 169

Levy beruft sich in erster Linie auf die Protokolle der KO. S. 109; weiter macht er geltend, nach allgemeinem prozeßrechtlichen Grundsatze habe der die Kosten eines Verfahrens zu tragen, der es veranlasse; endlich führt er aus, „das Privileg der Massegläubiger würde sich in ein Privileg für den Schuldner verwandeln, wollte man ihm die Haftung für die Masseschulden und Massekosten abnehmen". Keine dieser Erwägungen schlägt durch. Das Problem der Haftung des Sondergutsträgers für die in der Sondergutsverwaltung begründeten Verbindlichkeiten geht weit über den Rahmen des Konkursrechts hinaus. Die Protokolle erfassen es noch gar nicht. Sie gipfeln in dem Satze: soweit aus der Verwaltertätigkeit Erwerbungen oder Verpflichtungen entspringen, treffen dieselben allgemein, ohne Beschränkung auf den Umfang der Konkursmasse, den Gemeinschuldner. Schon die Verquickung der aktiven und der passiven Seite des Verwaltungserfolges nimmt dieser Begründung allen Wert. Daß die zum Sondergut erworbene Sache Volleigentum des Sondergutsträgers wird, ist freilich klar. Nur wirkt die Zugehörigkeit zum Sondergut auch nach beendeter Sondergutspflegschaft insofern weiter, als der neue Erwerb ebenso wie ursprüngliches Sondergut der beschränkten Haftung des Sondergutsträgers unterliegt. Keineswegs aber wird damit die Folgerung gestützt, daß der Sondergutsträger für die aus der Sondergutsverwaltung erwachsenden Verbindlichkeiten unbeschränkt persönlich haften müßte. Steht doch für die von einem Nachlaßverwalter begründeten, „den Erben als solchen treffenden" Nachlaßverbindlichkeiten (§ 1967 Abs. 2 BGB.) das Gegenteil fest[16], obwohl andrerseits die vom Nachlaßverwalter neu erworbenen Nachlaßsachen volles Eigentum des Erben werden und nur wie das sonstige ererbte Vermögen Objekte der gegenständlich beschränkten Erbenhaftung bilden. Bei der Konkursverwaltung besteht eine durchaus entsprechende Rechtslage. Logisch ist jedenfalls das Nächstliegende, daß der Sondergutsverwalter, weil seine Vertretungsmacht sich auf das Sondergut beschränkt, den Sondergutsträger auch nur mit dem Sondergute verpflichten kann. Sehr lehrreich ist in dieser Hinsicht eine Stelle der amtlichen Denkschrift zur österreichischen KO. 1914 (S. 56), wo für neubegründete Masseansprüche zutreffend ausgeführt wird:

16 Siehe Laux, Jherings Jahrb. 71, 335; Planck-Flad BGB.[4] § 1967 Anm. 2 b γ.

„Sie entstehen ohne Zutun des Gemeinschuldners im Interesse der Masseverwaltung, also zugunsten der Gläubiger; darum müssen sie auf deren Kosten – aus der Masse –, nicht
| S. 170 aber vom Gemeinschuldner berichtigt werden. Besonders unerträglich wäre |es, wenn der Gemeinschuldner für die nichtgedeckte Belohnung des Masseverwalters haften würde“[17].

Auch die KO. spricht überall nur davon, daß die Masseansprüche „aus der Konkursmasse“ zu berichtigen sind (§§ 57, 60, 191 Abs. 1, 205 Abs. 2). Von einer Nachhaftung des Schuldners, wie sie der § 164 Abs. 2 regelt, ist keine Rede. Im Gesetze hat sonach jener Gedanke der Protokolle keinen Ausdruck gefunden[18].

Der zweite Einwurf von Levy geht dahin, es seien nach allgemeinem prozeßrechtlichen Grundsatze die Kosten eines Verfahrens von dem zu tragen, der es veranlaßt habe. Nun spielt freilich die Prozeßveranlassung bei Regelung der Prozeßkostenlast eine erhebliche Rolle (vgl. § 93 ZPO.). Ist es aber schon bedenklich, Konkursreife und Konkursveranlassung einander gleichzusetzen, und noch bedenklicher, einen Prozeßkostengrundsatz so ohne weiteres auf die Geamtheit der im Konkurse neuentstehenden Verbindlichkeiten, namentlich auf deren Hauptgruppe, die Schulden aus Rechtsgeschäften des Konkursverwalters, zu erstrecken, so würde das Prinzip doch immer nur die Person des Haftenden, nicht

---

17 Ganz im Anschluß an meinen Kommentar (§ 57 Anm. 4 f.) nehmen die führenden Schriftsteller des neuen österreichischen Konkursrechts an, daß der Gemeinschuldner für die seit Konkursbeginn entstandenen Masseansprüche auch nur mit der Masse haftet. Bartsch u. Pollak KO. 1 (1916), 354 f., Lehmann KO. 1 (1916), 381. Durchaus zustimmend auch OLG. Hamburg LZ. 1912 Sp. 867 f., 1914 Sp. 1406. Eine abweichende Rechtsprechung ist mir inzwischen nicht bekanntgeworden. Aus der neuesten Rechtslehre vgl. Laux, Jherings Jahrb. 71, 334; Kisch, Konkursrecht (1924) S. 43.

18 Am Standpunkte der Protokolle hält Th. Wolff auch in 2. Auflage fest. Er meint sogar (§ 57 Anm. 2), es komme für die Haftung des Vertretenen überhaupt nicht darauf an, ob die Vertretung eine beschränkte oder eine unbeschränkte sei, denn „auch der Mandatar, welcher den Geschäftsherrn nur hinsichtlich eines bestimmten Gegenstandes vertrete (!), bewirke durch die über diesen Gegenstand in den Grenzen der Vollmacht geschlossenen Rechtsgeschäfte die Verpflichtung des Geschäftsherrn nicht bloß mit dem Gegenstande des Mandats, der ein minimaler sein könne, sondern mit dessen gesamtem Vermögen“. Auch hier werden Aktiv- und Passivseite, zugleich aber Außen- und Innenrechtsverhältnis nicht scharf genug geschieden. Soll der Geschäftsbesorger den Geschäftsherrn unbeschränkt verpflichten, dann muß er eben eine soweitgehende Vollmacht haben. Richtig ist nur, daß die Vollmacht zur Eingehung eines Verpflichtungsgeschäfts, wie etwa zum Einkauf einer Sache, auch einer ganz geringwertigen, auf eine volle persönliche Verpflichtung gerichtet zu sein pflegt, ohne daß dabei der Wert des Geschäfts eine Rolle spielt. Die persönliche Haftung ist ja regelmäßig eine unbeschränkte. Trotzdem ist es gewiß, daß die Verpflichtung des Vertretenen dem Umfange der Vollmacht zur Verpflichtung entspricht, also z. B. nicht unbeschränkt sein könnte, wenn die Vollmacht nur dahin lautet, den Machtgeber mit seinem beweglichen Vermögen haftbar zu machen.

den Umfang der | Haftung bestimmen. Die Sondergutspflegschaft folgt eigenen Regeln. So gehören die Kosten einer Nachlaßpflegschaft, im besonderen einer Nachlaßverwaltung, und die Verbindlichkeiten aus Rechtsgeschäften oder Prozessen eines Nachlaßpflegers (Nachlaßverwalters) zwar zu den Masseschulden des Nachlaßkonkurses (§ 224 Nr. 4, 5 KO.), sie fallen aber doch in den Bereich der beschränkten Haftung des Nachlaßträgers. Dem Nachlaßpfleger fehlt die Macht, durch sein Handeln den Erben schlechthin unbeschränkt zu verpflichten. Auch bei der Konkursverwaltung ergibt die beschränkte Vertretungsmacht des Verwalters eine Beschränkung der durch seine Verwaltung begründeten Haftung auf die Masse. Mit keiner Silbe deutet das Gesetz an (was mit Rücksicht auf die Grenzen der Vertretungsmacht des Verwalters geboten wäre), daß der Gemeinschuldner für die Masseschulden des § 59 Nr. 1 KO. unbeschränkt hafte. Besteht aber solche Haftung nicht einmal für neue Masseschulden, dann kann sie erst recht nicht für die bloßen Massekosten des § 58 KO. begründet sein (vgl. § 60 KO.), also auch nicht für die gerichtlichen Kosten des Konkurses[19]. | S. 171

Wenn endlich gesagt wird, man privilegiere den Schuldner, falls man ihm die unbeschränkte persönliche Haftung gegenüber den Massegläubigern „abnehme", so wäre zunächst darzutun, daß eine solche entsteht. Wo sie begründet ist, wie namentlich in Fällen des § 59 Nr. 2 KO., dauert sie unabgeschwächt fort, dergestalt, daß der Gläubiger noch während des Konkurses auch auf konkursfreies, nach Konkursbeendigung unterschiedslos auf alles beschlagsfähige Schuldnervermögen greifen kann. Für die erst seit Konkursbeginn entstandenen Masseansprüche dagegen haftet der Gemeinschuldner nur gegenständlich beschränkt, nur mit Massemitteln. So auch nach Konkursbeendigung. Richtet daher ein solcher Massegläubiger in oder nach dem Konkurse seinen Zwangszugriff auf haftfreies Vermögen des Schuldners, dann steht diesem — wie in anderen Fällen der beschränkten Haftung (§§ 785, 786 ZPO.) — die Anspruchsgegenklage offen.

3. Angesichts der Gefahr, daß der Konkursverwalter mit seinem Honoraranspruch ausfällt, ist besonders in der jüngsten Praxis häufig die Frage aufgetaucht, ob er V o r s c h ü s s e erwarten könne. Mit aller Absicht hat das Gesetz den Honoraranspruch des Verwalters (unter Vorgang der Auslagen) in der Rangfolge des § 60 h i n t e r die Masseschulden | eingereiht. Sein eigenes Interesse soll den Verwalter zur Vorsicht nötigen, wenn er damit zu rechnen hat, daß die | S. 172

19 Daran scheitern auch die Ausführungen von H e s s e l b a r t h LZ. 1911 Sp. 599 f., der für die Massekosten des § 58 Nr. 1 (Gerichtskosten), nicht der Nr. 2 (Verwaltungsaufwand), eine unbeschränkte Haftung des Gemeinschuldners daraus ableiten will, daß der Grund für die öffentlichrechtliche Gerichtskostenlast schon in der Konkurseröffnung liege, diese Kostenschuld also nicht erst während des Verfahrens durch die Konkursverwaltung begründet werde.

Masse nicht einmal mehr die Konkurskosten deckt. Damit ist aber keineswegs gesagt, daß der Anspruch des Konkursverwalters auf Erstattung seiner Barauslagen und auf ein Entgelt für seine Mühewaltung erst mit der richterlichen Festsetzung entstehe, daß diese erst bei Konkursbeendigung statthaft werde, daß also der Verwalter Barauslagen zunächst aus eigener Tasche zu bestreiten habe. Mit dem Wortlaute unseres § 85 KO. ist solche Auffassung unvereinbar[20]. Sie wäre auch zweckwidrig. Nach § 85 Abs. 1 Satz 1 hat „der Verwalter" als solcher den Anspruch. Mit der Bestellung des Verwalters ist daher der Rechtsgrund für den Anspruch gelegt. Er kommt zustande als Anspruch auf Auslagenerstattung, sobald die zu ersetzenden[21] Auslagen gemacht sind; als Anspruch auf Vergütung, sobald die zu entlohnende[22] Verwaltungstätigkeit geleistet ist. Fällig wird er in beiden Richtungen erst mit der Festsetzung. Der Anspruch ist wie bei anderen Sondergutspflegschaften eine im Geschäftsbesorgungsverhältnisse begründete, verzichtbare Forderung, also bürgerlich-rechtlicher, nicht öffentlich-rechtlicher Art. Der § 85 Abs. 1 Satz 2 KO. überläßt dem Ermessen des Konkursgerichts nicht nur die Begrenzung des Umfangs der Forderung, sondern auch die Zeit der Festsetzung. Nur diese Regelung ist sachgemäß. Aus ihr folgt, daß eine Reihe einzelner Festsetzungsbeschlüsse schon während des Konkursverfahrens ergehen, daß also z. B. die sofortige Erstattung erheblicher Auslagen, daß bei längerer Konkursdauer eine periodische Vergütung bewilligt werden kann. Der dem richterlichen Ermessen eröffnete Spielraum gestattet aber auch die Zubilligung von Vorschüssen. Eine solche steht mit den für andere Sondergutspflegschaften im allgemeinen geltenden Rechtsgrundsätzen durchaus im Einklange. Siehe §§ 1915, 1835 mit §§ 669, 675 BGB. Die österreichische KO. von 1914 spricht im § 125 Abs. 3 die Statthaftigkeit der Bewilligung von Vorschüssen ausdrücklich aus. Die bewilligten Vorschüsse können unzweifelhaft auch aus solchen Mitteln bestritten werden, die nach Maßgabe des § 107 Abs. 1 Satz 2 KO. von einem Gläubiger bei Beantragung des Konkurses vorgestreckt worden sind.

---

20 Siehe dagegen Bartsch u. Pollak aaO. 2, §§ 125 f. Anm. 2.

21 Die nach dem Ermessen des festsetzenden Konkursgerichts (nachprüfbar im Beschwerdeweg) „angemessenen" Barauslagen sind zu erstatten. Angemessen sind aber nicht nur unerläßliche, auch nicht nur erfolgreiche Aufwendungen, sondern alle diejenigen, die der Verwalter bei pflichtmäßiger Würdigung der Verhältnisse für zweckmäßig halten durfte.

22 Siehe ZZP. 49, 284 f.

Aus der Praxis des Konkursrechts.

KonkTreuh 1928 S. 113–115
Von **Professor Dr. Ernst Jaeger,** Leipzig.

I. Konkursgläubigerrecht und Offenbarungseid.

In einem Konkurse war eine hohe Forderung angemeldet und vom Konkursverwalter bestritten worden. Der Anmelder erwirkte die Leistung und Ergänzung des Offenbarungseides nach § 125 KO. In den Terminen vor dem Vollstreckungsgericht sind die Gemeinschuldner und Konkursverwalter erschienen; die Antragsbefugnis des Antragstellers blieb unbestritten. Allerlei sonstige Einwendungen des Gemeinschuldners gegen die Eidespflicht sind rechtskräftig verworfen worden. Nun behauptet der Anmelder: seine Forderung sei jetzt auch für das Verteilungsverfahren nach Grund und Betrag festgestellt; der Konkursverwalter sei daher verpflichtet, die Berichtigung der Konkurstabelle durch Streichung seines Widerspruchs zu bewilligen. Mehrere Gutachter haben sich in diesem Sinne geäußert. Die Ansicht ist irrig.

Die Befugnis, den Offenbarungseid zu erwirken, erkennt der § 125 KO. jedem Konkursgläubiger zu. Daß die Konkursforderung bereits festgestellt oder vollstreckbar oder stimmberechtigt sein müsse, verlangt das Gesetz nicht. Auch vor dem allgemeinen Prüfungstermine können Konkursgläubiger den Gemeinschuldner zum Offenbarungseid drängen. Andererseits reicht die bloße Behauptung, Konkursgläubiger zu sein, sicherlich nicht aus, die Antragsbefugnis des § 125 KO. zu begründen. Bestreitet der Gemeinschuldner das Konkursgläubigerrecht des Antragstellers, dann muss es dieser beweisen (nicht nur glaubhaft machen). Das für die Eidesabnahme zuständige Vollstreckungsgericht hat über den Widerspruch zu entscheiden; der Beschluss unterliegt sofortiger Beschwerde (§ 900 Abs. 3 mit § 793 ZPO.). Ist das Konkursgläubigerrecht des Antragstellers bereits „festgestellt" im Sinne der §§ 144 Abs. 1, 145 Abs. 2 KO., so bleiben auch Vollstreckungs- und Beschwerdegericht an die Rechtskraftwirkung der Feststellung gebunden. Ein nur vom Gemeinschuldner selbst im Prüfungstermin erhobener Widerspruch steht solcher „Feststellung" nicht entgegen, wirkt vielmehr lediglich für die außerkonkursmäßige Rechtsverfolgung gegen den Schuldner, während der Offenbarungseid des § 125 KO. dem Konkurszwecke dient. War also die Forderung des Antragstellers im Prüfungstermine weder vom Verwalter noch von einem konkurrierenden Gläubiger bestritten und darum als festgestellt in die Konkurstabelle eingetragen worden, dann vermag der Schuldner die Befugnis zur Erwirkung des Offenbarungseides nicht erfolgreich zu bekämpfen, einerlei, ob er persönlich im Prüfungsverfahren widersprochen hat oder nicht. Andererseits kann nur der Schuldner selbst, nicht der Konkursverwalter die Eidespflicht im Sinne des § 900 Abs. 3 ZPO. bestreiten. Würde im Eidestermine nur der Verwalter, nicht der Gemeinschuldner dem Gläubigerrecht und damit der Antragsbefugnis des Antragstellers widersprechen, dann brauchte der Antragsteller den Bestand seiner Konkursforderung für das Eidesverfahren überhaupt nicht zu beweisen. Bestreitet aber der Schuldner, zur Eidesleistung verpflichtet zu sein, weil dem Antragsteller das behauptete, noch nicht festgestellte Konkursgläubigerrecht nicht zukomme, so bedarf dieses des Beweises. Alsdann hat das Vollstreckungsgericht und nach zulässiger Einlegung der sofortigen Beschwerde die höhere Instanz über den Bestand des Konkursgläubigerrechts als Voraussetzung der Eidespflicht zu erkennen. Unanfechtbar geworden, stellt ein den Widerspruch verwerfender Beschluss die Eidespflicht bindend fest. Nur sie wird, nicht ihre Voraussetzungen werden mit Rechtskraftwirkung bejaht. Dabei ist es völlig einerlei, ob die Konkursforderung zum vollen Betrag oder nur zu einem Teil für begründet erachtet wird. Von einer bestimmten Forderungshöhe hängt die Antragsbefugnis des Konkursgläubigers nicht ab.

Aus alledem folgt, daß die Bejahung der Eidespflicht des Schuldners in Fällen, in denen wegen einer vom Verwalter bestrittenen Konkursforderung der Offenbarungseid begehrt wird, unmöglich den Erfolg haben kann, für den Konkurs im allgemeinen und für das Verteilungsverfahren im besonderen die bestrittene Konkursforderung festzustellen. Diese Feststellung hat das Gesetz im § 146 KO. dem Prozeßgericht überlassen. Erörterungen vor dem Vollstreckungsgericht im Sinne des § 900 Abs. 3 ZPO. dienen einem ganz beschränkten Zwecke, nur dem, „die Verpflichtungen zur Leistung des Eides“ zu ermitteln. Der Verwalter, der die Forderung des Antragstellers in einem etwa vorausgegangenen Prüfungsverfahren bestritten hatte, kommt als solcher in unserem Eidesverfahren überhaupt nicht zu Wort. Betrag und Vorrecht der Forderung spielen keine Rolle. Natürlich steht es dem Verwalter frei, seinen Widerspruch gegen die Anmeldung zurückzunehmen und so den Feststellungserfolg herbeizuführen. Bloßes Schweigen im Eidesverfahren aber, in dem es auf seine Stellungnahme gar nicht ankommt, bedeutet aber ebensowenig Rücknahme des früheren Widerspruchs, als es vor dem Prüfungstermin eine bindende Anerkennung der Forderung bedeuten würde. Ob endlich der Schuldner sich dem Eidesbegehren unter Bestreitung der Konkursforderung des Antragstellers oder aus irgend einem anderen Grunde widersetzt hatte, das ist für unsere Frage vollkommen einerlei. Niemals hat die Bejahung der Eidespflicht Feststellungskraft im Sinne des § 144 Abs. 1 KO.

II. Beginn der Ausschlussfrist des Verteilungsverfahrens.
(§ 152 KO.).

Ein Konkursverwalter hatte die öffentliche Bekanntmachung des § 151 KO. erlassen, aber erst acht Tage später das Verzeichnis der bei der Verteilung zu berücksichtigenden Forderungen auf der Geschäftsstelle des Konkursgerichts niedergelegt. Später als zwei Wochen nach dem Vollzuge jener Bekanntmachung, aber vor Ablauf von zwei Wochen seit dieser Niederlegung hat | ein Gläubiger den Nachweis des § 152 KO. erbracht. War der Nachweis rechtzeitig geführt? | S. 114

Der § 151 KO. gebietet dem Konkursverwalter, vor jeder Abschlagsverteilung und vor der Schlussverteilung ein Verzeichnis der zu berücksichtigenden Forderungen auf der Geschäftsstelle des Konkursgerichts zur Einsicht aller Beteiligten niederzulegen „und" d.h. und dann, aber dann sogleich die Summe dieser Forderungen sowie den zur Verteilung verfügbaren Massebestand öffentlich bekannt zu machen. An den Vollzug der so bewirkten Bekanntmachung (§ 76 Abs. 1 Satz 2 KO.) knüpft das Gesetz einen bedeutsamen Konzentrationszwang. Namentlich können die Gläubiger mit Forderungen, die weder festgestellt noch tituliert sind, deren Berücksichtigung bei der angekündigten Verteilung, nur erzielen, wenn sie bis zum Ablauf einer Frist von zwei Wochen nach der öffentlichen Bekanntmachung die erforderliche Rechtsverfolgung nachweisen (§ 152 KO.). Diese Zweiwochenfrist ist die „Ausschlussfrist" des Verteilungsverfahrens auch im Sinne der §§ 153, 155, 157, 158, 160 KO. Im besonderen löst ihr Ablauf bei Abschlagungsverteilungen die gleichfalls präklusive Einwendungsfrist des § 158 Abs. 1 KO. aus.

Wenn nun das Gesetz dem Verwalter vorschreibt, zunächst das Verzeichnis der zu berücksichtigenden Forderungen zur Einsicht aufzulegen und daraufhin die Summe dieser Forderungen, sowie den Verteilungsbestand öffentlich bekannt zu machen, so stellt es damit zugleich klar, dass nicht die Bekanntmachung für sich allein, sondern die auf Grund der Offenlegung des Verzeichnisses erfolgte Bekanntmachung die Beteiligten zum Handeln drängen soll. Die Wirksamkeit der Bekanntmachung hängt daher von der Tatsache vorgängiger Offenlegung des Verzeichnisses ab. Daß die Bekanntmachung ausdrücklich auch die Möglichkeit einer Einsicht des Verzeichnisses erwähne, gebietet das Gesetz nicht. Doch ist ein solcher Hinweis zweckmäßig und üblich.[1] Jedenfalls muß das Verzeichnis vor der Bekanntmachung offengelegt sein. Sonst wäre der Einwendungsausschluß des § 158 KO. undenkbar. Denn erst die Offenlegung der Liste setzt die Beteiligten instand, zu prüfen, ob ihre

1 Siehe z. B. Senst, Verwaltung von Konkursen, 8. Aufl. (1925) S. 266.

eigenen Ansprüche bei der bevorstehenden Verteilung nach Gebühr und ob nicht fremde Ansprüche wider Gebühr berücksichtigt werden sollen. Es kann auch durchaus nicht genügen, daß irgendwann n a c h der Bekanntmachung – vielleicht kurz vor Ablauf der gesetzlichen Fristen (§§ 152, 158 KO.) – die Offenlegung des Verzeichnisses nachgeholt wurde. Die Aufdeckung der Einwendungsgründe muß während der vollen Zeitspanne, die sich bei ordnungsgemäßem Verfahren des Verwalters ergibt, möglich gewesen sein. Noch weniger geht es an, den Lauf der Ausschlußfrist des § 152 KO. im Widerspruch mit den Worten des Gesetzes von der nachträglichen Niederlegung des Verzeichnisses ab zu berechnen. Solche Willkür wäre schon deshalb unerträglich, weil der Zeitpunkt der Niederlegung für die Außenwelt nicht erkennbar und darum auch nicht geeignet ist, den Ausgang einer Präklusivfrist abzugeben.

Aus alledem folgt: Wenn es der Verwalter versäumt, vor der Bekanntmachung des § 151 KO. das Verzeichnis der zu berücksichtigenden Forderungen auf der Geschäftsstelle des Konkursgerichts zur Einsicht aufzulegen, vermag die Bekanntmachung Ausschlussfolgen im Sinne der §§ 152, 153, 155, 158 KO. überhaupt nicht auszulösen. Vielmehr bedarf es nach der Auflegung des Verzeichnisses einer n e u e n Bekanntmachung. Für gesetzmäßiges Verfahren ist der Verwalter verantwortlich. (§ 82 KO.).

III. Freigabe aus dem Konkursbeschlag.

Mit Gegenständen, die (wie überlastete Grundstücke, uneinbringliche Forderungen) zum Vorteil der Konkursmasse nicht ausgenützt werden können, braucht sich der Konkursverwalter trotz feststehender Massezugehörigkeit nicht zu befassen. Das Gebot des § 117 Abs. 1 KO. setzt Verwertbarkeit für die Masse voraus. Unverwertbare Massegegenstände „f r e i z u g e b e n“, ist Recht und Pflicht des Verwalters. Er handelt kraft der ihm zustehenden Verwaltungs- und Verfügungsmacht (§ 6 KO.) nach eigenem Ermessen. In Zweifelsfällen deckt ihn ein Beschluß der Gläubigerversammlung (vgl. § 162 KO.).

Die Freigabe besteht darin, daß der Verwalter seine Verwaltungs- und Verfügungsbefugnis zugunsten des Gemeinschuldners aufgibt. Sie vollzieht sich daher in einer ausdrücklichen oder stillschweigenden, jedenfalls aber e m p f a n g s b e d ü r f t i g e n Willenserklärung des Verwalters an den Gemeinschuldner. Wird die Freigabe in Abwesenheit des Gemeinschuldners erklärt, dann wird sie erst in dem Zeitpunkte wirksam, in dem die Erklärung ihm zugeht (§ 130 BGB.). Das gilt namentlich, wenn der Schuldner flüchtig ist. Solchenfalls kann eine öffentliche Zustellung (§ 132 BGB., §§ 203 ff. ZPO.) auch die Bestellung eines Abwesenheitspflegers, der den Flüchtling in seinen nicht zur Masse gehörenden

Vermögensangelegenheiten zu vertreten hat, Abhilfe bieten (§ 1911 BGB). Die Erklärung an Absonderungsberechtigte genügt nicht, hat also für sich allein (vor dem „Zugehen" an den Gemeinschuldner) bei überlasteten Grundstücken nicht die Folge, daß die Zugehörigkeit zur Masse und damit die Vertretungsmacht des Verwalters erlischt.

Auch darüber sind neuestens Zweifel aufgetaucht, wie lange die Freigabe statthaft sei. Kann der Verwalter, der selbst die Zwangsversteigerung eines Massegrundstücks erwirkt hat (§ 126 KO., §§ 172 ff. ZVG.), wenn jetzt erst die Ueberlastung offenbar wird, die Freigabe des Grundstücks noch wirksam vollziehen? Zweck und Wesen der Freigabe stehen nicht im Wege. Nur endet mit ihr die Betreibungsbefugnis des Verwalters. Dem Schuldner selbst steht sie nicht zu. Zeigt der Verwalter dem Versteigerungsgericht die Freigabe an, so erklärt er damit im Sinne des § 29 (§ 172) ZVG. die Rücknahme des Versteigerungsantrags. War dem Verwalter ein Absonderungsberechtigter oder ein Massegläubiger beigetreten (§ 27 ZVG.), so wird das Verfahren auf deren Rechnung, aber fortab in der Richtung gegen den Schuldner persönlich durchgeführt. Wenn die vom Verwalter betriebene Zwangsversteigerung bereits erfolgt und ihm eine Geldsumme als Uebererlös ausgehändigt worden ist, die er mit anderen Massegeldern vermengt hat, bleibt für eine Freigabe weiter kein Raum. Denn nur einzelne, bestimmte Massegegenstände, nicht Rechnungswerte können freigegeben werden. Das ist bedeutsam geworden in dem Falle, da ein öffentliches Gemeinwesen nachträglich mit Rücksicht auf das Ergebnis der Zwangsversteigerung eine Wertzuwachssteuer aus der Masse beanspruchte.[2]

IV. Die Heimstätte als Bestandteil der Konkursmasse.

Im Grundbuch für Oberpfannenstiel (Sachsen) ist ein Grundstück als Wohnheimstätte des Handelsmannes A. daselbst verbucht. A. gerät in Konkurs. Der Konkursverwalter zieht das Grundstück zur Masse; das Grundbuchamt trägt den Konkursvermerk (113 KO.) ein. Darauf klagt A. gegen den Konkursverwalter auf Feststellung der Nichtzugehörigkeit des Grundstücks zur Konkursmasse. Die Klage wird vom Landgericht Zwickau am 2. III. 1928 (1 Cg 351 27) als unbegründet abgewiesen. Der Kläger legt Berufung ein, nimmt diese aber, da ein Zwangsvergleich zustande kommt, zurück.

2 Zur Frage nach der Berechtigung solcher Ansprüche treffend Bley in dieser Zeitschrift 1927 S. 18.

Aus den Akten[3] ergibt sich, daß das sächsische Justizministerium (v. 24. 5. 1927) und das „Sächsische Heim" (Landessiedlungs- und Wohnungsfürsorgegesell- | S. 115 | schaft m. b. H. v. 19. 5. und 25. 5. 1927) die Massezugehörigkeit der Heimstätte auf Anfrage bejahten. Der gegenteilige Standpunkt ist namentlich durch Gutachten von Professor Dr. Erman (Münster i. W.) gestüzt worden. Den wesentlichen Inhalt dieser Gutachten hat Erman mehrfach veröffentlicht, zuletzt in der Zeitschrift für deutschen Zivilprozeß Bd. 53 S. 406 ff. Gegenüber dem § 11 des Reichsheimtättengesetzes vom 10. 5. 1920, der das Vorkaufsrecht des Ausgebers ausdrücklich auch für den Fall anerkennt, daß der Konkursverwalter des Heimstätters die Heimstätte veräußert, macht Erman geltend: hier liege lediglich ein Redaktionsversehen vor; der gewissenhafte Ausleger möge sich dabei beruhigen, daß es im Falle eines Verzichtes des Heimstätters auf die im § 20 Abs. 1 RHStG. ausgesprochene Beschlagsfreiheit der Heimstätte immerhin zu einer Veräußerung durch den Konkursverwalter kommen könne. Meines Erachtens ist ein Verzicht rechtlich unzulässig und tatsächlich ausgeschlossen. Nach der klaren Fassung des § 1 RHStG. kann an der Massezugehörigkeit der Heimstätte nicht gezweifelt werden. Ob grundpfandrechtliche Belastungen zugunsten von Konkursforderungen bestehen, ob der Ausgeber selbst Konkursgläubiger ist, das spielt insoweit keine Rolle. Den Einzelzugriff wegen persönlicher Schulden (ausgenommen Abgabenverbindlichkeiten) verbietet der § 20 RHStG. Es kommt aber auch sonst vor, daß Vermögensgegenstände der Einzelvollstreckung entrückt und doch dem Konkursbeschlag unterworfen sind. Der soziale Schutzzweck des RHStG. wird durch das Vorkaufs- und das Heimfallrecht des Ausgebers auch dann gewahrt, wenn die Heimstätte zur Konkursmasse des Heimstätters gehört. Diese Rechte erschließen dem Ausgeber die Möglichkeit, die Heimstätte in die Hand eines Mannes zu legen, der besser wirtschaftet, als es der Bankrottierer getan, und darum der gesetzlichen Fürsorge würdiger erscheint. Nicht einmal de lege ferenda möchte ich der Konkursbeschlagsfreiheit der Heimstätte das Wort reden. Siehe im übrigen die Ausführungen der 6. und 7. Auflage meines Kommentars zur KO. § 1 Anm. 19 a und ZZP. Bd. 53 S. 411 f.

(Schluß folgt).

3 Diese sind mir durch die Güte des Herrn Rechtsanwalts Dr. Walter Fischer am Oberlandesgericht Dresden überlassen worden.

Aus der Praxis des Konkursrechts (II)

KonkTreuh 1928 S. 145–147
Von **Professor Dr. Ernst Jaeger,** Leipzig.

V. Genießt die Forderung eines Arztes auf Bezahlung gelieferter Apparate das Konkursvorrecht des § 61 Nr. 4 KO.?

Die Frage ist zu verneinen. Der § 61 Nr. 4 KO. räumt den „Forderungen der Aerzte ... und Krankenpfleger wegen Kur- und Pflegekosten aus dem letzten Jahre vor der Eröffnung des Verfahrens, insoweit der Betrag der Forderungen den Betrag der taxmäßigen Gebührnisse nicht übersteigt“, das Vorrecht der vierten Rangklasse ein. Auf „Lieferungen“, die der Arzt in Ausübung seines Berufs gemacht hat, erstreckt das deutsche Gesetz im Gegensatze zum österreichischen (§ 51 Nr. 4 KO. von 1914) das Konkursvorrecht nicht. Im Einklange damit nimmt die herrschende Lehre an, daß namentlich auch die Ansprüche wegen Lieferung künstlicher Gliedmaßen durch den Arzt des Vorrechts ermangeln. Dasselbe muß für die vom Arzt gelieferten Heilapparate (Schienen u. dgl.) gelten.

Eine gegenteilige Ansicht vertritt wohl Th. Wolff KO.[2] § 61 Anm. 9 b (S. 301). Er führt aus: „Da das Gesetz nicht von Kur- oder Pflegekosten, noch von Kur- bzw. Pflegekosten spricht, muß dem Arzt das Vorrecht nicht bloß für seinen ärztlichen Rat und seine Operation, sondern auch für die Verpflegung und die von ihm beschafften Heilmittel zustehen.“ Der richtige Kern dieses Gedankens ist der, daß die Kosten der ärztlichen Heilung und Pflege gleichermaßen bevorrechtet sein sollen. Wenn also z. B. ein Arzt in eigener Klinik einen Patienten behandelt, ist nicht bloß das Honorar, sondern auch der zum Zweck der Heilung erforderliche Aufwand für Arzneien, ja auch für die zu diesem Zweck erforderliche Wohnung und Verköstigung bevorrechtet. Nach Wolff aaO. soll aber zu den priviligierten Kur- und Pflegekosten auch der Aufwand „für die Beschaffung künstlicher Glieder“ gehören. Von diesem Standpunkt aus würde auch die Forderung wegen der Lieferung chirurgischer oder orthopädischer Apparate bevorrechtigt sein. Das geht zu weit.

Zunächst steht außer Zweifel, daß der Kaufpreisanspruch oder die Werkvergütungsforderung eines gewerblichen Unternehmens, der Prothesen, Schienen oder andere Apparate zu Zwecken des Gliedersatzes oder der Heilung herstellt, mögen sie nun fabrikmäßig erzeugt oder auf den Einzelfall angepaßt, in selbstständigem Betrieb oder auf ärztliche Anordnung geschaffen werden, ein Konkursvorrecht nicht genießt. Ein solcher Unternehmer ist kein Arzt. Es steht aber weiter fest, daß ein Arzt, der jene Apparate herstellt und an nicht von ihm selbst behandelte Personen (etwa auf Zeitungsinserate nach auswärts) verkauft, wegen solcher Lieferungen kein Vorrecht geltend machen kann. Denn er liefert nicht als Arzt. Er ist zugleich Gewerbetreibender, möglicherweise Kaufmann (vgl. RG. Bd. 94, S. 109). Wie sollte es nun sachlich zu rechtfertigen sein, daß derselbe Arzt mit seinen Ansprüchen für Lieferung derselben Apparate an seine eigenen Patienten das Vorrecht geltend machen dürfte? Käme es ihm aber wirklich zu, dann müßte es ihm auch für solche Fälle zugebilligt werden, in denen er Apparate nicht selber herstellt, sondern fertig eingekauft hätte. Auch dann träfe es zu, was Th. Wolff aaO. allein verlangt: die Kurmittel wären zum Zwecke „der Wiederherstellung des Kranken" vom Arzt „beschafft". Daß hier jeder innere Grund für das Vorrecht fehlt, leuchtet ein.

Vielmehr ist zu sagen: Der Begriff „Kur- und Pflegekosten" beschränkt sich auf das Entgelt für Leistungen die der im § 61 Nr. 4 KO. abgegrenzte Personenkreis berufsmäßig erbringt. Eine Ausdehnung auf die Lieferung von Gegenständen, die außerhalb dieser Berufszweige in selbständigen Gewerbebetrieben erzeugt zu werden pflegen, ist auch dann ausgeschlossen, wenn sie der behandelnde Arzt in eigner Werkstätte herstellen lässt.

Jede Erstreckung der im § 61 Nr. 1–5 KO. anerkannten Sonderrechte schlägt zum schweren Schaden der Gläubigergesamtheit aus. Das wurde in dem unsere Ausführungen veranlassenden Falle besonders sinnfällig, da für ärztliche Behandlung nur 50, für Lieferung und Reparatur von Apparaten gegen 3000 RM. als Vorrechtsforderungen geltend gemacht worden sind. Mit Recht legt das Reichsgericht die Vorrechtsordnung des § 61 KO. streng und einschränkend aus und versagt daher z. B. den Ansprüchen der Handlungsagenten das Vorrecht der Nr. 1, den Gerichtsgebühren das Vorrecht der Nr. 2.

VI. Umfang und Anfechtbarkeit einer Sicherungsübereignung.

Ein Schuldner hat seinem Gläubiger zur Sicherung verschiedener Kredite Briefhypotheken unter Uebergabe der Hypothekenbriefe 1925 sicherungshalber abgetreten. Diese Sicherungsabtretung sollte aber nicht nur bereits entstandene Forderungen decken, sondern nach ausdrücklicher Vereinbarung auch solche, „die aus künftiger Geschäftsverbindung oder aus sonstigem Rechtsgrunde gegen den Schuldner in Zukunft entstehen würden." Nun hat ein anderer Kunde des Gläubigers am 26. 2. 1926 eine ihm gegen den Schuldner zustehende Forderung in Höhe von 1200 RM. an den Gläubiger abgetreten. Zu dieser Zeit hatte der Schuldner seine Zahlungen bereits eingestellt. Die Zahlungseinstellung war dem Zedenten, nicht aber auch dem Zessionar bekannt. Tags darauf am

27. Februar 1926, ist der Konkurs über das Vermögen des Schuldners eröffnet worden.

Es wird gefragt:

1. Kann der Gläubiger aus den ihm sicherungshalber abgetretenen Hypotheken Befriedigung auch wegen der ihm zedierten Forderung von 1200 RM. verlangen? | | S. 146
2. Hätte es einen Einfluß auf die Beantwortung dieser Frage, wenn der Zedent zur Zeit, da er seine Forderung abtrat, die Zahlungseinstellung des Schuldners nicht gekannt hätte?
3. Oder wenn zu dieser Zeit die Zahlungseinstellung dem Zessionar bekannt gewesen wäre?

Zu 1. Die erste Frage ist zu bejahen. Es fällt also auch die durch Zession erworbene Forderung unter die durch die Sicherungsabtretung begründete Deckung. Der Sinn des Sicherungsübereinkommens war offenbar der, daß alle gegenwärtigen und künftigen Forderungen des Gläubigers gegen diesen Schuldner gedeckt werden sollten. Als eine Forderung, die dem Gläubiger „aus sonstigem Rechtsgrunde" späterhin „entstanden" ist, muß nach diesem Willen der Parteien auch die Forderung gelten, die – einerlei, wann begründet – dem Gläubiger hinterher zediert worden ist. Für den Zessionar ist das Gläubigerrecht erst mit dem Erwerbe der Forderung (mit deren Abtretung) „entstanden". Diese Auslegung ist mit dem Wortlaute der Sicherungsübereinkunft verträglich und entspricht jedenfalls „dem wirklichen Willen" der Parteien (§§ 133, 157 BGB.). Auch an der Wirksamkeit einer den gesamten künftigen Forderungserwerb des Gläubigers gegenüber diesem Schuldner deckenden Sicherungsabtretung ist nicht zu zweifeln, zumal ja die echte Pfandhaftung ebenfalls für künftige Forderungen bestellt werden kann (§§ 1113 Abs. 2, 1204 Abs. 2 BGB.). Siehe namentlich für den sachlich entsprechenden Fall der Höchstbetrags-Hypothek RG. Bd. 75 S. 247.

Die Schwierigkeiten unseres Falles liegen auf konkursrechtlichem Gebiete. Durch die — wie zu unterstellen ist — unanfechtbare Sicherungsabtretung sind die hypothekgesicherten Forderungen und mit ihnen die Hypotheken aus dem Vermögen des Zedenten ausgeschieden. Sie bilden insoweit keine Bestandteile seiner Konkursmasse, ebensowenig wie Sachen, die der Schuldner durch Sicherungsübereignung veräußert hatte. Bei solcher Rechtslage scheint die Folgerung geboten zu sein, dass Verfügungen über Gegenstände der Sicherungsübereignung oder Sicherungsabtretung den §§ 7, 15 KO. entrückt bleiben, weil diese Gegenstände nicht zur Konkursmasse gehören, und daß eben darum eine während der Krisis vollzogene Erweiterung des Kreises der gesicherten Konkursforderungen nicht als Benachteiligungsvorgang im Sinne des § 30 KO. anfechtbar sein kann. Dieser Schluß wäre verfehlt. Denn eine Treuhandverfügung der in Rede stehenden Art hat ihrem beschränkten wirtschaftlichen Zweck entsprechend schon von vorn herein nur eine begrenzte rechtliche Wirksamkeit. Das Reichsgericht drückt diesen Gedanken bekanntlich so aus: das Treugut gehöre dem Treuhänder nur formell, nicht materiell und wirtschaftlich (so z. B. Bd. 91 S. 14 mit Verweisen.). Daraus zieht es für den Konkurs des Treugebers bei der Sicherungsverfügung die Folgerung, daß der sicherungshalber übertragene Gegenstand „materiell und wirtschaftlich" noch zur Konkursmasse des Schuldners gehöre, und daß deshalb dem Gläubiger beim Zugriff auf die übrige Masse der Ausfallgrundsatz des § 64 KO. entgegenstehe (ebenda S. 15). Im Ergebnis trifft diese Auffassung zu. Sie rechtfertigt sich aus der Erwägung, daß die Sicherungsverfügung konkursrechtlich nur als Belastung wirkt und darum ihren Gegenstand auch nur für den Bereich der Belastung dem Schuldnervermögen entfremdet. Zum Ueberschußwerte bildet er noch immer einen Massebestandteil, der den Schutz der §§ 7, 15 wie den des § 30 KO. genießt.

Daraus folgt für unseren Fall: Tritt eine bis dahin ungesicherte Konkursforderung erst während der Krisis in den Deckungsbereich ein, dann gilt der § 30 KO. Damit beantworten sich die weiteren Fragen.

Zu 2. Die Kenntnis des Zedenten von der Zahlungseinstellung oder dem Eröffnungsantrag ist unerheblich.

Zu 3. Die Kenntnis des Zessionars würde den Sicherungserwerb, der sich zugleich mit dem Forderungserwerb vollzogen hat, anfechtbar machen. Da für die erworbene Forderung eine Sicherung nicht geschuldet war, würde die Anfechtbarkeit nach § 30 Nr. 2 KO. zu beurteilen sein. Der Entlastungsbeweis nach Maßgabe dieser Vorschrift obliegt daher dem Gläubiger (Zessionar). Dieser Annahme steht nicht entgegen, daß Forderungserwerb und Sicherungserwerb zusammenfallen. Denn die Forderung war als ungesicherte vorher schon in der Person des Zedenten begründet und erst durch die nach der Zahlungseinstellung vollzogene Abtretung auf Kosten der Konkursmasse (unter Steigerung der Belastung der sicherungshalber abgetretenen Hypotheken) mit einem Absonderungsrecht ausgestattet worden. Weder der Zedent noch der Zessionar hatten diese Sicherung der zunächst ungesichert entstandenen Forderungen zu „beanspruchen".

VII. Sicherungsübereignung auf den Ausfall.

Ein Gläubiger hatte sich Warenbestände seines Schuldners sicherungshalber übereignen lassen. In der Vereinbarung war bestimmt worden: „Den Erlös aus den übereigneten Waren einerlei auf welche Weise er erzielt ist, braucht der Gläubiger als deren Eigentümer erst zu verrechnen, nachdem für ihn alle Möglichkeiten erschöpft sind, sich wegen der gesicherten Forderungen zu befriedigen. Der Erlös aus den übereigneten Beständen soll also zur Deckung des Aus-

falls dienen, den der Gläubiger erleiden könnte. Soweit aus den übereigneten Waren mehr zu erlösen sein sollte als der etwaige Ausfall, ist der Ueberschuß dem Schuldner zu erstatten oder zurückzuübereignen."

Der Schuldner ist in Konkurs verfallen. Es fragt sich, ob die wiedergegebene Vertragsbestimmung zu Recht besteht. Die Frage ist zu verneinen. Die Klausel ermächtigt den Gläubiger, sich zunächst aus dem gesamten übrigen Vermögen des Schuldners zu befriedigen und erst wegen Ausfalls Deckung aus den Werten der besonderen Sicherungsmasse zu suchen.

Der Vertrag spricht insoweit die *glatte Umkehrung* des im § 64 KO. aufgestellten Ausfallgrundsatzes aus. Daß die Vereinbarung auch für den Fall des Konkurses der Schuldnerin, ja sogar in erster Linie für diesen Fall getroffen ist, kann nach dem ganzen Zwecke der Sicherungsübereignung keinem Zweifel unterliegen. Es fragt sich aber, ob der Wille der Vertragsgenossen stark genug ist, die Ordnung des § 64 KO. umzustülpen.

Das konkursrechtliche Ausfallprinzip, wie es im § 64, ergänzt durch die §§ 96, 153, 156, 168 Nr. 3, 169 KO., geregelt ist, verfolgt den Zweck, die Gesamtheit der bloß persönlichen Gläubiger zu schützen. Diese Gläubiger leiden schon schwer genug darunter, daß absonderungsberechtigte Konkurrenten Bestandteile des Schuldnervermögens, an denen ihnen oft nur die Gunst des Zufalls oder unlauteres Verhalten des Schuldners ein Vorzugsrecht verschafft hat, der allgemeinen Befriedigungsmasse entziehen dürften. Die Härte würde aber noch erheblich gesteigert, wenn es dem absonderungsberechtigten Konkursgläubiger frei stünde, sich erst aus der allgemeinen Masse und dann aus der Sonderdeckung zu befriedigen. Darum schreibt der § 64 KO. die gegenteilige Reihenfolge vor. Da dieser Grundsatz die Allgemeinheit der persönlichen Gläubiger schützen will, kann weder der Schuldner selbst noch irgend ein einzelner Gläubiger durch rechtsgeschäftliche Willenserklärung die konkursrechtliche Reihenfolge umkehren. Sie hat insofern zwingenden Charakter. Das erkennen Rechtslehre und Rechtssprechung ohne Ausnahme an.

Daran ändert auch der Umstand nichts, daß in unserem Falle das Absonderungsrecht des Gläubigers auf einer Sicherungsübereignung beruht. Auch darüber be- | steht in Theorie und Praxis Einigkeit, daß der Ausfallgrundsatz | **S. 147** des § 64 KO. in voller Schärfe Platz greifen muß, wenn ein Konkursgläubiger aus solchen Sachen Vorzugsbefriedigung beansprucht, die ihm der nachmalige Gemeinschuldner sicherungshalber übereignet hat (RG. Bd. 91 S. 15, Bd. 118 S. 209). Da beim Abschlusse des Sicherungsübereignungsvertrages die eigentlichen Schutzinteressenten des § 64 ebensowenig zu Wort kommen als in Fällen der Verpfändung, ist nicht einzusehen, warum eine Sicherungsübereignung imstande sein sollte, die Schranke des § 64 zu beseitigen. Gilt der § 64 (und daran ist nicht zu zweifeln) auch im Falle der Sicherungsübereignung, dann muß er auch ihr gegenüber seine zwingende Kraft bewähren.

VIII. Anwaltsgebühren im Konkurse des Mandanten.

Ein Rechtsanwalt hatte für den nachmaligen Gemeinschuldner einen Prozeß siegreich durchgeführt und noch vor Konkursbeginn einen Kostenfestsetzungsbeschluss erwirkt. Vorschuß hatte er nicht erhalten. Nach Eröffnung des Konkurses zahlte die Gegenpartei dem Anwalt die festgesetzte Kostensumme. Er verweigert deren Auslieferung an die Masse und behauptet: der von der Gegenpartei entrichtete Betrag gebühre ihm selber; denn da ihm sein Mandant, der jetzige Gemeinschuldner, keinen Vorschuß gewährt habe, könne diesem und damit der Konkursmasse auch kein Anspruch auf „Erstattung" zustehen. Nach Mitteilung des anfragenden Konkursverwalters soll die so begründete Weigerung häufig vorkommen. Sie entbehrt jeder Berechtigung.

Zufolge § 91 ZPO. hat die unterliegende Partei „die dem Gegner erwachsenen Kosten zu erstatten." Erwachsen sind aber alle Kosten, die der Gegner zu zahlen hatte oder noch zu zahlen hat, auch die noch nicht von ihm gedeckten Auslagen und Gebühren seines Anwalts. Der Anspruch des Anwalts gegen seinen Mandanten, den jetzigen Gemeinschuldner, auf Zahlung dieser Gebühren und Auslagen ist einfache Konkursforderung und als solche im Konkurse geltend zu machen (§§ 3, 12 KO.). Der Erstattungsanspruch, der dem Gemeinschuldner wider die unterlegene Gegenpartei zusteht, bildet ein Aktivum der Konkursmasse. Hätte der Anwalt den Erstattungsbetrag vor Konkursbeginn für seinen Mandanten erhalten, dann hätte er sich durch Aufrechnung befriedigen können. So aber steht seiner Aufrechnung das Verbot des § 55 Nr. 1 KO. im Wege, weil er durch die Empfangnahme des festgesetzten Kostenbetrags „nach der Eröffnung (des Verfahrens) etwas zur Masse schuldig geworden ist." Ein Absonderungsrecht an der Erstattungsforderung seines Mandanten kommt dem Anwalt im allgemeinen nicht zu. Nur dem Armenanwalt hat das Gesetz im § 124 ZPO. ein gesetzliches Pfandrecht und damit ein Absonderungsrecht (§ 49 Abs. 1 Nr. 2 KO.) am Erstattungsanspruch der armen Partei verliehen. Eine im Konkurse wirksame Zurückbehaltungsbefugnis wird dem Anwalt, wie ein Gegenschluß aus § 49 Abs. 1 Nr. 3 ergibt, nicht zugestanden.

Aus der Praxis des Konkurs- und Vergleichsverfahrens.

KonkTreuh 1929 S. 17–19
Von Professor Dr. **Ernst Jaeger,** Leipzig.

I. Der Eigentumsvorbehalt als Erfüllungshemmnis und seine Erledigung während des Vergleichsverfahrens.

Der Verkäufer einer Ware hat seine Verpflichtungen aus dem Kaufvertrage (§ 433 BGB.) noch nicht erfüllt, wenn zur Zeit der Eröffnung des Konkurses oder des konkursabwendenden Vergleichsverfahrens der Uebergang des Eigentums an der dem Käufer bereits gelieferten Ware vertragsmäßig noch bis zum Eintritt eines künftigen Ereignisses hinausgeschoben ist, namentlich beim Eigentumsvorbehalt nach § 455 BGB. Daß der Verkäufer im übrigen das Seine getan hat, um die Erfüllung seiner Verschaffungspflicht in die Wege zu leiten, das reicht zur Erfüllung selber nicht aus. Ihren Erfolg hält er durch seinen eigenen Willen und in seinem Interesse einstweilen auf. Ist also bei Beginn des Konkurses oder des Vergleichsverfahrens auch der Kaufpreis noch ganz oder teilweise unbezahlt, so liegt ein beiderseits unerfülltes gegenseitiges Schuldverhältnis im Sinne des § 17 KO. oder des § 4 VerglO. vor. Das entspricht der herrschenden, in ständiger Praxis vom RG. gebilligten Lehre, die auch durch theoretische Angriffe der jüngsten Zeit nicht erschüttert wird (siehe Jaeger KO.[7] § 17 Anm. 11 mit Verw.). Sonach sichert der Eigentumsvorbehalt für den Bereich seiner Wirksamkeit dem Verkäufer nicht nur die Aussonderung (§ 43 KO.), vielmehr überdies für den ganzen noch ausstehenden Kaufpreis die Stellung eines Massegläubigers (§ 59 Nr. 2 KO.), unbeschadet der Möglichkeit einer Erfüllungsablehnung (§§ 17, 26 KO., §§ 28, 30 VerglO.). Bei einheitlichen Lieferungsverträgen bildet die Kaufpreisforderung auch hinsichtlich der vor Eröffnung des Verfahrens gelieferten Waren ein Massegläubigerrecht, selbst dann, wenn ein Teil, vielleicht der größere Teil der Waren inzwischen vom Käufer vorbehaltsfrei veräußert worden ist. Hat z. B. ein Verleger einem Sortimenter 100 Stück eines Werkes, dessen Ladenpreis sich auf 50 RM. beläuft, als Sammelbestellung zum Stückpreise von 25 RM. verkauft und unter Eigentumsvorbehalt geliefert, so stellt der ganze noch ausstehende Kaufpreis einen Masseschuldanspruch dar, auch wenn der Sortimenter schon vor der Eröffnung des Verfahrens 80 Stück in einer vereinbarungsgemäß den Vorbehalt erledigenden Weise abgesetzt hatte. Für das gerichtliche Vergleichsverfahren ergibt sich aus solcher zur Zeit seiner Eröffnung bestehenden Schwebe, daß der Kaufpreisanspruch in der vollen noch unberichtigten Höhe „am Verfahren nicht beteiligt“ ist und „vom Vergleiche nicht betroffen“ wird (§ 4 VerglO.). Dabei bewendet es, wenn der Vergleichsschuldner nun auch noch den Restbestand in seinem Geschäftsbetriebe vorbehaltsfrei veräußert, wenn also jetzt das Hemmnis der Erfüllung der Verkäuferpflichten wegfällt, das Schuldverhältnis fortab nur noch auf der Käuferseite unerfüllt ist. Denn es kommt nach § 4 VerglO. (immer unbeschadet der Erfüllungsablehnung) ein für allemal auf die Lage „zur Zeit der Eröffnung des Vergleichsverfahrens“ an. Gleiches gilt, wenn ein Eigentumsvorbehalt sich während des Vergleichsverfahrens dadurch erledigt, daß die gelieferte Ware kraft der Vorschriften zum Schutze des guten Glaubens (§§ 932 ff. BGB) in das Eigentum eines Dritten übergeht oder daß sie infolge Verbindung mit Sachen des Käufers oder eines Dritten zum wesentlichen Bestandteil herabgedrückt (§§ 93, 946 ff. BGB.) oder daß sie zu einer neuen Sache verarbeitet (§ 950 BGB.) oder daß sie durch Zufall zerstört wird. Ueberall bleibt es dabei, daß die Kaufpreisforderung außerhalb des Vergleichsverfahrens steht, also dem Vollstreckungsverbote des § 32 VerglO. und den Wirkungen eines Zwangsvergleichs entrückt ist.

In der neueren Praxis sind aber Zweifel darüber aufgetaucht, welchen Einfluß es hat, wenn der Verkäufer nach Eröffnung des Vergleichsverfahrens mit dem Schuldner dahin übereinkommt, den noch unverkauften, unter dem Eigentumsvorbehalt stehenden Warenbestand zur Entlastung des Schuldners zurückzunehmen. Es fragt sich, welchen Sinn diese Vereinbarung hat. Daß aus einem Schuldverhältnis auf teilbare Leistungen, das durch den übereinstimmenden Willen der Vertragsgenossen vereinheitlicht ist, durch eben diesen Willen der Parteien ein Stück verselbständigt und abgespaltet werden kann, ist nicht zu bestreiten. Darum besteht die Möglichkeit, das schwebende Schuldverhältnis durch Uebereinkunft teilweise zu erledigen. Wenn nun die Vertragsgenossen sich dahin einigen, daß der Verkäufer den noch nicht weiterveräußerten Warenrest ohne oder gegen eine jetzt eigens vereinbarte Vergütung zurücknimmt, muß vor allem untersucht werden, ob damit etwa eine Erfüllungsablehnung im Sinne der §§ 28, 30 VglO. oder vielleicht ein Rücktritt vom Schuldvertrag im Sinne der §§ 346 ff. BGB. vollzogen werden soll. Darüber, daß Erfüllungsablehnung und Rücktritt einander begrifflich ausschließen, besteht kein Zweifel (Jaeger aaO. § 17 Anm. 44). In unserem Falle beabsichtigen die Parteien weder jene noch diesen. Sie wollen das Schuldverhältnis im ganzen aufrecht erhalten, es aber inhaltlich einschränken, indem sie ein Stück davon lösen und fallen lassen. Sie wollen auch nicht etwa eine auf den verselbständigten Schlußteil des Schuldverhältnisses begrenzte Erfüllungsablehnung vollziehen. Denn sie streben ja dessen völlige Tilgung, nicht nur dessen Umwandlung an. Das auf den einseitigen Willen der einen oder anderen Partei abgestellte, an gerichtliche Genehmigung gebundene und zeitlich eng beschränkte Vorgehen des § 28 VerglO. hat einen ganz anderen Sinn. Unsere Vereinbarung ist ohne feste Zeitgrenze statthaft und bedarf keiner gerichtlichen Billigung. Sie löst auch keineswegs von selbst, sondern nur dann einen Entschädigungsanspruch des Verkäufers aus, wenn dies in der Vereinbarung besonders bedungen wird, und ein solcher Anspruch erwächst, da er seinen Rechtsgrund ausschließlich im neuen Vertrag hat, | als **| S. 18** eine vom Vergleichsverfahren im allgemeinen und vom Zwangserlaß im besonderen unberührte Neuforderung. Näher liegt der Gedanke des *Rücktritts* und zwar eines Teilrücktritts vom verselbständigten Schlußstücke des Schuldverhältnisses. Allein der Rücktritt führt, wie Reichsgericht und herrschende Lehre anerkennen, seinem Begriffe wie der Parteiabsicht nach zu einem auf den Zeitpunkt der Entstehung des Schuldverhältnisses *zurückwirkenden* Erlöschen. Vgl. RG. v. 7. 6. 1902 Bd. 52 S. 11, v. 10. 10. 1913 Warneyer Rechtspr. 1914 Nr. 10; Oertmann Schuldverhältnisse (5. Aufl. 1928) S. 339 f. mit Verw., Enneccerus Bürg. Recht (Aufl. v. 1928) § 262 II. In unserm Falle denkt keine der Parteien an eine rückwirkende Aufhebung des Schuldverhältnisses. Nur für die Zukunft wollen sie es im beiderseitigen Interesse durch gütliche Einigung (nicht durch einseitige Gestaltung) teilweise zum Erlöschen bringen. Das ist ein Fall der Aufhebung eines Schuldverhältnisses durch *Gegenvereinbarung* (contrarius consensus), deren rechtliche Möglichkeit auch heute sowohl mit als ohne Rückwirkung außer Zweifel steht. Siehe Enneccerus aaO. § 297 I 2. Ergibt sich aber sonach, daß das in Rede stehende Uebereinkommen nur *ein Teilerlöschen* des schwebenden Schuldverhältnisses *für die Zukunft* herbeiführt, so bietet die Beurteilung der vergleichsrechtlichen Folgen weiter keine Schwierigkeit. Es bewendet bei der Vorschrift des § 4 VerglO., d. h. der Verkäufer wird mit seiner noch ausstehenden Kaufpreisforderung wie im Konkurse der Massegläubiger vom Zwangsvergleiche *nicht* betroffen.

Ganz entsprechend wie im Falle der vereinbarten Rückziehung eines Teilbestandes gelieferter Waren liegen die Dinge dann, wenn ein Warenrest noch abzunehmen ist, nun aber nach Eröffnung des Vergleichsverfahrens verabredet wird, daß das Schlußstück des noch beiderseits unerfüllten Schuldverhältnisses verselbständigt und für die Zukunft aufgehoben werden soll. Auch hier kann im Fachsinn weder von einer Erfüllungsablehnung noch von einem Rücktritt die Rede sein.

Da in der Praxis wiederholt mißverständliche dieser Fälle vorgekommen sind, empfiehlt es sich dringend, in ausdrücklicher und schriftlicher Uebereinkunft klarzustellen, daß die Vertragsgenossen weder eine Erfüllungsablehnung noch einen Rücktritt vollziehen, sondern durch neue Abrede einen Teil des schwebenden Schuldverhältnisses für die Zukunft aufheben wollen.

II. Die Form der Vergleichsbürgschaft.

Dem Antrag auf Eröffnung eines gerichtlichen Vergleichsverfahrens hatte der Schuldner, wie es der § 16 Abs. 1 Nr. 5 VerglO. vorschreibt, eine schriftliche Bürgschaftserklärung beigefügt. Im Vergleichstermine wurde lediglich der auf „die Bürgschaft eines befreundeten Herrn“ verweisende Vergleichsvorschlag verlesen, ohne Nennung der Person des Bürgen und ohne Verlesung seiner eigenen Erklärung. Auf Feststellungsklage erkannte das Landgericht Düsseldorf (4. Kammer für Handelssachen, Urt. v. 14. 11. 1928, 20. O. 246, 28/5), es sei infolge der Annahme des Schuldnervorschlags auch eine wirksame Vergleichsbürgschaft zustandegekommen. Persönliche Anwesenheit des Bürgen im Vergleichstermin sei nicht geboten.

Obwohl die Frage, in welcher Form eine Vergleichsbürgschaft wirksam werde, von erheblicher Tragweite ist, wird sie von den meisten Erläuterern der VerglO. kaum gestreift. Unter dem Einfluß einer für die frühere Geschäftsaufsicht erlassenen, ganz unzulänglich begründeten Entscheidung des Kammergerichts v. 28. 10. 26 (DJZ. 1927 Sp. 533) hält Kiesow VerglO.[2] § 16 unter VI die privatschriftliche Erklärung des § 16 Abs. 1 Nr. 5 VerglO. für ausreichend, während Bernh. Mayer VerglO. (1928) § 59 Anm. 8 und 17 die von mir für den Zwangsvergleich des Konkurses vertretene Ansicht, daß eine mündliche Verbürgung im Vergleichstermine selbst erforderlich sei, auch für das Konkursabwendungsverfahren verficht. Nur die letztere Auslegung wird dem Gesetz und den Geboten der Verkehrssicherheit gerecht.

Wie der konkursbeendende ist der konkursabwendende Zwangsvergleich eine in einem gerichtlichen Termin abzuschließende Vereinbarung. Da über den Vorschlag des Schuldners im Termine vor dem Vergleichsgericht zu verhandeln und abzustimmen ist (§§ 59 ff. VerglO.), das Vergleichsverfahren aber vom geltenden Recht dem Zivilprozeß eingereiht wird (§ 8 VerglO.), vollziehen sich Antrag und Annahme beim Vergleichsabschluß *in der Form von mündlichen Prozeßhandlungen*. Daraus folgt namentlich: Daß für die Vertretung eines Beteiligten durch Bevollmächtigte, soweit ihr das Gesetz nicht, wie im § 61 VerglO., Schranken zieht, die §§ 79 ff., 232 Abs. 2 ZPO. maßgebend sind; daß Willensmängel, an denen im Termin abgegebene Erklärungen leiden, nur auf prozeßordnungsmäßigem Wege zur Berücksichtigung gebracht werden können (§§ 67 Abs. 2, 68, 76, 77, 78 VerglO.); daß die Beurkundung alles Vorbringens im Vergleichstermine mit Einschluß der Abstimmung den Regeln der Protokollierung einer gerichtlichen Verhandlung zu entsprechen hat (§§ 159 ff. ZPO.).

Zum Inhalte des Zwangsvergleichs gehört nun ohne Zweifel auch eine etwaige Verbürgung seiner Erfüllung. Ist eine solche von vornherein geplant, so hat der Schuldner seinem Vorschlag eine dahin lautende Erklärung des künftigen Garanten schon bei Beantragung des Vergleichsverfahrens beizufügen (§ 16 Abs. 1 Nr. 5 VerglO.). Die Garantie kann aber auch später noch angeboten werden. In jedem Falle bildet sie eine Ergänzung des Schuldnervorschlags und erfährt dieselbe Behandlung wie dieser. Gleich ihm kann die Bürgschaftserklärung wirksam nur im Vergleichstermin selbst abgegeben, gleich ihm kann sie bis zum Ende der Abstimmung zurückgenommen oder abgeändert werden. Die bereits dem Eröffnungsantrage des Schuldners beigefügte Bürgschaftserklärung hat also wie der Vergleichsvorschlag selbst, an den sie sich anlehnt, nur den Sinn einer Ankündigung. Der künftige Bürge erklärt, er sei bereit, für die Erfüllung eines Vergleichs einzustehen, der diesem Vorschlag entsprechend zustandekommen werde.

Schon die Begründung des Entwurfs einer Konkursordnung betont S. 412, nur die Vorgänge im gerichtlichen Vergleichstermine seien ausschlaggebend. „Nur was in diesem verhandelt ist, kann die Grundlage für die richterliche Bestätigung und die weiteren rechtlichen Folgen mit Sicherheit bieten; was vorher geschehen ist, dient zur Vorbereitung des Ergebnisses; nachträgliche Ergänzungen und Aenderungen sind einflußlos auf dasselbe." Danach gewinnen Erklärungen der Beteiligten nur insoweit entscheidende Bedeutung, als sie von ihnen oder für sie im Termine selbst abgegeben werden. Bis zum Vollzuge der Abstimmung haben die Beteiligten freie Hand.

Es ist kein Grund erfindlich, warum für die Vergleichsbürgschaft etwas anderes zu gelten hätte. Gerade der Wortlaut des § 16 Abs. 1 Nr. 5 VerglO. bestätigt, daß die dort bezeichneten Erfordernisse nur klarzustellen bezwecken, wie und von wem „Sicherheit geleistet werden soll", mag es sich nun um dingliche oder um persönliche Haftungen handeln. Die eine wie die andere Art der Sicherheit kann unmöglich jetzt schon bestellt werden, da es doch noch ungewiß ist, ob und mit welchem Inhalt ein Vergleichsabschluß gelingen wird. Eine Bindung künftiger Garanten wäre im Vorbereitungsstadium nur als innenrechtliche Verpflichtung gegenüber dem Schuldner denkbar. Den Gläubigern gegenüber kann eine Bürgschaftserklärung" im Sinne des § 16 Abs. 1 Nr. 5 VerglO. ganz wie der Schuldnervorschlag, den sie sichern soll, nur die Bedeutung eines zunächst noch unverbindlichen Anerbietens haben.

Keineswegs deckt sich die Frage, ob ein Beteiligter seine Erklärung auch außerhalb des Termins abgeben | kann, mit der anderen, ob er persönlich | S. 19
zum Termin erscheinen muß. Das Gebot des persönlichen Erscheinens bedeutet, was der § 61 VerglO. außer Zweifel stellt, den Ausschluß der Stellvertretung. Der Schuldner hat für die Regel im Vergleichstermine des Konkursabwendungsverfahrens selber anwesend zu sein. Nur ausnahmeweise darf er sich vertreten lassen. Allein auch wenn er wirksam vertreten wird, muß sein Vorschlag durch den Vertreter mündlich im Termine selbst erklärt werden. Garanten können stets durch

Bevollmächtigte handeln. Auch die Vergleichsbürgschaft aber wird wirksam nur im Termine selbst durch mündliche Erklärung übernommen, mag sie nun der Bürge in Person oder mag er sie durch einen ordnungsgemäß bestellten Vertreter erklären. Eine Besonderheit, wie sie der § 65 VerglO. für die Zustimmung eines Gläubigers zum Vergleichsvorschlage vorsieht, besteht für Bürgschaftsübernahmen nicht und würde für solche auch nicht zu rechtfertigen sein.

Die Dinge liegen auch nicht etwa so, als ob der künftige Bürge, der dem Schuldner eine Erklärung im Sinne des § 16 Abs. 1 Nr. 5 VerglO. aushändigt, diesen damit ermächtigte, namens des Garanten die Verbürgung im Termine zu erklären. Wohl kann der Garant zu seiner Vertretung im Termine auch den Schuldner selbst ermächtigen. Dazu bedarf es aber einer besonderen schriftlichen Vollmacht, die im Vergleichstermine von Amts wegen einzufordern wäre (§§ 80, 88 Abs. 2 ZPO.). In aller Regel gibt der Schuldner nur eigenen Namens Erklärungen bei den Vergleichsverhandlungen ab. Bildet die Bürgschaft auch eine akzessorische Haftung, so ruht sie doch auf einem selbständigen Rechtsgrund, auf einem vom Bürgen mit dem Gläubiger abzuschließenden Vertrag (§ 765 BGB.). Es geht also keinesfalls an, sie einfach als Anhängsel des Vergleichsvorschlags zu behandeln. Als Vergleichsbürgschaft mit der Wirksamkeit des § 75 VerglO. muß sie im Vergleichstermine zu Protokoll erklärt werden. Weder frühere noch spätere Erklärungen zeitigen, auch wenn sie der Form des § 766 BGB. genügen, diesen Erfolg.

Es wäre ja auch im höchsten Grade befremdlich, wenn privatschriftliche, dem § 16 Abs. 1 Nr. 5 VerglO. entsprechende Erklärungen einen Vollstreckungstitel im Sinne des § 75 VerglO. abgeben würden. Unsere Rechtsordnung kennt überhaupt keinen Vollstreckungstitel, der nicht mindestens die Gewähr einer öffentlichen Urkunde bietet. Dadurch aber, daß eine privatschriftliche Erklärung im Sinne des § 16 Abs. 1 Nr. 5 VerglO. den Vergleichsakten einverleibt oder auch im Vergleichsprotokoll erwähnt wird, erstarkt sie nicht zur öffentlichen Urkunde. Auch Prozeßvergleiche können nach § 794 Abs. 1 Nr. 1 ZPO. Vollstreckungstitel gegenüber einem dritten Vergleichsgaranten bilden. Es hat aber noch niemand behauptet, daß die vorgängige oder nachträgliche Einreichung einer schriftlichen Bürgschaftserklärung dem Prozeßvergleich eine solche erweiterte Vollstreckbarkeit zu verschaffen vermöchte. Auch die Prozeßvergleichsgarantie muß beim Vergleichsabschlusse zu Protokoll erklärt werden, wenn sie als Vollstreckungstitel gegen den Garanten wirken soll.

Vollends unerträglich wird die Gegenansicht in Fällen, in denen — wie das so häufig geschieht — der ursprüngliche Vergleichsvorschlag auf Grund der späteren Verhandlungen inhaltliche Aenderungen erfährt. Bliebe es hier dem Ermessen der Vollstreckungsorgane überlassen, festzustellen, ob und inwieweit der Vergleich gegen den Dritten als Bürgen vollstreckbar sei, dann bestünde die größte Unsicherheit. Nicht nur das Interesse des Bürgen, auch das der Gläubiger erheischt eine klare Rechtslage, wie sie allein die Form einer Verbürgung zu Protokoll im Vergleichstermine bietet.

(Wird fortgesetzt.)

Aus der Praxis des Konkurs- und Vergleichsverfahrens (II).

KonkTreuh 1929 S. 33–34
Von **Professor Dr. Ernst Jaeger,** Leipzig.

III. Zeitschranken der Konkursvorrechte.

Wie verhängnisvoll aus dem Zusammenhang gerissene und verstümmelte Sätze einer richterlichen Entscheidung wirken können, hat jüngst wieder ein sächsischer Rechtsfall gelehrt. Unter Berufung auf Sydow-Busch KO.[14] § 61 Anm. 5 und das dort angeführte Urteil des RG. v. 3. 5. 1921 JW. S. 1241 f. Nr. 19 wurde mit aller Entschiedenheit behauptet, die Jahresfrist für das Vorrecht des § 61 Nr. 1 KO. sei, wenn ein gerichtliches Konkursabwendungsverfahren stattgefunden habe, im Anschlußkonkurse von der Einleitung des Konkursabwendungsverfahrens, nicht von der Eröffnung des Konkurses ab nach rückwärts zu berechnen. Der Satz kehrt auch im Schrifttum der VerglO. wieder (z. B. bei B. Mayer § 87 Anmerk. 19). Er würde, wenn er zuträfe, auch für die Vorrechte des § 61 Nr. 2, 3 und 4 KO. die zeitlichen Grenzen erheblich verschieben und zu sachwidrigen, ja geradezu sinnlosen Ergebnissen führen.

Was sagt das Urteil des Reichsgerichts? Es handelte sich um die Frage, ob die von einer Ortskrankenkasse wegen rückständiger Beiträge während einer Geschäftsaufsicht betriebene Pfändung mit Rücksicht auf das Vorrecht des § 61 Nr. 1 KO. (§ 28 Abs. 3 RVersO.) mit § 13 Nr. 5 AufsVO. vom Verbote der Sondervollstreckung (§ 6 Abs. 2 AufsVO.) unberührt geblieben war. Seltsamer Weise hatte der Verwalter des ein Jahr nach der Pfändung eröffneten Anschlußkonkurses behauptet, die Krankenkasse habe deshalb im Aufsichtsverfahren des Vorrechts ermangelt, „weil ihre Rückstände mehr als ein Jahr vor der Eröffnung des Konkurses lägen." Darauf entgegnete das RG. mit der selbstverständlichen Feststellung: im Verfahren der Geschäftsaufsicht (nicht im Konkurse!) sei für die Berechnung der Jahresgrenze die Anordnung der Geschäftsaufsicht maßgebend. Wie konnte es auch anders sein, da doch der Konkurs nur beim Scheitern der Aufsicht in Betracht kam! Daß das RG. sich auch noch bemühte, seine Feststellung aus dem Wortlaut des § 13 Nr. 5 AufsVO. zu rechtfertigen, war daher höchst überflüssig. Nun aber will man aus dem Urteil den Satz herauslesen, in dem auf ein gescheitertes Konkursabwendungsverfahren folgenden Konkurse seien die Zeitschranken der Vorrechte statt von der Konkurseröffnung vom Beginn der Geschäftsaufsicht oder des Vergleichsverfahrens ab zu

berechnen. Wenn dieser Annahme überhaupt ein Gedanke zugrunde liegt, kann es nur der sein, daß für die Gläubigerstellung im Anschlußkonkurse der Beginn des Konkursabwendungsverfahrens endgültig maßgebend bleibe. Einen solchen Rechtssatz aber gibt es nicht und kann es nicht geben. Auch die §§ 82—87 VerglO. kennen ihn nicht. In dem vom RG. aaO. entschiedenen Falle hatte die Geschäftsaufsicht fast zwei Jahre gedauert (vom September 1916 bis Juni 1918); der Konkurs war etwa vier Monate nach ihrer Aufhebung eröffnet worden (Oktober 1918). Daß im heutigen Konkursabwendungsverfahren für die Vorrechtsberechnung „die Zeit der Eröffnung des Vergleichsverfahrens" den Ausschlag gibt, steht nach § 2 (vgl. § 4) VerglO. außer Zweifel. Sowenig aber als die Neugläubiger des Vergleichsverfahrens im Anschlußkonkurse davor bewahrt bleiben, Konkursgläubiger zu werden, ebensowenig sind die Vorrechtsgläubiger des Vergleichsverfahrens dagegen gefeit, im Anschlußkonkurse zu nichtbevorrechtigten Konkursgläubigern herabzusinken. Für die Stellung im Konkurs, auch im Anschlußkonkurs, ist nach beiden Richtungen die Zeit der Konkurseröffnung maßgebend. Es wäre sachlich ganz unangemessen, die Vorrechte des § 61 KO., die fast alle vom Uebel sind, zeitlich noch | weiter zurückzuerstrecken. Zugleich würde sich aber auch | S. 34
die Frage erheben, wie es, wenn die Eröffnung des Vergleichsverfahrens für den Anschlußkonkurs entscheidend bliebe, mit dem Vorrecht solcher Ansprüche stände, die zwischen der Eröffnung des Vergleichs- und der des Konkursverfahrens erwachsen. Sie können doch unmöglich schlechthin vorrechtslos sein. So ergibt sich, daß die hier abgelehnte Auslegung nicht nur dem geltenden Rechte fremd, sondern auch für eine künftige Gesetzesgestaltung unbrauchbar ist.

IV. Freigabe von Massegrundstücken aus dem Konkursbeschlag.

Mit der Verwaltung von Massegegenständen, die in keiner Weise zugunsten der Konkursgläubiger verwertbar sind, braucht der Konkursverwalter sich nicht zu befassen. Er kann sie dem Gemeinschuldner „freigeben" d.h. auf ihre Zugehörigkeit zur Masse verzichten. Die Freigabe ist eine rechtsgestaltende und empfangsbedürftige Willenserklärung des Konkursverwalters: rechtsgestaltend, insofern sie den Konkursbeschlag und die in ihm enthaltene Verfügungsbeschränkung des Gemeinschuldners aufhebt; empfangsbedürftig, insofern sie nur durch Zugang an den letzteren wirksam werden kann. Eine bestimmte Form schreibt das Gesetz nicht vor.

Das gilt auch für Grundstücke. Gerade bei ihnen spielt die Freigabe eine Rolle, da sie sehr oft rettungslos überlastet sind. Auch bei ihnen vollzieht sich die Lösung des Konkursbeschlags durch Freigabeerklärung gegenüber dem Gemeinschuldner, nicht z. B. gegenüber einem Hypothekengläubiger. Doch würde es zum Wirksamwerden der Freigabe genügen, daß die Erklärung von letzterem an den Gemeinschuldner weitergeleitet wird (§ 130 Abs. 1 BGB.). Im Konkurs einer juristischen Person ist der verfassungsgemäß zur Verfügung berufene Vertreter rechter Adressat der Freigabeerklärung, also z. B. im Konkurs eines Vereins der Vereinsvorstand (§ 26 Abs. 2 BGB.). Auch bei Grundstücken vollzieht sich die Freigabe formlos. Sobald sie, wäre es auch nur mündlich, dem Gemeinschuldner gegenüber erklärt wird, erlischt der Konkursbeschlag am Grundstück, lebt die Verfügungsmacht des Schuldners wieder auf. Darüber besteht in der Praxis kein Streit. Nur die unhaltbare Lehre, die in der Verfügungsmacht des Konkursverwalters ein Recht „an" den Gegenständen der Masse erblickt, kann zur Anwendung des § 875 BGB. gelangen. War also der Konkursvermerk auf dem Grundbuchblatte dieses Grundstücks eingetragen worden (§ 113 KO.), dann wird das Grundbuch infolge der Freigabe unrichtig (§ 894 BGB.). Eine nun erfolgende Löschung des Vermerks hat lediglich rechtsbekundende (deklarative), nicht rechtsändernde (konstitutive) Kraft. Solche Löschung zu erwirken, ist der Verwalter ermächtigt (§ 6 Abs. 2 KO.) und verpflichtet. Hatte das Konkursgericht den Konkursvermerk eintragen lassen, so kann es auch selber um dessen Löschung das Grundbuchamt ersuchen, aber nur auf Antrag, sei es des Verwalters oder des Gemeinschuldners (§ 114 KO.). Die Löschung geschieht alsdann gebührenfrei (§ 115 KO.).

Gibt der Konkursverwalter ein Grundstück frei, so verzichtet er damit rechtsnotwendig auch auf dessen fernere Erträgnisse. Er kann nicht ein Grundstück aus dem Masseverband entlassen, gleichwohl aber der Masse die Anwartschaft auf künftig erwachsende Miet- oder Pachtzinsen vorbehalten. Ganz anders liegt der Fall eines Eigentümergrundpfandrechtes. Der Bankverkehr neigt heute mehr denn je zur Ueberspannung der von den Banken begehrten Sicherheiten. So kommt es namentlich bei Höchstbetragshypotheken im Sinne des § 1190 BGB. vor, daß der dem Schuldner bewilligte Kredit endgültig hinter dem verbuchten Höchstbetrage der Belastung zurückbleibt. Bei solcher Lage der Dinge ist die Frage aufgetaucht, ob der Konkursverwalter durch Freigabe des Grundstücks auch auf die Massezugehörigkeit der Eigentümergrundschuld verzichte, ob er etwa diese durch einen besonderen Vorbehalt für die Masse retten könne und müsse. Das Eigentümergrundpfandrecht bildet einen selbständigen, vom Grundeigentum unabhängigen Bestandteil der Konkursmasse. Bei dem als solchem verbuchten Eigentümergrundpfandrecht bedarf es daher auch eines eigenen Konkursvermerks (§ 113 Abs. 1 Nr. 2 KO.). Die Freigabe des Grundstücks erstreckt sich überhaupt nicht auf das Eigentümerpfand. Um dieses der Masse zu erhalten, ist irgend eine Verwahrung nicht geboten. Zur Vermeidung von Unklarheiten empfiehlt es sich aber dringend, daß der Verwalter, wenn er die Löschung des Konkursvermerks herbeiführt, ausdrücklich betont, er gebe nur das Grundeigentum, nicht auch das Eigentümerpfandrecht aus der Masse frei, und daß er, wenn dieses nicht schon als solches verbucht ist, dessen Buchung unter gleichzeitiger Eintragung des Konkursvermerks erwirkt.

Aus der Praxis des Konkurs- und Vergleichsverfahrens (III).

KonkTreuh 1929 S. 147–149
Von Professor **Dr. Ernst Jaeger,** Leipzig.

V. Einheit des anfechtungsrechtlichen Tatbestandes.

I. Die Anfechtung der §§ 29 ff. KO. stellt, was die deutsche Rechtsprechung heute ganz einmütig anerkennt, keine Gestaltungsbefugnis dar, kraft deren der Konkursverwalter die anfechtbare Rechtshandlung im Sinne der §§ 142, 143 BGB. rückwirkend vernichten könnte. Da die konkursrechtliche Anfechtungsklage in der weit überwiegenden Mehrheit der Fälle, mindestens zu vier Fünfteln, gegen Zwangsvollstreckungen, besonders gegen die am Vorabend des Konkurses auf den Schuldner hernieder hagelnden Pfändungen gerichtet ist, also meist überhaupt keinen Tatbestand des bürgerlichen Rechts zum Gegenstande hat, erscheint der Gedanke einer Anwendbarkeit der §§ 142, 143 BGB. fast ebenso ungereimt wie die Uebertragung dieser Rechtssätze auf die „Anfechtung" von Entscheidungen der Gerichte oder Verwaltungsbörden. Zu der Zeit, da unsere Reichsjustizgesetze verfaßt wurden, hatte selbst auf dem Gebiete des bürgerlichen Rechts der Ausdruck Anfechtbarkeit einen ganz allgemeinen, die verschiedensten Fälle unvollkommener Unwirksamkeit begreifenden Sinn. Die Wissenschaft des gemeinen Rechts gebrauchte den Ausdruck gerade auch für den paulianischen Rückgewähranspruch, den sie als eine Forderung aus unerlaubter Handlung ansah. In dieser Bedeutung hat der Schöpfer unseres Konkursgesetzes, Carl Hagens, das Wort „Anfechtung" übernommen. Diese Bedeutung hat es in den §§ 29 ff noch heute. „Anfechten" heißt also hier nicht umstoßen. „Anfechten" heißt: auf Grund irgend einer dem bürgerlichen oder dem öffentlichen Recht angehörenden Rechtshandlung die im § 37 KO. bestimmte „Rückgewähr zur Konkursmasse" beanspruchen d. h. vom „Empfänger einer anfechtbaren Leistung" (§ 39 KO.) verlangen, daß er das zugriffsfähige Schuldnervermögen in den Zustand versetze, in dem es sich befinden würde, wenn „die anfechtbare Handlung" unterblieben wäre. Darauf haftet der Empfänger schuldrechtlich. Seine Verbindlichkeit geht zunächst auf Herstellung in Natur, ergänzend auf Wertererstattung. Eine Schadensersatzpflicht ist sie in keinem Falle.

Die „anfechtbare Handlung" (§ 37 KO.) muß keineswegs immer eine Rechtshandlung (im weiteren Sinne) oder gar ein Rechtsgeschäft des Schuldners selber sein. In den praktisch bedeutsamsten Fällen, im Bereiche des § 30 Nr. 1 Halbsatz 2 und Nr. 2 KO., kann auch irgend eine andere Art der Vermögensverschiebung, namentlich eine ohne Zutun und selbst gegen den feststehenden Willen des Schuldners erfolgte Zwangsvollstreckung (§ 35 KO.), das Rückgewährschuldverhältnis auslösen. Die „anfechtbare Handlung“ braucht sich ferner durchaus nicht in einer einzigen Willensäußerung zu erschöpfen. Oft erwächst der Rückgewähranspruch aus einer Mehrheit positiver oder negativer Handlungen des Schuldners oder des Erwerbers oder beider. Nicht selten findet die Reihe dieser Vorgänge ihren Abschluß in einer behördlichen Tätigkeit, namentlich in Eintragungen der Grundbuchämter oder in gerichtlichen Entscheidungen. Der notleidende Schuldner will z. B. einen ihm nahestehenden Gläubiger begünstigen und ihm auf Kosten der übrigen noch eine Vollbefriedigung sichern. Zu diesem Zweck spielt er ihm einen Vollstreckungstitel in die Hand, etwa so, daß der Gläubiger Zahlungs- und Vollstreckungsbefehl erwirkt, der Schuldner aber geflissentlich untätig bleibt. Auf Grund des Vollstreckungsbefehls läßt sodann der Gläubiger pfänden oder eine Zwangshypothek eintragen. Alltägliche Vorgänge. Wer sie ernsthaft unter Anwendung der §§ 142, 143 BGB. zu beurteilen versuchte, würde Schritt für Schritt auf unlösbare Schwierigkeiten stoßen. Nur aus dem Zwecke der Gläubigeranfechtung ist eine den Bedürfnissen des Lebens gerecht werdende Behandlung zu gewinnen: Die Vermögensverschiebung bildet in ihrer Einheit den Tatbestand, aus dem die Verbindlichkeit des Begünstigten, die Minderung der Konkursmasse auszugleichen, erwächst. Der anfechtende Konkursverwalter hat nicht die Macht, den Vollstreckungsbefehl, die Pfändung, die Zwangshypothek umzustoßen, sie zu vernichten. An den gerichtlichen Akten wird nicht gerüttelt. Der Erwerber aber hat die schuldrechtliche Pflicht, wieder gut zu machen, was auf Kosten der Allgemeinheit der Konkursgläubiger der Konkursmasse entgangen ist. Nur in diesem Sinne ist die Vermögensverschiebung „den Konkursgläubigern gegenüber unwirksam.“ Sie ist es als Ganzes, zusammengefaßt durch ein und denselben Willen der beteiligten Privatpersonen. Als Einheit begründet sie den Rückgewähranspruch.

Diese Betrachtungsweise ist vor allem in den zahlreichen Fällen geboten, in denen das Rechtsgrundgeschäft (z. B. der Schuldvertrag des Kaufes, der Schenkung) und das Erfüllungsgeschäft (z. B. die Uebereignung durch Einigung und Uebergabe oder Buchung) zusammen den anfechtbaren d. h. zur Rückgewähr verpflichtenden Benachteiligungsvorgang darstellen. So etwa dann, wenn der zahlungsunfähig gewordene Schuldner Haus und Hof verschleudert, um mit dem Erlöse zu flüchten (§ 30 Nr. 1 Halbsatz 1 KO.). Hier bilden Verkauf und Uebereignung als Ganzes die anfechtbare Handlung. Häufig ist es aber auch der Erwerber allein, der durch ein planmäßiges, stufenweise fortschreitendes Handeln den Benachteiligungsakt vollzieht. Dahin gehört namentlich der Fall, daß ein persönlicher, im Konkurs auf die Dividende verwiesener Gläubiger sich durch *Herstellung und Verwirklichung der Aufrechenbarkeit* eine ungebührliche Deckung im Sinne des § 30 Nr. 2 KO. verschafft. Von einem solchen, der jüngsten Praxis entstammenden Falle soll näher die Rede sein.

II. Wir nehmen an: Der nachmalige Gemeinschuldner G. schuldet der Bank B. 100 000 und hat seinerseits von einem Drittschuldner D. 100 000 zu fordern. G. ist vollkommen und unrettbar, D. minder stark und heilbar überschuldet. G. stellt seine Zahlungen ein. Darauf bietet die Bank, die den G. wie den D. zu ihren Kunden und Schuldnern zählt, dem D. einen weiteren Kredit zur Abtragung seiner Verpflichtungen gegenüber G. an und veranlaßt den D., sie zur Begleichung dieser Schulden anzuweisen. Im buchmäßigen Vollzuge der so von ihr erwirkten Anweisung erkennt sodann die Bank den G. auf Konto für 100 000 unter Belastung des D. für den entsprechenden Betrag. D. entgeht dem Konkurs durch ein Vergleichsverfahren, auf Grund dessen seine Gläubiger – darunter auch B. mit seinem alten wie mit seinem neuen Guthaben – 75 % ihrer Forderungen unter Resterlaß erhalten. Hätte D. seine Schuld vergleichsmäßig gegenüber der Kon-
| S. 148 kursmasse G. erfüllt, dann würden (so nehmen wir an) die Konkursgläubiger | des G. und unter ihnen auch B. 20 % erzielt haben, während sie jetzt vor einer leeren Masse stehen.

Hier tritt deutlich zutage, welchen Einfluß die Schiebung der Bank auf den Stand der Konkursmasse geübt hat. Dieser Masse ist zum Schaden der Allgemeinheit der persönlichen Gläubiger das Aktivum gegen D. entzogen worden; ihr Gewinn erstreckt sich auf die Abschüttelung einer Last, die zwar den gleichen Nennbetrag hat wie das Guthaben an D., aber als bloße Konkursforderung nur anteilsmäßig zu befriedigen gewesen wäre. Wie ist zu helfen?

1. Im unterstellten Falle setzt der Deckungsvorgang sich zusammen aus einer Reihe von Handlungen, die durch einen einheitlichen Willen der Bank, sich für eine Konkursforderung vor anderen Gläubigern Befriedigung zu verschaffen, verbunden und darum *im ganzen* als „die" anfechtbare Handlung anzusehen sind: die Bank erbietet dem B. Kredit zwecks Abtragung seiner Schuld an G.; die Bank veranlaßt eine zu diesem Zweck entsprechende Anweisung des D.; die Bank nimmt die Anweisung an, macht sich damit zum Schuldner des G. (§ 784 BGB.) und stellt so in ihrer Person die Möglichkeit einer Aufrechnung dieser neuen Schuld gegen eine alte Forderung an G. her. Die Bank tilgt endlich Schuld und Forderung durch Vollzug der Aufrechnung. So verschafft die Bank sich zu einer Zeit, da G. seine Zahlungen bereits eingestellt hatte, als Konkursgläubigerin eine Deckung, die andere Gläubiger in solchem Umfange zu erzielen außerstande

sind. Die Deckung verletzt daher den Grundsatz der Gleichbehandlung aller persönlichen Gläubiger, den der § 30 KO. schon vom Zeitpunkt der Offenbarung des Konkursgrundes an gelten läßt, und fällt somit unter die Anfechtbarkeit entweder der Nr. 1 Halbsatz 2 oder der Nr. 2. Sie setzt weder als kongruente noch als inkongruente Forderungstilgung irgend eine Mitwirkung des nachmaligen Gemeinschuldners voraus, da der § 30 KO. nur in Fällen der Nr. 1 Halbsatz 1 ein Handeln des Schuldners selbst erfordert. Sie kann daher unzweifelhaft den anfechtungsrechtlichen Rückgewährsanspruch auch dann begründen, wenn die Sonderdeckung ohne Wissen und Willen des Schuldners in die Wege geleitet worden ist. Insoweit besteht anfechtungsrechtlich zwischen der Erwirkung einer cession in solutum oder pro soluto (einer an zahlungsstatt oder zahlungshalber vollzogenen Abtretung des Guthabens G. gegen D. an B.) kein Unterschied. Fraglich kann nur sein, ob der Konkursverwalter auf die Anfechtung aus § 30 Nr. 1 Halbsatz 2 angewiesen oder ob er zur Anfechtung aus § 30 Nr. 2 befugt ist. Der Gegensatz spielt keine Rolle, wo der Gläubiger erst unter dem Einflusse des ihm vom Schuldner offenbarten Zusammenbruchs die Deckung erwirkt. Im übrigen aber steht außer Zweifel, daß hier die Nr. 2 des § 30 KO. Platz greift. Allerdings ist eine Forderungstilgung im Aufrechungswege, wie er sich buchmäßig im Verkehr der Banken mit ihren Kontoinhabern vollzieht, an sich ein ganz normales Deckungsverfahren. Der in Rede stehende Gesamtvorgang aber trägt durchaus das Gepräge einer Inkongruenz im Sinne der Nr. 2 des § 30 KO., da es eine ungewöhnliche und ungebührliche „Art" der Befriedigung ist, wenn der Gläubiger (auch eine Bank als Gläubigerin) die Aufrechnungsmöglichkeit zur Zeit der Krise dadurch herstellt, daß er sich jetzt noch zum Schuldner seines Schuldners macht.

Nicht anwendbar ist der § 55 Nr. 3 KO. Denn diese Vorschrift setzt voraus, daß die Schuld gegenüber dem Kridar bereits bestand, als die Forderung an ihn begründet und erworben wurde (Jaeger KO. § 55 Anm. 14). Es kommen daher ausschließlich die Rechtssätze der Konkursanfechtung in Frage (Jaeger § 53 Anm. 27).

2. Die Anfechtbarkeit der Sonderdeckung bedeutet nach § 37 KO.: B. ist verpflichtet, zur Konkursmasse z u r ü c k z u g e w ä h r e n, was er ihr durch die anfechtbare Handlung e n t z o g e n hat, in erster Linie das Entzogene selbst, in zweiter Linie dessen Wert. Verloren ging der Masse die Forderung G. gegen D. Sie also bildet den Gegenstand der von der Bank geschuldeten Rückgewähr. Da eine Wiederherstellung der Forderung selbst in ihrer alten Bedeutung bei der nun völlig veränderten Vermögenslage des Drittschuldners gar nicht mehr möglich erscheint, hat die Bank zur Konkursmasse den Wert zu erstatten, den die Konkursmasse erlangt hätte, wenn ihr das Guthaben des Gemeinschuldners nicht entzogen worden wäre. Das ist nicht schlechthin der alte Nennwert der Forderung,

weil ja der Drittschuldner selbst überschuldet war. Auch nicht gerade 75 % dieses Wertes; denn dieser Prozentsatz hat sich erst ergeben infolge Hinzutretens der neuen Darlehensforderung der Bank. Vielmehr muß abgeschätzt werden, welche Rate im Vergleichsverfahren D. zu erwarten stand, wenn B. die ganze Schiebung unterlassen hätte. Von diesem Wert ist auch nicht etwa abzuziehen, was B, wenn er Vollgläubiger des G. geblieben wäre, in dessen Konkurs zu erwarten hatte. Das Gesetz stellt vielmehr den Ausgleich in zweckmäßiger Regelung dadurch her, daß es das Konkursgläubigerrecht des B. dann, aber auch erst dann wieder aufleben läßt, wenn B. die ihm obliegende Rückgewähr vollzieht (§ 39 KO.).

Unrichtig wäre es zu sagen, die Bank brauche nur das Mehr zurückzuerstatten, das sie über die zu erwartende konkursmäßige Befriedigung erlangt habe. Dem steht nicht nur die Regelung des § 39, sondern schon der bestimmt ausgeprägte Grundsatz des § 37 KO. entgegen, demzufolge der Anfechtungsschuldner zur Masse leisten muß nicht nur, was er erworben, sondern alles, was die Masse verloren hat. Wenn jemand eine Forderung des nachmaligen Gemeinschuldners anfechtbar erworben und dem Drittschuldner freiwillig einen Teilerlaß gewährt hatte, kann der anfechtende Konkursverwalter auch das Mehr beanspruchen, das er selbst bei ordnungsgemäßer Einbeziehung der Forderung für die Masse erhalten haben würde. Wer einen nutzbaren Gegenstand anfechtbar an sich gebracht hat, muß nach § 37 KO. der Masse auch solche Nutzungen erstatten, die er nicht gezogen hat, die aber, wenn der Gegenstand im Schuldnervermögen geblieben wäre, der jetzigen Konkursmasse zugute gekommen sein würden. Ebenso muß, wer ein Wertpapier des Schuldners anfechtbar erlangt und alsbald zum Kurse veräußert hat, zur Masse auch die Kurssteigerung ersetzen, die das Papier inzwischen erfahren hat, wenn nur feststeht, daß es der Masse ohne den anfechtbaren Akt erhalten worden wäre. In keinem dieser Fälle beschränkt sich die Rückgewährpflicht gerade auf das, was der Anfechtungsschuldner durch den anfechtbaren Vorgang tatsächlich erworben hat. Vgl. Jaeger KO. § 37 Anm. 10, 11.

Erwägung verdient aber die Frage, ob die anfechtungsrechtliche Rückgewährpflicht der Bank nicht vielleicht um deswillen inhaltlich weitergeht, weil die Bank durch erneute Kreditgewährung an D. diesen zahlungsunfähig gemacht hat oder weil sie sich selbst durch Annahme der von ihr veranlaßten Anweisung des D. zur Schuldnerin des G. gemacht und diese vollwertige Forderung des G. seiner Masse durch die Aufrechnung entzogen hat. So lägen die Dinge, wenn
| S. 149 die (auf einen | bestimmten Zweck beschränkte) Kreditierung oder der Schuldbegründungsvorgang anfechtungsrechtlich gesondert erfaßbar wären. Das sind sie aber nicht. Sie bilden beide nur unselbständige Glieder in der Kette der

Handlungen, durch welche die Bank das bestimmte Ziel einer Vorzugsdeckung erstrebt und erreicht hat. Eine Schuldübernahme im Sinne des § 414 BGB. hat sich durch die buchmäßige Erklärung der Bank an G. „ich erkenne dich in Höhe deines Anspruchs gegen D.", auch wenn man die Zustimmung des G. unterstellt, deshalb nicht vollzogen, weil die Bank gar nicht den Willen hatte, endgültig Schuldnerin des G. anstelle des D. zu werden und gegebenenfalls auch durch effektive Leistung erfüllen zu müssen, sondern nur vom Bestreben geleitet war, sich auf dem Wege schleuniger Verrechnung vorzugsweise zu decken. Wäre freilich eine solche Schuldübernahme zustande gekommen, dann müßte die Bank die von ihr übernommene Schuld zum vollen Nennbetrag an die Konkursmasse G. bezahlen und könnte nicht etwa die Leistung teilweise mit der Begründung verweigern, daß G. auch vom Urschuldner keine Vollzahlung zu erwarten hatte.

3. Das Ergebnis bleibt dasselbe, wenn das Rechtsverhältnis zwischen der Bank und den Kontoinhabern als ein Kontokurrent im Sinne der §§ 355 ff. HGB. aufzufassen ist. Alsdann entspricht der Aufrechnung die Saldierung, die infolge des Konkurses einer Partei vorzeitig zu vollziehen ist (vgl. Jaeger KO § 65 Anm. 8 mit Verw.).

Aus der Praxis des Konkurs- und Vergleichsverfahrens (IV).

KonkTreuh 1930 S. 17–19
Von **Professor Dr. Ernst Jaeger,** Leipzig.

VI. Weiterveräußerung einer unter Eigentumsvorbehalt gekauften Ware.

1. Mehr denn je zwingt heute die Geldknappheit den Großhandel zum Verkauf auf Kredit. Die nächstliegende Art der Sicherung aber, der vereinbarte[1] Eigentumsvorbehalt im Sinne des § 455 BGB., erweist sich oft als unzureichend. So vor allem bei Rohstoffen und Halbfabrikaten, die durch Verarbeitung zu neuen Sachen werden (§ 950 BGB.). So aber auch bei allen Waren mit Einschluß der Fertigfabrikate, die dem Käufer mit der Ermächtigung zu vorbehaltsfreier Weiterveräußerung geliefert worden sind. Eine stillschweigende Ermächtigung dieses Inhalts liegt schon dann vor, wenn der Käufer die Waren erkennbar zum Zwecke des Umsatzes im Betrieb seines Unternehmens bezogen hat (§ 157 BGB.). Auch dadurch kann der Eigentumsvorbehalt seine Wirksamkeit einbüßen, daß die Vorbehaltsware von einm gutgläubigen Dritten unter Verkehrsschutz erworben (§§ 932 ff. BGB., § 366 HGB.), daß sie wesentlicher Bestandteil einer eigenen Sache des Verkäufers (§ 93 BGB.) oder daß sie mit gleichartiger Ware des Käufers oder anderer Lieferanten untrennbar so vermengt wird, daß Anteile nicht zu bestimmen sind (§ 948 BGB.).

Gegenüber der besonders naheliegenden Gefahr eines Verlustes der Vorbehaltssicherung infolge vorbehaltsfreier Weiterveräußerung der Ware sucht der Großhandel neuestens in besonderen Abreden Schutz. So treten im Mehlgroßhandel zwei typische Klauseln auf, die laut „allgemeinen Geschäftsbedingungen" schablonenmäßig zu Inhaltsbestandteilen der abzuschließenden Kaufverträge werden. Die eine dieser Abreden geht dahin, es sollen die aus der Weiterveräußerung der Vorbehaltsware entstehenden Forderungen im Verhältnis zwischen dem Vorbehaltslieferanten (der Mühle) einerseits und dem Weiterverkäufer sowie dessen Gläubigern andererseits als Forderungen des Vorbehaltslieferanten gelten, wie wenn der Weiterverkäufer nur als Verkaufskommissionär für Rech-

---

1 Daß der Käufer sich allgemeinen, ihm im einzelnen unbekannten Lieferbedingungen des Verkäufers unterwerfen kann, hat das Reichsgericht (II Ziv. Zen. vom 25. 9. 1928 Konk. Treuh. 1928 S. 184) mit Recht anerkannt. Siehe auch L. Levy ebenda S. 76, 138.

nung des Vorbehaltslieferanten tätig geworden wäre (§ 392 Abs. 2 HGB.). Diesen Sinn haben die „Verkaufs- und Zahlungsbedingungen" der süddeutschen Mühlenvereinigung G. m. b. H. in Mannheim Ziff. IV Nr. 3. Nach der zweiten Klausel soll der unter Vorbehalt liefernde Verkäufer, sobald der Käufer vor Bezahlung der Ware seine Zahlungen einstellt, die im § 46 KO. bestimmten Ansprüche haben. So § 13 der „Einheitsbedingungen im deutschen Getreidehandel". Allein weder auf die eine noch auf die andere Weise erzielt der Lieferant im Konkurs- oder im Vergleichsverfahren die erstrebte Sicherheit.

2. Was zunächst die Anwendung des § 392 Abs. 2 HGB. betrifft, so leuchtet ohne weiteres ein, daß die hier für den Fall der Kommission verordnete, rein positivrechtliche Fiktion nicht durch Vereinbarung auf Eigengeschäfte übertragen werden kann. Die Fiktion ist ein Behelf der Gesetzgebung, ein Auskunftsmittel, das die Rechtsetzung zu erleichtern oder zu vereinfachen bezweckt. Die Parteien haben nicht die Macht, Rechtsfolgen, die sich mit dem Tatbestand A verknüpfen, an irgend einen anderen wesensverschiedenen Tatbestand B. zu heften. Das vermag nur der Gesetzgeber. Unzweifelhaft könnte z. B. ein Erblasser, wenn die gesetzliche Unterstellung des § 1923 Abs. 2 BGB. fehlte, nicht selber ein beim Erbfall bereits erzeugtes, aber erst nachher geborenes Kind dadurch unmittelbar erbfähig machen, daß er in der Verfügung von Todes wegen bestimmte, das Kind solle für die Erbeinsetzung als vor dem Erbfall geboren gelten. Noch hat er die Macht, was der § 1923 Abs. 2 BGB. von ungeborenen Erzeugten sagt, auf Nichterzeugte auszudehnen. Ebensowenig können die Vertragsgenossen Verkäufe, die einer von ihnen für eigene Rechnung betätigen wird, der gesetzlichen Behandlung des Verkaufs für fremde Rechnung unterstellen, der Behandlung des § 392 Abs. 2 HGB. umso weniger, als diese garnicht im Wesen des Vertragsschlusses für fremde Rechnung begründet ist, sondern eine gekünstelte und in ihrer Beschränktheit einzig dastehende Sondergestaltung bildet. Keinesfalls aber hat der Privatwille die Macht, die konkursrechtliche Stellung der Gläubiger eines Vertragsgenossen im Sinne des § 392 Abs. 2 HGB. zu beschränken. Denkbar und nach herrschender Ansicht statthaft wäre allerdings wohl eine im voraus vereinbarte Abtretung der Forderungen, die aus dem Weiterverkauf der Vorbehaltswaren entstehen werden, an den Vorbehaltslieferanten zur Sicherung seiner ungedeckten Kaufpreisansprüche. Denn diese Forderungen sind dem Rechtsgrunde nach schon jetzt genau bestimmbar, wenn auch ihre Höhe noch nicht feststeht. Sie erwachsen auch im Falle wirksamer Vorauszession zunächst in der Person des Zedenten (des Weiterverkäufers der Vorbehaltsware), so daß der dieser Zession unkundige Schuldner den Schutz der §§ 406 ff. BGB. genießt, ein Konkurs des Zedenten aber den ferneren Ueber-

| S. 18 gang der Forderungen nach § 15 KO. unter- | bindet.[2] Solange dieses Hemmnis nicht einsetzt, vollzieht sich der Forderungsübergang von selbst und sofort nach der Entstehung. Die vor dem Konkurse des Zedenten übergegangenen Forderungen unterliegen aber im Konkurse nicht der Aussonderung des Zessionars, da sie ihm bloß sicherungshalber abgetreten sind. Wie sie Sicherungsübereignung wirkt sich vielmehr die Sicherungsabtretung nur in einem Recht auf abgesonderte Befriedigung aus, so daß der Ausfallgrundsatz des § 64 KO. platzgreift.[3] Allein auch die Sicherungsabtretung überträgt die Forderungen subjektiv unbeschränkt. Der von ihr unterrichtete Schuldner hat den Zessionar und nur diesen als seinen Gläubiger zu behandeln. Darin liegt der Gegensatz zur Wirksamkeit der lediglich relativen, auf das Verhältnis zum Schuldner nicht erstreckten Fiktion des § 392 Abs. 2 HGB., die dem Kommittenten gerade dem Schuldner das Gläubigerrecht nicht verleiht, sondern insoweit den § 392 Abs. 1 HGB. unberührt läßt. Darüber kann sich auch eine dem Vorbehaltslieferanten wohlwollende Auslegung unserer Klausel nicht hinwegsetzen: als „Abtretung“ der Forderungen aus dem Weiterverkauf läßt sie sich nicht deuten. Daß sie nicht so gemeint ist, ergibt sich auch daraus, daß die Geschäftsbedingungen ausdrücklich eine „Abtretung von Forderungen, die dem Käufer durch Weiterveräußerung der Ware entstehen“, für „unzulässig“ erklären. Im Zessionsfalle bedarf es eines solchen Verbotes nicht. Offenbar haben die Verfasser der Klausel-Schablone gemeint, es genüge zum Schutz des Vorbehaltslieferanten, wenn der Vertragsgegner bei dem für eigene Rechnung bewirkten Weiterverkauf so behandelt werde, als ob er in Kommission weiterverkaufte. Sie haben aber bei Uebertragung der gesetzlichen Unterstellung des § 392 Abs. 2 HGB. auf Eigengeschäfte die Kraft des Parteiwillens überschätzt. Allenfalls könnte vereinbart werden, der Weiterverkäufer solle dem Lieferanten gegenüber schuldrechtlich gehalten sein, sich — solange die Forderungen aus dem Weiterverkauf noch ausstehen — so behandeln zu lassen, wie das Gesetz den Verkaufskommissionär gegenüber dem Kommittenten behandelt. Eine bloß persönliche Verbindlichkeit dieses Inhalts würde indessen gegenüber der zwingenden Ordnung der konkursrechtlichen Haftungsverhältnisse versagen, da sie als bloße Verschaffungspflicht weder Aus- noch Ersatzaussonderungs- noch Absonderungsansprüche auslösen kann und ebendarum auch den Lieferanten im gerichtlichen Vergleichsverfahren aus dem Kreise der Vergleichsgläubiger nicht herauszuheben vermag. Die in Rede stehende Verbindlichkeit des

---

2 Jaeger KO.[7] § 15 Anm. 23.

3 RG V Ziv. Sen. vom 10. 10. 1917 Bd. 91 S. 12, Jaeger ZZP. 54 S. 145. Man beachte den Druck der §§ 127 (Abs. 2), 153 KO.

Weiterverkäufers würde nichts an der Tatsache ändern, daß die Forderungen aus dem Weiterverkauf unbelastet zu seinem Vermögen gehören.

Im Ergebnisse stimmt hiermit das Urteil des Landesgerichts Stuttgart vom 2. 10. 1929 KonkTreuh. 1930 S. 14 überein, wenn auch die dort behauptete Anwendbarkeit des § 138 Abs. 1 BGB. entschieden bestritten werden muß. Die den Vorbehaltslieferanten sicherstellende Vertragsklausel würde ebensowenig sittenwidrig sein als der Eigentumsvorbehalt selbst, ganz zu schweigen von den Schwierigkeiten die sich aus dem Grundsatze des § 139 BGB. ergeben würden. Die Schutzbestrebungen des zur Lieferung auf Kredit genötigten Handels entsprechen berechtigten Interessen.[4]

3. Die zweite Klausel sucht mit einer Erstreckung des § 46 KO. zu helfen. Ihr Sinn kann zweifelhaft sein. Geht sie davon aus, daß der § 46 einen außerhalb des Konkurses nicht bestehenden Anspruch für den Zweckbereich des Konkurses schaffen will und sucht sie diesen Anspruch schon für den Fall der Zahlungseinstellung anzuerkennen, dann erstrebt sie Unmögliches. Denn diese Macht hätte abermals nur der Gesetzgeber. In Wahrheit begründet der § 46 KO. nicht einen neuen Anspruch. Er verstärkt nur die nach allgemeinen Sätzen des bürgerlichen Rechts bestehende Ersatzforderung zum Aussonderungsanspruch. Dies habe ich KO.[5] § 46 Anm. 3 näher darzulegen versucht. Meinen Ausführungen ist das Reichsgericht beigetreten (VI. Ziv. Sen. v. 19. 11. 1926 Bd. 115 S. 264 f.) Desgleichen späterhin OLG. Celle v. 11. 5. 1926 JW. 1926 S. 2102 f. Nr. 8 und LG. II Berlin v. 22. 12. 1928 JW. 1929 S. 1082 Nr. 1. In diesen Fällen handelt es sich um das Erlöschen eines Eigentumsvorbehalts durch befugte Weiterveräußerung. Ueberall wird hier die Anwendbarkeit des § 46 KO. verneint. Da mit dem Eigentumsvorbehalt im Augenblick der Weiterveräußerung nach dem übereinstimmenden Willen der Vertragsgenossen das Aussonderungsrecht selber erloschen ist, kann von einer Ersatzaussonderung keine Rede sein. Sollte nun aber die Klausel den Sinn haben, daß zwar der Vorbehalt bei Weiterveräußerung erlösche, gleichwohl jedoch ein Anspruch des Lieferanten auf die Forderung gegen den Zweitkäufer erwachse, dann würde sie ebenfalls ihr Ziel verfehlen. Denn daran ist nicht zu rütteln, daß die Forderung als Gläubigerrecht des im eigenen Namen und für eigene Rechnung weiterverkaufenden Erstkäufers zustande kommt. Sollte er schuldrechtlich gebunden werden, sie an den Lieferanten abzutreten, dann würde wiederum eine bloße Verschaffungspflicht bestehen, die weder Aussonderungs- noch Absonderungskraft hätte. Nur durch eine Vorauszession im oben

4 Jaeger DJZ. 1930 Sp. 39.

erörterten Sinne wäre der Forderungserwerb der Lieferanten sicherzustellen. Da aber die Klausel bloß von einem Anspruch auf „Abtretung des Rechts auf die Gegenleistung" redet, kann sie unmöglich als Vorauszession gedeutet werden.

Anders wird die Surrogationsklausel beurteilt von Richter, KonkTreuh. 1928 S. 4 f. Er nimmt anscheinend eine unmittelbar wirksame Ersetzung des Eigentums an und will im Konkursfalle mit der Anfechtung des § 31 KO., im gerichtlichen Vergleichsverfahren auf dem Wege des § 28 VerglO. dem Erfolge der Klausel wehren. Darin, daß der (in Konkurs verfallene) Erstkäufer seiner Zeit „zu diesen Verkaufsbedingungen" mit dem Vorbehaltslieferanten „abgeschlossen" habe, soll der Tatbestand einer mit der dem Gegner (dem Lieferanten) bekannten Absicht der Gläubigerbenachteiligung vollzogenen Massekürzung zu erblicken sein. Eine solche ist weder unmittelbar noch mittelbar gegeben. Denn anders als zu den allgemeinen Geschäftsbedingungen hätte der Gemeinschuldner die Ware garnicht beziehen können. Ließe der Eigentumsvorbehalt sich wirksam auf die aus dem Weiterverkauf entstehende Forderung erstrecken, dann wäre die Erstreckungsklausel ebensowenig anfechtbar als der Vorbehalt. Gleiches gilt für eine Vorauszession. War andrerseits der Eigentumsvorbehalt vor Eröffnung des Konkurses oder des gerichtlichen Vergleichsverfahrens erloschen, dann besteht, da der Verkäufer nun vollständig erfüllt hat, im Zeitpunkte de Eröffnung keine Gegenseitigkeit des Vertragsschuldverhältnisses mehr, wie sie der § 17 KO. und
| S. 19 der § 4 (§ 28) VerglO. voraussetzt. |

4. Auch infolge unbefugter Weiterveräußerung der Vorbehaltsware kann, wie unter 1 bemerkt ist, der Eigentumsvorbehalt erlöschen. So namentlich dadurch, daß sie einem gutgläubigen Dritten unter dem Schutze der §§ 932 ff. BGB. verkauft und übereignet wird. Solchenfalls erwächst aus § 816 Abs. 1 Satz 1 BGB. dem Vorbehaltslieferanten ein schuldrechtlicher Anspruch auf Abtretung der Kaufpreisforderung des Erstkäufers gegen den Zweitkäufer. Dieser Anspruch hat als bloße Verschaffungsforderung nicht schon nach § 43 KO. Aussonderungskraft. Erst der § 46 Satz 1 KO. verleiht sie ihm regelwidrig, aber nun mit Wirksamkeit auch für das gerichtliche Vergleichsverfahren (§ 2 VerglO.). Würde ein Gläubiger des Erstkäufers dessen Forderung gegen den Zweitkäufer pfänden, ehe Konkurs oder Vergleichsverfahren eröffnet werden, dann stünde dem Vorbehaltslieferanten kein Drittwiderspruchsrecht im Sinne des § 771 ZPO. zu. Auch durch vertragsmäßige Erstreckung des § 46 KO. auf den Zustand der Zahlungsunfähigkeit als solchen könnte es nicht geschaffen werden. Kommt es zum Konkurs oder Vergleichsverfahren erst, nachdem die Kaufpreisforderung eingezogen worden war, dann ist der Bereicherungsanspruch des Vorbehaltslieferanten aus § 816 Abs. 1 Satz 1 BGB. eine gewöhnliche Konkurs- oder Vergleichsforderung. Das

bestätigt ein sicherer Gegenschluß aus § 46 Satz 2 KO. Dem gleichen Schicksal würde der Lieferant auch bei echter Kommission verfallen, wenn der Verkaufskommissionär vor Eröffnung seines Konkurses oder Vergleichsverfahrens die Forderung aus dem Verkauf eingezogen hätte.[5] Der Schutz des § 392 Abs. 2 HGB. trifft nur ausstehende Forderungen.

5. Aus alledem ergibt sich, daß ein wirksamer Vorbehaltsersatz für den Fall, daß der Eigentumsvorbehalt infolge befugter oder unbefugter Weiterveräußerung erlischt, nur im Wege einer zweifelsfreien und mit hinreichender Bestimmtheit vereinbarten Sicherungsabtretung der künftigen Kaufpreisforderungen des weiterveräußernden Vorbehaltsverkäufers zu erzielen sein wird.

5 RG. VII. Ziv. Sen. vom 5. 11. 1928 Bd. **94** 308.

Aus der Praxis der Konkurs- und Vergleichsverfahrens (V).

KonkTreuh 1930 S. 33–35
Von **Professor Dr. Ernst Jaeger,** Leipzig.

VII. Aufrechnung durch Wechselgaranten.

Ist der Gemeinschuldner Eigentümer eines Wechsels und damit Wechselgläubiger, dann fragt es sich, ob jeder Wechselgarant (Aussteller, Indossant) eine ihm wider den Gemeinschuldner zustehende Gegenforderung nach den Vorschriften der §§ 387 ff. BGB., §§ 53 ff. KO. aufrechnen und daraufhin vom Konkursverwalter Auslieferung des quittierten Wechsels gemäß Art. 48 WO. (§ 6 KO.) beanspruchen kann. Für die Aufrechnung kommen in Betracht: die Konkursforderung des Garanten auf der einen und dessen Regreßpflicht auf der anderen Seite. Wird durch die Aufrechnung der Gemeinschuldner aus seinem Wechselgläubigerrecht verdrängt, dann stellt der Wechsel in der Hand des Konkursverwalters eine im Sinn des § 59 Nr. 3 KO. des rechtlichen Grundes ermangelnde Bereicherung der Masse dar, sodaß Quittierungs- und Auslieferungspflicht dem Verwalter als Masseschuld obliegen.[1]

Unstreitig ist nun die Aufrechnungsbefugnis des Wechselgaranten gegenüber der Konkursmasse dann zu bejahen, wenn der Konkursverwalter gerade diesen Garanten im Wege des Regresses mangels Zahlung belangt (Art. 41 ff. WO.). Zweifel bestehen nur für den Fall, daß der Konkursverwalter sich an einen anderen Wechselschuldner, z. B. an den vielleicht völlig zahlungsfähigen Akzeptanten oder an einen nicht durch Gegenforderung gedeckten Garanten zu halten beabsichtigt. Hier taucht das Bedenken auf, daß die Konkursmasse eine erhebliche Einbuße erleiden kann, wenn ein anderer Garant das Wechselgläubigerrecht des Gemeinschuldners aufrechnungsweise zum Erlöschen zu bringen vermag. Denn damit tritt anstelle des vollwertigen Wechselaktivums der Masse nur die Entlastung von einer auf anteilsmäßige Befriedigung angewiesenen Konkursforderung. Die Garanten, deren Zahl sonst den Wert des Wechsels erhöht, drohen hier dem Wechselgläubiger zum Verhängnis auszuschlagen. Muß die Konkursmasse sich eine solche Aufrechnung aufdrängen lassen?

---

1 Siehe Jaeger KO.[7] § 6 Anm. 39.

Im Konkurse der Leipziger Bank hatte der I. Zivilsenat des Reichsgerichts durch Urteil vom 7. 5. 1902, abgedruckt in Seuffert's Archiv Bd. 58 Nr. 40 S. 76 ff. (im Widerspruch mit den beiden Vorinstanzen) dem vom Konkursverwalter nicht in Anspruch genommenen Aussteller des Wechsels die Aufrechnungsbefugnis abgesprochen, dementsprechend die Aufrechnungserklärung als unwirksam betrachtet und den später vom Konkursverwalter ausgeklagten Akzeptanten unter dem Gesichtspunkt, daß die Wechselforderung der Masse nicht erloschen sei, nach dem Klagantrage verurteilt. Die Gründe dieses bereits von Jaeger KO.[5] § 53 Anm. 11 bekämpften Urteils führen im wesentlichen aus: Dem nichtbelangten Garanten müsse die der Masse zum Schaden gereichende Aufrechnung verwehrt bleiben, weil durch sie die im Art. 81 WO. dem Wechselgläubiger gewährleistete Wahlfreiheit beeinträchtigt werde. Wohl sei nach Art. 48 WO. jeder Wechselschuldner berechtigt, „gegen Erstattung der Wechselsumme nebst Zinsen und Kosten die Auslieferung des quittierten Wechsels und des wegen Nichtzahlung erhobenen Protests von dem Inhaber zu fordern." Wenn der Wechselgläubiger „volle Befriedigung" erhalte, könne es ihm in der Tat gleichgültig sein, von welchem Wechselschuldner geleistet werde. Solche Befriedigung liege aber nur in effektiver Zahlung, nicht in der Aufrechnung. Das beweise gerade der zu entscheidende Fall.

Auch eine wiederholte Würdigung dieser Gründe erweist sie als unhaltbar. Sie sehen ganz einseitig auf den Vorteil der Masse und verkennen, daß die Aufrechnung ein vollwertiger Erfüllungsersatz, daß sie (zumal im Konkurs) zugunsten des Aufrechnungsberechtigten anerkannt und in dessen freies Belieben gestellt ist. Wer sich in der rechtlichen Lage befindet, aufzurechnen, der hat in der Tat die Macht, dem Gegner diese Art der Schuldenbereinigung aufzunötigen. Die Aufrechnung ist gesetzlich gestattete Selbsthilfe, Vollzug einer die Gegenforderung (an den Aufrechnenden) pfandrechtsartig verstrickenden Verwertungsbefugnis.[2]

Es müßte also in unserem Fall irgend eine besondere Schranke bestehen, wenn dem Garanten, obwohl er zugleich Gläubiger und Schuldner der Konkursmasse ist und es auch schon rechtzeitig im Sinne des § 55 KO. geworden war, die Aufrechnungsbefugnis gegenüber der Masse verwehrt sein sollte.

Fehlt es vielleicht an der im § 387 BGB. geforderten Erfüllbarkeit der eigenen Schuld des Aufrechnenden, weil diese nur eine Regreßverbindlichkeit

2 Aus dem neuesten Schrifttum siehe namentlich Franz Leonhard, Allgemeines Schuldrecht (1929) S. 612; auch Kreß, Allgemeines Schuldrecht (1929) S. 552.

ist? Stehen die Dinge etwa so, daß der Garant „die ihm obliegende Leistung" jetzt noch gar nicht „bewirken kann"? Unzweifelhaft darf er dies, wenn der Wechsel bereits mangels Zahlung protestiert worden ist. Denn alsdann hat nach Art. 48 WO. jeder Wechselschuldner, im besonderen jeder Wechselgarant, „das
| S. 34 Recht", | gegen Zahlung der Wechselsumme mit Zinsen und Kosten Auslieferung des quittierten Wechsels zu fordern. Er darf zahlen. Seine Regreßverbindlichkeit ist erfüllbar. War aber der Wechsel zur Zeit der Aufrechnung noch nicht protestiert, vielleicht noch gar nicht fällig, dann greift die auch für Wechselschuldner maßgebende ergänzende Rechtsregel des § 271 Abs. 2 BGB. ein, derzufolge der Schuldner schon vor Beginn der Einforderbarkeit erfüllen darf. Wenn nach dieser Hinsicht für die Aufrechnung außerhalb des Konkurses Bedenken auftauchen können, so würden sie für die Konkursaufrechnung durch den § 54 Abs. 1 KO. ausgeräumt werden. Denn diese Vorschrift bestimmt ausdrücklich, daß die Bedingtheit der einen oder anderen Forderung kein Aufrechnungshindernis bildet. Gilt das für die echte, rechtsgeschäftliche Bedingung des Einzelfalls, dann muß es um so mehr für eine allgemeine gesetzliche Voraussetzung gelten, wie sie anzunehmen wäre, wenn die Erfüllbarkeit der Wechselschuld durch Garanten nach Art. 48 WO. von einer Erhebung des Protestes mangels Zahlung abhängen würde. Daß die Garantenschuld vor der Protesterhebung noch gar nicht erwachsene Zinsen und Kosten nicht einschließen kann, versteht sich von selbst, eine Annahme, die umso unbedenklicher ist, als ja auch nach der Protesterhebung eine Beschränkung der Regreßpflicht auf die Wechselsumme vorkommen kann (Schlußabsatz des Art. 45 WO.). Dies erkennt auch das Urteil (S. 78) an. Es hält aber die Aufrechnung durch einen nicht selbst in Anspruch genommenen Garanten deshalb für unstatthaft, weil durch sie die Wahl verkümmert werden könne, die der Art. 81 Satz 3 WO. dem Wechselinhaber einräume. Mit dieser Begründung steht und fällt das Urteil.

Sie geht fehl. Denn jede Wahlbefugnis liegt im Wesen der Solidarhaftung und besteht für alle Arten der Gesamtschuld, wie verschieden sie auch im einzelnen gestaltet sein mögen (§ 421 BGB.). Daran aber, daß einer von mehreren Gesamtschuldnern des bürgerlichen Rechts den Gläubiger nicht nur durch Zahlung, sondern auch durch Aufrechnung aus dem Gläubigerrecht verdrängen kann und zwar schon, ehe der Gläubiger seine Wahl ausgeübt hat, besteht gar kein Streit. Gehört z. B. zur Konkursmasse ein durch Mitbürgenhaftung (§ 769 BGB.) gesichertes Forderungsrecht, dann droht der Konkursmasse, wenn einer der zahlungsunfähigen Mitbürgen eine Gegenforderung an die Masse hat, der Hauptschuldner aber zahlungsunfähig ist, genau die gleiche Werteinbuße wie in unserem Falle. Dennoch kann der durch Gegenforderung gesicherte Mitbürge, ehe der Verwalter sich darüber schlüssig macht, welchen der Mitbürgen-Gesamtschuldner er belangen will, die Konkursmasse durch Aufrechnung aus ihrem Gläubigerrecht verdrängen (§ 774 BGB.). Ist in unserem Falle der Akzeptant zahlungsunfähig, aber einer der zahlungsfähigen Garanten zugleich Gläubiger der Masse, dann besteht eine vollkommene Parallele. Dann zeigt sich aber auch, wie unbillig es wäre, der Konkursmasse in Wahrung ihrer Wahlfreiheit zu gestatten, daß sie einen Nachmann des gegenforderungsberechtigten Garanten belange, der gegen diesen vollen Regreß nehmen darf, während die Gegenforderung auf eine kümmerliche Konkursdividende verwiesen bleibt. So hat denn auch der erste Zivilsenat des Reichsgerichts selber in einem etwas später entschiedenen Falle durch Urteil v. 7. 2. 1903 Bd. 53 S. 403 anerkannt, daß der Bürge (der ebenfalls aufs Ganze, aber akzessorisch, nicht als Gesamtschuldner neben dem Hauptschuldner haftet) mit der Einlösungsaufrechnung nicht zu warten brauche, bis ihn der Konkursverwalter des Gläubigers in Anspruch nehme. Auch in diesem Urteil hat der Senat erwogen, daß der Konkursmasse des Gläubigers aus solcher Aufrechnung eine Einbuße erwachsen kann, aber betont, sie ändere nichts „an der sich aus dem Gesetze notwendig ergebenden Beurteilung“, und überdies treffend darauf hingewiesen, daß „der wertmindernde Umstand nicht in der Person des Bürgen, sondern in der Person des Gläubigers eingetreten sei“ (S. 405 f.). Damit war der im Urteil vom 7. 5. 1902 vertretene Standpunkt sachlich bereits aufgegeben worden. Auch die Ausführungen von Rehbein BGB. II S. 335, die sich in den Gedankengängen des Urteils vom 7. 5. 1902 bewegen, fallen nicht weiter ins Gewicht.

Wenn neuestens Mentzel KO.[3] S. 285 unter Hinweis auf diese Entscheidung bemerkt, der Aussteller könne nicht mit einer Forderung, die ihm wider den Wechselinhaber zustehe, gegen dessen Forderung an den Akzeptanten aufrechnen, so hat dies noch niemand bezweifelt. Solche Aufrechnung scheitert am Erfordernis der Gegenseitigkeit. Allein darum handelt es sich ja garnicht. Wie der Bürge nicht die Hauptverbindlichkeit, sondern seine eigene Bürgschaftsschuld durch Aufrechnung tilgt (RG. Bd. 53 S. 404 u. 405), so tilgt in unserem Falle der Wechselgarant nicht „die ihm fremde Schuld des Akzeptanten“, sondern seine eigene Regreßverbindlichkeit. So wenig als die Aufrechnung des (ausgleichsberechtigten) Bürgen hat die des Wechselgaranten den Erfolg, daß sie die Gesamtheit der Haftungsverhältnisse zum Erlöschen bringt. Sie wirkt hier wie dort als Einlösungsbefriedigung und setzt den aufrechnenden Wechselgaranten wie den aufrechnenden Bürgen instand, seinen Rückgriff – dort gegen Vormänner und Akzeptanten, hier gegen den Hauptschuldner – auszuüben. Beidemal ist der Aufrechnungsgegner aus seiner Gläubigerstellung ausgeschieden. Zu diesem Schlusse gelangen auch die feinsinnigen Bemerkungen von R. Mansfeld LZ. 1912 Sp. 580.

VIII. Aufrechnung in Konkursen von Mitschuldnern.

N. hat eine Forderung von 50 000 RM gegen A und eine solche von 60 000 RM gegen B, beide gesichert durch Selbstschuldbürgenhaftung des C. Dem C steht wider den N eine Gegenforderung in Höhe von 22 000 RM zu. Im Konkurs A sind 20%, in den Konkursen B und C sind je 40% Dividende zu erwarten. Die Konkurse laufen nebeneinander her. Wie gestaltet sich die Befriedigung des N?

Außer Zweifel steht hier zunächst, daß N. nach § 68 KO. in jedem der drei Konkurse seine bei Eröffnung des einzelnen Verfahrens noch ausstehende Forderung voll anmelden kann, also im Konkurs A 50 000, im Konkurs B 60 000, im Konkurs C 50 000 + 60 000 = 110 000 RM. Zwar haftet C nicht als Gesamtschuldner mit A und mit B; aber er haftet „neben" jedem von beiden „für dieselbe Leistung auf das Ganze" (§§ 767 f. im Unterschiede vom § 425 BGB). Mehr verlangt der § 68 KO. nicht. So liegen die Dinge, da die Hauptschuldner im Konkurse stehen, auch bei nicht selbstschuldnerischer Verbürgung des C (§ 773 Nr. 3 BGB.).

Da nun nach dem Grundsatz des § 68 KO. „der Gläubiger *bis zu seiner vollen Befriedigung* in jedem Verfahren den Betrag geltend machen kann, den er zur Zeit der Eröffnung des Verfahrens zu fordern hatte", bleiben *Teilbefriedigungen*, die er durch effektive Zahlung oder durch Erfüllungsersatz
| S. 35 *ohne* | rückwirkende Kraft auf Kosten eines Mitschuldners im Verlauf eines Einzelkonkurses erhält auf den Ansatz in diesem Verfahren außer Betracht. So z. B. Teilbefriedigungen durch Leistung an Erfüllungsstatt oder durch Hinterlegung (§§ 364, 378 BGB.). So auch Teilbefriedigungen durch Aufrechnung, *wenn* der Zeitpunkt, auf den die Aufrechnung zurückwirkt (§ 389 BGB.) nach der Eröffnung des Einzelkonkurses liegt. Standen dagegen die aufrechnungsweise getilgten Forderungen einander schon zu einer früheren Zeit aufrechenbar gegenüber, dann führt eine folgerechte Anwendung des im § 389 BGB. ausgesprochenen Grundsatzes zu dem Schlusse, daß die Forderung des Aufrechnenden nur zum Ueberschußbetrag im Konkurse zu berücksichtigen ist und von vornherein nur in dieser Höhe berücksichtigt werden durfte. Freilich hat auch die Rückwirkung Grenzen. Es wäre denkbar, daß sie hier am Schutzzweck des § 68 KO. scheiterte. Auch läßt sich geltend machen, daß eine nachträgliche Herabminderung des ursprünglich zu Recht bestehenden Ansatzes im Falle der Rückwirkung den Gang des Konkurses stören und erschweren könnte. Solche Erwägungen mögen das OLG. Dresden im Urteil vom 14. Oktober 1908, Sächsisches Archiv für Rechtspflege, 4. Jahrgang (1909) S. 545 f. Nr. 46 bestimmt haben, die Frage als zweifelhaft offen zu lassen:

„Es kann dahingestellt bleiben, ob die rückwirkende Kraft der Aufrechnung bewirke, daß auch die Voraussetzung des § 68 KO. als beseitigt zu gelten hätte, daß zur Zeit der Konkurseröffnung und vor der Aufrechnung die Klägerin den geltend gemachten Betrag zu fordern hatte“ (S. 546).

Hält man die Bedenken gegen eine Anwendung des § 389 BGB. im Schutzbereiche des § 68 KO. für durchschlagend, dann steht es trotz der Aufrechnung gegenüber C dem Gläubiger N frei, in den Konkursen A und B seine Forderung in der vollen bei Konkursbeginn begründeten Höhe weiter zu verfolgen.

Doch muß die rückwirkende Kraft der Aufrechnung auch in unserem Falle anerkannt werden. Man darf den Schutzgedanken des § 68 KO. nicht überspannen. Voll zu rechtfertigen ist er nur für Teilbefriedigungen, die – wie die Erfüllung selbst – das Schuldverhältnis für die Zukunft erlöschen lassen. Da die Aufrechnung dem einseitigen Belieben des aufrechnungsberechtigten Gläubigers anheimsteht und vielleicht schon lange vor der Konkurseröffnung hätte vollzogen werden können, liegt kein Grund vor, um des Aufrechungsberechtigten willen dem späteren Vollzuge die rückwirkende Kraft abzusprechen. Die Allgemeinheit der übrigen Konkursgläubiger würde damit in einem den Zweck des § 68 KO. übersteigenden Maße benachteiligt. Störungen aber, die sich für die Verteilungsberechnungen des Konkurses aus der Rückwirkung der Aufrechnung ergeben, können nicht entscheidend ins Gewicht fallen. Sie müssen mit der Rückwirkung wie entsprechende Erscheinungen außerhalb des Konkurses in Kauf genommen werden. Im Konkurse des Schuldners, dem gegenüber aufgerechnet wird, hier also des C, ist ja die Rückwirkung ohnehin unvermeidbar.

Von diesem Standpunkt aus erhebt sich in unserem Fall die Frage, ob es dem Gläubiger im Konkurse C freisteht, dessen Haftung für die Schuld des A oder für die des B anrechnungsweise zu tilgen, oder ob etwa eine anteilsmäßige Verrechnung stattzufinden hat. Die Haftung des C ist keine einheitliche. Sie besteht streng gesondert für die Schuld des A und für die des B. Nach § 396 Abs. 1 BGB. kann nun aber der Aufrechnende nach seinem Belieben bestimmen, welche von mehreren aufrechenbaren Forderungen getilgt werden soll. Hier wird er die Bürgenhaftung für die Schuld des A zur Aufrechnung verstellen und damit in Höhe von 22 000 RM. aus seinem eigenen Gläubigerrecht gegen A ausscheiden, die Forderung gegen B aber voll in dessen Konkurse weiterverfolgen, weil hier eine doppelt so hohe Dividende zu erwarten steht als im Konkurse des A.

Zum gleichen Ergebnisse müßte man selbst dann gelangen, wenn der aufrechnende Gläubiger die Wahl des § 396 Abs. 1 Satz 1 BGB. nicht ausgeübt hätte.

Denn alsdann würde nach Satz 2 daselbst die Anrechnungsregel des § 366 Abs. 2 BGB. entsprechend anzuwenden, also diejenige Schuld als berichtigt anzusehen sein, „die dem Gläubiger geringere Sicherheit bietet.“ Diese Wendung bedeutet ganz allgemein: die Verbindlichkeit, bei deren Durchsetzung der Gläubiger schlechter fahren wird. Das ist in unserem Falle die Haftung des C für die Schuld des A, da im Konkurse des A eine weit geringere Dividende zu erwarten steht als im Konkurse des B.

Aus der Praxis des Konkurs- und Vergleichsverfahrens VI.

KonkTreuh 1932 S. 33–34

Von **Professor Dr. Ernst Jaeger,** Leipzig.

Wie kann eine Bank, die zur Stützung eines notleidenden Unternehmens fällig gewordene Löhne auszahlt, Lohnansprüche und Lohnvorrecht erwerben?

1. Für die Lösung der Frage sind die §§ 1, 2 des Lohnbeschlagnahmegesetzes von ausschlaggebender Bedeutung. Diese Rechtssätze gelten noch heute in dem Wortlaut, den ihnen das Gesetz des Norddeutschen Bundes vom 21. Juni 1869 (BGBl. 1869 S. 242) gegeben hat. Die veraltete Fassung nötigt den Ausleger, alles Gewicht auf den Zweck der Vorschriften zu legen. Sie wollen den Arbeitnehmer[1] schützen, indem sie die für einen laufenden Erwerbsabschnitt zu entrichtende Vergütung in den Grenzen der Lebensnotdurft dem Gläubigerzugriff entrücken und erst beschlagsfähig werden lassen, wenn der Arbeiter durch Nichteinfordern des fälligen Lohnes den Willen einer Stundung bekundet (§ 1). Beschlagsfrei bleibt also (heute in den Grenzen der Lohnpfändungsverordnung) der noch nicht verdiente und am Fälligkeitstage selbst auch der zahlbare Lohn (Gehalt). Eine rechtzeitige, noch am Fälligkeitstag erklärte Einforderung des Lohnes verleiht, solange der Arbeitnehmer die Einforderung aufrecht erhält, der Beschlagsfreiheit Dauer. Soweit Zwangszugriffe unstatthaft sind, sollen auch rechtsgeschäftliche Verfügungen, besonders die Abtretung von Lohnansprüchen, der Wirksamkeit ermangeln (§ 2).

Aus dem Zwecke des Gesetzes folgt, daß die Voraussetzung „Ablauf des Fälligkeitstages ohne Einforderung“ auf einer Vermutung beruht: läßt der Arbeitnehmer als Gläubiger den fälligen Lohn ausstehen, dann kreditiert er ihn wohl[2]. Entscheidend ist allein der Wille des Gläubigers. Einerseits können Lohnansprüche trotz rechtzeitiger Einforderung pfändbar werden (etwa bei Bewilligung einer Zahlung in Raten); andererseits können sie trotz Unterlassens der Einforderung unpfändbar bleiben (so etwa weil diese mit Rücksicht auf eine vorausge-

1 Im Folgenden wird das Wort „Arbeitnehmer“ in einem „Arbeiter und Angestellte“ umfassenden Sinne gebraucht (vgl. § 10 BetriebsräteG.).

2 Dieses Kreditum hinsichtlich der Pfändbarkeit und Uebertragbarkeit anders zu behandeln als ein Kreditum aus sonstigem Rechtsgrunde, liegt aber kein Anlaß vor.

hende Zahlungsverweigerung oder Zahlungseinstellung keinen Sinn hätte)[3]. Ob nun aber die Forderungen pfändbar und damit abtretbar werden oder nicht, sie bleiben — falls sie nicht durch Vereinbarung in Darlehnsforderungen verwandelt werden (§ 607 Abs. 2 BGB.) — Lohnansprüche und bewahren als solche in den Grenzen des § 61 Nr. 1 KO. die Eigenschaft bevorrechtigter Konkursforderungen.

Lohngelder, die der Arbeitnehmer am Fälligkeitstage bezieht, bleiben bis zu dessen Ablauf auch der Sachpfändung entzogen. Eine pfändbare Forderung besteht für den Bereich der Erfüllung nicht mehr, einerlei, ob der Arbeitgeber in Person oder ob ein Dritter für ihn erfüllt hat. Würde also der Dritte, etwa die für den Arbeitgeber eintretende Bank, anstelle des Schuldners mit dem Willen, dessen Verbindlichkeit zu tilgen, Zahlung an den Arbeitnehmer leisten, so käme es damit zum Erlöschen der Lohnansprüche (§§ 267 Abs. 1, 362 Abs. 1 BGB.). Von einem Erwerb des Konkursvorrechts durch den Dritten könnte insoweit keine Rede sein. Zahlt dagegen der Dritte den Arbeitnehmern den Lohn in der Absicht aus, deren Lohnansprüche als Entgelt (kaufweise) zu erwerben, dann gehen diese Ansprüche nicht unter, sondern auf den Zahlenden über[4], freilich, da es hier an einseitiger Einlösungsbefugnis fehlt, nur mit Willen der bisherigen Gläubiger, nur durch „Vertrag“ mit ihnen (§ 398 BGB.). Der rechtliche Hergang besteht also darin, daß der Dritte den Arbeitnehmern die Lohnansprüche abkauft, Käufer und Verkäufer aber Zug um Zug durch Zahlung der Lohnsummen und Abtretung der Ansprüche ihre wechelseitigen Verbindlichkeiten erfüllen (§ 433 BGB.). Es fragt sich jedoch, ob die Uebertragbarkeit der Lohnansprüche erst mit Ablauf des Fälligkeitstages oder sofort mit der im Laufe dieses Tages bewirkten Zahlung einsetzt. Der Wortlaut des § 1 LohnbeschlagnG. spricht für die erste, der Sinn des Gesetzes aber entscheidend für die zweite Annahme. Denn der Beschlags- und Verfügungsaufschub dient einzig und allein dem Schutze des Arbeiters, der aber hat alles, was ihm das Gesetz gewährleisten will, nämlich am Verfalltag in den unverkürzten Genuß seines Lohnes zu kommen, mit dessen Empfang erreicht[5]. Welcher vernünftige Grund sollte es rechtfertigen, trotz Auszahlung der vollen Lohnsummen am Fälligkeitstage die Abtretbarkeit der Lohnansprüche noch bis zum Ablaufe dieses Tages hintanzuhalten? Das Interesse des Arbeitnehmers geht gerade umgekehrt dahin, schon im Laufe des Ver-

3 Georg Meyer, Recht der Beschlagnahme von Lohn, Guttentag'sche Sammlung Nr. 55 (7. Auflage 1930) S. 41 f.

4 Siehe Oertmann, Schuldverhältnisse (5. Auflage 1928) § 267 Anm. 2 b S. 115, Alfr. Werner (v. Staudinger) BGB. (9. Auflage 1930) § 267 Anm. IV 3 S. 212.

5 E. Jaeger, Lehrbuch des Konkursrechts (1932) S. 227 Note 11.

falltags gegen | Abtretung der Lohnansprüche die Gelder erhalten zu können, die der Arbeitgeber gar nicht mehr auszuzahlen imstande ist. Höchstens daran kann dem Arbeitnehmer gelegen sein, daß die empfangenen Gelder bis zum Tagesablauf unpfändbar bleiben. Diese Folgerung darf aber unbedenklich gezogen werden, da die Gelder ja als Löhne wirken sollen und darum wirtschaftlich deren Stelle vertreten. | S. 34

Uebrigens müßte sogar die Wortauslegung zugeben, daß eine schon im Laufe des Verfalltags vereinbarte Zession zwar bis zum Ablauf dieses Tages befristet, also bis dahin in ihrer Wirksamkeit gehemmt sei, aber sofort rechtsbeständig werde. Auch dann also würde der Zedent nach dem zweifelsfreien Willen der Vertragsparteien von vornherein an die Abtretung gebunden sein. Auch dann würde eine „Einforderung“ des Lohnes, die er abredewidrig noch hinterher erklärte, rechtlich bedeutungslos bleiben, zumal ja der Schuldner (Arbeitgeber) schon im voraus über die Abtretung unterrichtet ist (vgl. § 407 Abs. 1 BGB.). Spätestens mit Ablauf des Fälligkeitstages würde auch bei dieser Auslegung die Abtretung ihre volle Wirksamkeit entfalten, der Zessionar also in die Lage kommen, das der erworbenen Forderung innewohnende Konkursvorrecht auszuüben (§ 401 Abs. 2 BGB., § 61 Nr. 1 KO.).

Keineswegs ist der Arbeitnehmer auf eine bloße „Inkassozession“ in dem Sinne angewiesen, daß er unter Festhaltung seines Gläubigerrechts den Drittzahler nur ermächtigen könnte, über den Lohnanspruch als fremdes Recht gemäß § 185 Abs. 1 BGB. zu verfügen[6]. Gewiß wäre eine solche Bewilligung denkbar und statthaft. Dem Drittzahler aber böte sie nur unzureichenden Schutz, da der bisherige Gläubiger die Verfügung über den Lohnanspruch behielte.

Von unserem Standpunkt aus kann der Drittzahler die Lohnforderungen am Fälligkeitstage Zug um Zug gegen Auszahlung der Lohnbeträge im Wege einer sofort wirkenden Abtretung erwerben. Dies selbst dann, wenn der Abtretung die Einforderung des Lohnes am Verfalltage vorausgegangen war. Denn dieses Einfordern wird dadurch hinfällig, daß der Arbeitnehmer das Abtretungsentgelt anstelle des Lohnes in Empfang nimmt. Ihm, der seine volle und rechtzeitige Befriedigung nach Lage des Falles nur gegen Zession der Lohnforderung zu erlangen vermag, muß es gerade darum zu tun sein, das von seinem Willen abhängende Zessionshindernis auszuräumen. In seiner Abtretungserklä-

6 RG. v. 7. 7. 1931 Leipziger Zeitschrift 1931 Sp. 1323, Enneccerus-Lehmann Lehrbuch des bürg. Rechts (Ausgabe 1930) II § 80 unter IV 2 S. 273 ff.

rung liegt daher nach dem ganzen Zwecke des Vorganges ein Aufgeben der Einforderung[7], von dem der Arbeitgeber mit der Zession Kenntnis erlangt.

Nicht anders wäre zu entscheiden, wenn die Lohneinforderung am Fälligkeitstage, die Abtretung tags darauf erfolgte. Auch dann ließe sich die Abtretungserklärung nur als Aufgabe der Einforderung deuten. Wollte man annehmen, daß die Einforderung den Arbeiter ein für allemal jeder Verfügungsmacht hinsichtlich der Forderung auf den Lohn des abgelaufenen Zeitabschnitts beraubte, so würde man den Schutz des Gesetzes in sein Gegenteil verkehren. Uebrigens wird jede vorsichtige Bank sich hüten, das Abtretungsentgelt vorauszuzahlen, ohne der späteren Abtretung sicher zu sein.

Konkursrechtlichen Bedenken unterliegt der Wechsel in der Person des Lohngläubigers nicht. Ob der Arbeitnehmer selbst oder dessen Erbe oder ein Sonderrechtsnachfolger Lohnanspruch und Lohnvorrecht im Konkurse geltend macht, ist einerlei. Der Wechsel in der Gläubigerstellung könnte sich auch noch im Konkurse des Arbeitgebers vollziehen. Das LohnbeschlagnahmeG., das ausschließlich dem Schutze des Arbeiters dient, hat gewiß keinen Anlaß, diesen Gläubigerwechsel zu verhüten[8].

2. Das Abkommen der Bank mit den Arbeitnehmern kann in kürzester Fassung etwa so lauten:

„Zwischen der Bank A und den unterzeichneten Arbeitnehmern der Firma B wird im Einverständnis mit dem Arbeitgeber folgender Vertrag geschlossen, um die Arbeitnehmer rechtzeitig und voll in den Genuß der ihnen heute als Dienstbezüge[9] gebührenden Geldbeträge gelangen zu lassen.

Die Bank zahlt die (im einzelnen unten angegebenen) Summen bar an die Arbeitnehmer aus. Diese bestätigen den Empfang und treten als Entgelt ihre (ebenfalls unten bezeichneten) Ansprüche auf die heute fälligen Dienstbezüge an die Bank ab.“

---

7 Auch wenn der Arbeitnehmer erst einfordert, dann Ratenzahlung bewilligt, hört, wie oben zu Note 3 bemerkt, die Einforderung auf, Pfändbarkeit und Uebertragbarkeit hintanzuhalten.

8 J a e g e r Kommentar zur KO. 6. u. 7. Auflage § 3 Anm. 33.

9 Die allgemeine Wendung des § 61 Nr. 1 KO.

Aus der Praxis des Konkurs- und Vergleichsverfahrens VII.

KonkTreuh 1932 S. 49–53
Von **Professor Dr. Ernst Jaeger,** Leipzig.

Aufrechnung durch den Bürgen im Konkurse des Hauptschuldners.

Eine Gesellschaft mit beschränkter Haftung steht im Konkurse. Vor Konkursbeginn haben zwei Geschäftsführer und Mitglieder der GmbH. sich für eine Bankschuld der Gesellschaft als Selbstschuldner verbürgt. Ein dritter Gesellschafter hat Ausfallbürgschaft übernommen. Die beiden Geschäftsführer sind Darlehnsschuldner der Gesellschaft. Die Bankschuld ist voll zur Konkursmasse angemeldet und festgestellt worden. Die Bank hat überdies, da die Geschäftsführer als Bürgen nicht leisteten, den Ausfallbürgen in Anspruch genommen. Müssen die Geschäftsführer die von ihnen bei der GmbH. aufgenommenen Darlehen zur Konkursmasse zurückerstatten, ohne mit Ansprüchen aus der Verbürgung aufrechnen zu können?

Die Frage ist zu bejahen.

I. Theorie und Praxis sind heute darüber einig, daß der Rückgriffsanspruch des Bürgen im Konkurse des Hauptschuldners eine kraft Gesetzes aufschiebend bedingte Konkursforderung im Sinne des § 67 KO. bildet[1]. Unter diesem Gesichtspunkt löst sich die Frage, ob der Rückgriffsanspruch im Konkurse des Hauptschuldners aufrechenbar sei, nach § 54 Abs. 3 KO. dahin: er wird es erst „bei dem Eintritt der Bedingung“ d. h. bei Befriedigung des Gläubigers durch den Bürgen. Ist die Schuld des Bürgen an die Masse bereits fällig, so hat er Zahlung zur Masse zu leisten, aber nur gegen Sicherstellung seiner künftigen Aufrechnung. Er kann also von dem die Zahlung begehrenden Verwalter verlangen, daß der einzuzahlende Betrag in der vollen Höhe des Regreßanspruchs bei einer nach späterem Bedingungseintritt erklärten Aufrechnung zurückerstattet werde. Daß dieser Bedingungseintritt (die Befriedigung des Gläubigers durch den Bürgen) erst nach Konkursbeginn erfolgt, steht

1 Jaeger, KO. § 3 Anm. 24, § 67 Anm. 5 ff., § 145 Anm. 8 mit Verweisen.

der späteren Aufrechnung nicht entgegen[2]. Eigene Teilnahme des Gläubigers am Schuldnerkonkurse verhindert den Eintritt der Aufrechenbarkeit nicht: soweit der Bürge den Gläubiger befriedigt, kommt das Aufrechnungsrecht des Bürgen zustande. Damit ist dem Interesse des Bürgen vollauf genügt. Könnte er schon während des Schwebens der Bedingung (also ehe er selbst den Gläubiger auch nur teilweise befriedigt hat) die Aufrechnung vollziehen, dann wäre die Konkursmasse in einem jeder Billigkeit widerstreitenden Maße benachteiligt. Sie wäre der Gefahr ausgesetzt, daß der Bürge weder zur Masse noch an den Gläubiger leistet. Eine künftige Bereicherungshaftung des Bürgen (wann sollte sie fällig werden?) böte der Masse nur unzureichenden Schutz.

II. Ganz dieselbe Unbilligkeit würde sich ergeben, wenn der Bürge ohne Rücksicht auf eigene Leistung mit einem Befreiungsanspruch im Sinne des § 775 BGB. gegen seine Schuld an die Konkursmasse aufrechnen könnte. In Wahrheit besteht für einen der Masse gegenüber aufrechenbaren Befreiungsanspruch überhaupt kein Raum. Kann der Bürge vom Hauptschuldner auf Grund des § 775 BGB. Befreiung von der Bürgschaft verlangen, so hat er damit noch keineswegs einen Anspruch darauf erworben, daß der Hauptschuldner die dem Gläubiger gebührende Geldsumme an ihn, den Bürgen, zahle. Wie der Hauptschuldner den Bürgen befreit, wie er die Bürgenhaftung zum Erlöschen bringt, ist seine Sache. Die einfachste und wirksamste (wenn auch in Fällen des § 775 BGB. nicht wahrscheinlichste) Art der Befreiung des Bürgen vollzieht sich, indem der Hauptschuldner seine eigene (die verbürgte) Verbindlichkeit durch Befriedigung des Gläubigers erfüllt. Der Hauptschuldner kann den Bürgen aber auch dadurch befreien, daß er dessen Entlassung aus der Bürgenhaftung durch Uebereinkunft mit dem Gläubiger erwirkt. Nun findet sich freilich in einem Urteil des Reichsgerichts vom 2. 12. 1911 Bd. 78 S. 34 der Satz: stehe die Zahlungsunfähigkeit des Hauptschuldners und die Inanspruchnahme des Bürgen aus der Bürgschaft fest, dann verwandle sich der Befreiungsanspruch in einen Geldzahlungsanspruch. Dieser Satz kehrt, aus dem Zusammenhang gerissen und verstümmelt (das Erfordernis feststehender Inanspruchnahme des Bürgen selbst bleibt weg), im „Recht“ 1912 Nr. 404 wieder und ist in dieser Fassung weiter getragen worden (siehe z. B. v. Staudinger 9. Auflage § 775 unter 1 b). In unserem Falle ist noch völlig ungewiß, ob die Bürgen jemals eine Leistung an den Gläubiger bewirken werden. Allein auch abgesehen davon, erweist sich der Versuch, mit Hilfe des Befreiungsanspruchs die Aufrechenbarkeit gegenüber der Konkursmasse zu begründen, als verfehlt. Das Urteil RG. Bd. 78 S. 34 geht zutreffend davon aus, daß der Befrei-

2 Ebenda § 54 Anm. 6 u. 10 mit Rechtssprechung.

ungsanspruch des Bürgen mit dem Anspruche korrespondiert, den im Falle einer Erfüllungsübernahme (§ 415 Abs. 3 BGB.) der Urschuldner gegen den Uebernehmer hat. Die Rechtslage ist die des § 329 BGB. Nun kann es aber bei Verträgen zugunsten Dritter keinem Zweifel unterliegen, daß im Konkurse des Verpflichteten die ver- | einbarungsgemäß an den Dritten zu zahlende Dividende | S. 50
dem Dritten gebührt, mag ausschließlich der Versprechensempfänger oder mag neben ihm der Dritte selbst die Leistung zu fordern berechtigt, der Vertrag also ein unechter oder ein echter Vertrag zugunsten eines Dritten sein. Treffend betont Hellwig, die Verträge auf Leistung an Dritte (1899) S. 81, daß im ersteren Falle der Versprechensempfänger „keinesfalls lediglich deshalb, weil der Schuldner in Konkurs" geraten sei, Leistung an sich selber verlangen könne[3]. Bei der Erfüllungsübernahme des § 415 Abs. 3 BGB. aber hat im Zweifel der Uebernehmer (dem Schuldner gegenüber) die Pflicht, den Gläubiger rechtzeitig zu befriedigen. So auch der zur Befreiung des Bürgen verpflichtete Hauptschuldner. Es fehlt an jedem gesetzlichen Anhalt und an jedem inneren Grunde dafür, daß der Konkurs des Hauptschuldners die Person des Leistungsempfängers verändern sollte. Vom Konkurse selbst ist in RG. 78 S. 34 nicht die Rede. Welche Rechtsstellung der rückgriffsberechtigte Bürge im Konkurse des Hauptschuldners einnimmt, das ergibt der gerade auf eventuelle Regreßrechte gemünzte und für sie seine Hauptrolle spielende Grundsatz des § 67 KO. Er löst auch die Aufrechnungsfrage (§ 54 Abs. 3 KO.) in durchaus sachgemäßer Weise. Daß der Bürge in Fällen des § 775 BGB gegenüber der Konkursmasse des Schuldners mit eigenen Verbindlichkeiten an diese Masse aufrechnen könnte, haben Rechtslehre und Rechtssprechung wohl niemals angenommen. Der vom RG. 78 S. 34 aufgestellte Rechtssatz läßt sich übrigens auch außerhalb des Konkurses und abgesehen von der Aufrechnungsfrage nicht begründen. Gebührt aber die vom Schuldner zu bewirkende Leistung dem Gläubiger, nicht dem befreiungsberechtigten Bürgen selbst, dann kann auch außerhalb des Konkurses von einer Aufrechenbarkeit des Befreiungsanspruchs gegen eine Verbindlichkeit des Bürgen an den Hauptschuldner keine Rede sein, weil es am Gegenseitigkeitserfordernisse (§ 387 BGB. „einander") fehlt.

III. Nach alledem ist es recht und billig, wenn einem Bürgen, der den Gläubiger weder ganz noch teilweise befriedigt hat, die Möglichkeit versagt bleibt, durch Aufrechnung von Ansprüchen aus dem der Bürgschaft unterliegenden Innenrechtsverhältnis die Konkursmasse des Schuldners zu verkürzen. Dies gilt für jeden Bürgen, in erhöhtem Maße aber für Gesellschafter als Bürgen. In unserem Falle waren es die Gesellschafter selbst, die den Bankkredit suchten

3 Jaeger aaO. § 3 Anm. 44.

und sicherten, um den Wirkungskreis der Gesellschaft auszudehnen und damit mittelbar der eigenen Sache zu dienen. Ihre Verbürgung stellt eine neben der Leistung von Kapitaleinlagen übernommene Verpflichtung im Interesse des gesellschaftlichen Unternehmens, eine Verstärkung der gesellschaftlichen Haftungsgrundlagen dar. Mit diesem Zwecke der Verpflichtung wäre es nicht vereinbar, wenn die Gesellschafter-Bürgen im Konkurse der Gesellschaft durch Aufrechnung von Bürgschaftsansprüchen die Masse verringern und so den gesellschaftlichen Haftungsstock schmälern dürften. Trifft auch das die Verpflichtung zur Einzahlung von Stammeinlagen schützende Aufrechnungsverbot des § 19 Abs. 2 Satz 2 GmbHG. seinem Wortlaute nach auf unsern Fall nicht zu, so erheben sich für diesen doch gegenüber dem Aufrechnungsversuche ganz ähnliche Bedenken wie im unmittelbaren Anwendungsbereiche des Verbots. Ueberhaupt wird man annehmen müssen, daß Sonderleistungen zu Gesellschaftszwecken, die auf Grund des Gesellschaftsvertrages neben der Einzahlung der Stammeinlage bewirkt worden sind (§ 3 Abs. 2 mit § 2 GmbHG.), der Masse des Gesellschaftskonkurses von den Gesellschaftern nicht wieder entzogen werden können. Solchenfalls würde dem Gesellschafter als Bürgen der Gesellschaft sogar nach Befriedigung des Gläubigers die Geltendmachung jedes Rückgriffs im Gesellschaftskonkurse verboten sein. Doch sei dem, wie ihm wolle, fest steht jedenfalls: die einem Dritten verwehrte Aufrechnung kann einem Gesellschafter als Bürgen der Gesellschaft in deren Konkurs erst recht nicht gestattet sein.

Unterlassungsansprüche im Konkurse des Schuldners.

Im Gegensatze zu Jaeger KO.[7] § 3 Anm. 11 lehrt Warneyer KO. (1932) S. 17 „Auch Unterlassungsansprüche sind als Konkursforderungen anzusehen" und beruft sich zur Begründung auf ein Zwischenurteil des Reichsgerichts (I. Ziv.Sen.) vom 9. Mai 1931, das unterdessen in der amtlichen Sammlung Bd. 132 S. 362 abgedruckt worden ist. Ausdrücklich spricht diese Entscheidung ebenso wenig als die gleichfalls angezogene in Bd. 89 S. 114 den aufgestellten Rechtssatz aus; nach dem ganzen Zusammenhang aber darf er dem Urteil unterstellt werden. Nun hat derselbe Senat in derselben Sache durch ein zweites Zwischenurteil vom 6. Januar 1932 (jetzt ebenfalls in die Sammlung aufgenommen, Bd. 134 S. 378)* seine Ansicht wesentlich geändert: der Unterlassungsanspruch bilde keine Konkursforderung, der durch den Konkurs des Beklagten unterbrochene Rechtsstreit

* Auch unten S. 56 abgedruckt.

sei daher nicht wie Prozesse über Konkursforderungen erst nach Anmeldung, Prüfung und Bestreitung, sondern als Aktivprozeß nach § 10 KO. aufzunehmen. Es handelte sich um eine Klage zum Schutze patentierter Empfangseinrichtungen für drahtlose Telegraphie. Der Kläger behauptete, in sein Patent greife der Beklagte durch Herstellung und Vertrieb von Radioempfangsgerät ein, und beantragte, dem Beklagten (dem jetzigen Gemeinschuldner) diese Herstellung und diesen Vertrieb zu *verbieten*. Daß eine solche Klage nicht auf Mehrung der Konkursmasse abzielt, wie dies der § 10 KO. voraussetzt, dürfte einleuchten. Im Konkurse des Klägers wäre der Rechtsstreit ein Aktivprozeß. Er kann es doch nicht für beide Parteien sein. Insoweit mag der Hinweis auf die kritische Note JW. 1932 S. 161 genügen. Die Kernfrage reicht weit über das Gebiet des gewerblichen Rechtsschutzes hinaus und soll hier in aller Kürze behandelt werden.

Es gibt Unterlassungsansprüche, die jedes vermögensrechtlichen Inhalts ermangeln. Daß solche im Konkurse des Verpflichteten keine Konkursforderungen bilden können, versteht sich von selbst. Wenn eine geschiedene Frau, die allein für schuldig erklärt und der vom Manne die Führung seines Namens untersagt worden ist (§ 1577 III BGB.), diesen Namen gleichwohl weiter gebraucht, steht dem Manne jedenfalls aus § 12 BGB. ein Anspruch auf Unterlassung zu. Sollte etwa dieser Anspruch im Konkurse der Frau als Konkursforderung (nach § 69 KO. in Geld abgeschätzt!) verfolgt werden können? Sollte der Konkurs einer Partei die Unterlassungsklage nach § 240 ZPO. unterbrechen? Nicht anders liegen die Dinge, wenn Hinz sich die Firma des Kunz anmaßt und diesen durch deren unbe- | fugten Gebrauch in seinen Rechten verletzt. Der Unterlassungsanspruch | S. 51 (§ 37 II 1 HGB.) — im Gegensatz zu einem etwaigen Schadensersatzanspruch (§ 37 II 2 HGB., vielleicht aus § 16 II UnlWG.) — kann im Konkurse des Hinz nicht verfolgt werden. Eine schon schwebende Unterlassungsklage läßt dieser Konkurs unberührt. Nicht einmal der Konkurs des Klägers würde ihn unterbrechen; nicht einmal dort käme eine Aufnahme nach § 10 KO. in Frage, weil die Firma (zum mindesten die ursprüngliche, aus dem eigenen Familiennamen des Inhabers bestehende) — wenn sie auch Vermögenswert haben kann (vgl. RG. Bd. 74 S. 381) — kein beschlagsfähiges Recht darstellt. Allein auch der rein vermögensrechtliche Unterlassungsanspruch eines Grundeigentümers, der sich nach § 1004 I 2 BGB. weitere Störungen durch einen andern verbitten darf, ist im Konkurse des Störers keine Konkursforderung. Denn es fehlt auch ihm die im § 3 KO. vorausgesetzte Eigenschaft eines „Vermögensanspruchs“, weil er nicht eine aus dem Vermögen des Haftenden beitreibbare Leistung geht. Der Anspruch ist *als solcher* nur durch Zwangseinwirkung auf die Person des Verpflichteten (§ 890 ZPO.), nicht durch Zwangsbeitreibung einer Geldsumme aus dessen Vermögen zu verwirklichen und *deshalb* ungeeignet, eine Konkursforderung zu sein. In diesem Sinne sagt nun RG. v. 6. 1. 1932 treffend von den Unterlassungsansprüchen überhaupt: „sie seien nicht geeignet, in die Konkurstabelle aufgenommen zu werden“, sie könnten sich „immer nur gegen den Gemeinschuldner, nicht gegen die Konkursmasse“ richten. Niemals bilden Ansprüche auf ein Unterlassen als solche Konkursforderungen.

Damit ist nicht gesagt, daß der Konkurs anhängige Unterlassungsklagen unberührt lassen müsse. Selbstverständlich würde im letztgenannten Beispiel der Abwehrprozeß durch den Konkurs des Grundeigentümers (Klägers) unterbrochen (§ 240 ZPO.) und als Teilungsmassestreit aufzunehmen sein (§ 10 KO.). Auch der Konkurs des Störers (Beklagten) aber kann den Prozeß unterbrechen. Dies ist nicht der Fall, wenn die Klage rein tatsächlichen Eingriffen des Beklagten wehrt; wohl aber dann, wenn dieser den Eingriff auf ein eigenes, im Falle des Bestehens zur Konkursmasse gehörendes Recht stützt, also etwa behauptet, er sei kraft einer Dienstbarkeit befugt, über das Grundstück des Klägers zu gehen oder zu fahren (§§ 1018, 1090 BGB.). Die Zuerkennung des eingeklagten Unterlassungsanspruchs würde hier eine Aberkennung des vom Beklagten in Anspruch genommenen Wegerechts einschließen. Insofern beeinflußt die Entscheidung den rechtlichen Bestand der Konkursmasse des Beklagten, insofern „betrifft“ der Prozeß im Sinn des § 240 ZPO. „die Konkursmasse“[1]. Eine solche „Betroffenheit“ kann, da der Ausdruck wohl absichtlich so farblos gehalten ist, auch in mittelbarer Beeinflussung liegen. So z. B. wenn Waren oder Produktionseinrichtungen zur Masse gehören, deren konkursmäßige Verwertung durch das in der Klage beantragte Unterlassungsverbot vereitelt würde (RG. Bd. 132 S. 363). Der auf einen Unterlassungsanspruch gestützte Prozeß „betrifft“ also die Konkursmasse des Beklagten, wenn die Bejahung des Anspruchs den Bestand oder die Verwertbarkeit der Masse beeinträchtigen würde.

Wird nun aber der Rechtsstreit durch den Konkurs des Beklagten unterbrochen, obwohl der zu Lasten der Konkursmasse anhängige Unterlassungsanspruch keine Konkursforderung ist, dann kommt für die Aufnahme dieses Passivprozesses ausschließlich der § 11 KO. in Frage. Da der Gegner des Gemeinschuldners in der Rolle des Angreifers steht, darf ihm nicht — wie in Fällen des § 10 KO. — zugemutet werden, die Aufnahme des Prozesses durch den Verwalter abzuwarten oder diesen, wenn er zögert, dazu zu drängen; vielmehr soll der Gegner von vornherein auch selber den Prozeßstillstand zu beseitigen in der Lage sein[2]. Dieser Zweck leitet zu einer freieren Auslegung des § 11

1 Jaeger, KO.[7] § 10 Anm. 4. Daß es gerade zu einer rechtskraftfähigen Entscheidung über das Gegenrecht kommen müsse, verlangt der § 240 nicht (vgl. §§ 322, 280 ZPO.).

2 Um dieses Zweckes willen ist der ursprüngliche Entwurf des Gesetzes geändert worden. Siehe Jaeger a. a. O. § 11 Anm. 7.

KO., dessen Wortlaut in beiden Absätzen allzuknapp gefaßt ist. Der § 11 muß *überall* die Aufnahme regeln, wo der unterbrochene Rechtsstreit Passivprozeß, der eingeklagte Anspruch aber keine Konkursforderung ist. Sonst würde das Gesetz lückenhaft sein. Der Zweck des Gesetzes drängt also dazu, im Tatbestande des § 11 dem Begriffsmerkmal der *Aussonderung* oder dem der *Masseschuld* oder beiden einen weiteren Sinn beizulegen. Eine der Aussonderung entsprechende Rechtslage ergibt sich für das Beispiel der durch Behauptung eines Wegerechts bekämpften Unterlassungsklage, wenn der Konkursverwalter das Wegerecht für die Masse in Anspruch nimmt, der Kläger aber die behauptete Belastung seines Eigentums bekämpft. Denn hier verneint der Kläger die vom Verwalter verfochtene Zugehörigkeit des Eingriffsrechts zur Konkursmasse. In dieser Verneinung liegt nach § 43 KO. das Wesen der Aussonderung[3]. In anderen Fällen liegt die Erwägung nahe, daß der Konkursverwalter, wenn er den Unterlassungsanspruch bestreitet und seiner ungeachtet die Masseverwertung vollzieht, durch Verletzung des den Unterlassungsanspruch tragenden Rechtes (z. B. Patents) Masseschulden nach § 59 Nr. 1 KO. heraufbeschwört. Auch dieser Gesichtspunkt rechtfertigt die Anwendbarkeit des § 11 KO. Durch Vergewaltigung des § 10 KO. ist nicht zu helfen. Seine Hereinzerrung würde den grundlegenden Gegensatz zwischen Aktiv- und Passivprozessen verwischen und überdies zu einem sachwidrigen Schlusse führen, weil sie den Angreifer ohne jeden Anlaß im Prozeßbetrieb lähmen würde.

Ist die Befriedigung eines mit außerordentlicher Konkursabwendung betrauten Treuhänders im nachfolgenden Konkurs anfechtbar?

Ein notleidender Bauunternehmer hatte einer Treuhandgesellschaft vertragsmäßig die Erzielung eines Uebereinkommens mit seinen Gläubigern überlassen und ihr zu diesem Zwecke sein Vermögen der Hauptsache nach übertragen. Die Bemühungen scheiterten. Im Konkurse beanspruchte der Verwalter vom Treuhänder die Rückgewähr der Vergütung und der Auslagen und begründete die Anfechtbarkeit so: einmal stelle der zwischen dem Schuldner und dem Treuhänder abgeschlossene Geschäftsbesorgungsvertrag ein die Gläubiger der Klägerin unmittelbar benachteiligendes Rechtsgeschäft im Sinne des § 30 Nr. 1 Fall 1 KO. dar; sodann sei die Befriedigung des Honoraranspruchs der Beklagten als Deckung, die einem Konkursgläubiger in Kenntnis der | Zahlungseinstellung | **S. 52**
gewährt wurde, nach § 30 Nr. 1 Fall 2 KO. anfechtbar.

3 Ebenda § 43 Anm. 23.

1. Soll der eine oder der andere Fall des § 30 Nr. 1 KO. gegeben sein, dann muß sich der anfechtbare Erwerb in Kenntnis der Zahlungseinstellung vollzogen haben, die für die Konkurseröffnung ursächlich geworden ist. Nun darf zwar angenommen werden, daß der Schuldner bereits Anfang Juli 1929 seine Zahlungen eingestellt hatte oder sie spätestens Mitte des Monats durch seine Erklärungen in der zu Ausgleichszwecken einberufenen Gläubigerversammlung einstellte. Allein es war nicht die in dieser Zahlungseinstellung offenbarte Zahlungsunfähigkeit, die den Grund des viele Monate später eröffneten Konkurses abgegeben hat. Vielmehr kam es inzwischen kraft ausdrücklichen Beschlusses aller großen und unter stillschweigender Zustimmung anderer Gläubiger zu einer Kreditierung des wesentlichen Schuldenstandes und eben damit zu einer Wiederkehr der Zahlungsfähigkeit. Sonst wäre es nicht zu verstehen, daß in der Folgezeit der umfangreiche Betrieb des Unternehmens aufrechterhalten, daß namentlich begonnene Großbauten vollendet und so schwere Schädigungen verhütet werden konnten. Mögen auch abgesehen von Löhnen, Gehältern und sonstigen Betriebskosten größere Zahlungen unterblieben sein, so genügte doch das für den wesentlichen Schuldenstand verwirklichte Stillhalteabkommen, um den Zustand der Zahlungsunfähigkeit zu verdrängen. Zahlungsunfähigkeit und Zahlungseinstellung sind ausgeschaltet, solange die große Mehrheit der Gläubiger dem Schuldner Nachsicht gewährt, um — wie hier — die Abwendung des Konkurses durch einen Vergleich zu ermöglichen. So kann unzweifelhaft eine Zahlungseinstellung ihre anfechtungsrechtliche Maßgeblichkeit verlieren, ohne daß es zu einer allgemeinen Wiederaufnahme der Zahlungen kommt (Jaeger KO.[7] § 30 Anm. 11). Gilt dies aber von der für Juli 1929 angenommenen Zahlungseinstellung, dann muß, wenn im später eröffneten Konkurse der § 30 Nr. 1 anwendbar sein soll, zunächst einmal die Zeit des Eintritts der neuen Zahlungseinstellung ermittelt und ihr Zusammenhang mit der anzufechtenden Handlung geprüft werden. Auf die Aeußerung eines Zahlungsunvermögens, das gar nicht zum Konkurse geführt hat, kann ein Rückgewährungsanspruch aus § 30 KO. nicht gestützt werden.

II. Nicht aber einmal dann, wenn jene Zahlungseinstellung vom Juli 1929 bis zur Konkurseröffnung maßgebend geblieben wäre, würde die Anfechtbarkeit begründet sein.

1. Es wäre eine völlig schiefe Betrachtungsweise, in der Betrauung eines Treuhänders mit der Aufgabe, ein notleidendes Unternehmen vor dem Konkurse zu bewahren, ein Rechtsgeschäft zu erblicken, das im Sinne des § 30 Nr. 1 Fall 1 schon durch seine Eingehung die Konkursgläubiger benachteiligt. Wohl hatte ein älteres Urteil des Kammergerichts vom 8. 10. 1912 LZ. 1913 Sp. 746 f.

angenommen, der entgeltliche Geschäftsbesorgungsvertrag auf Herbeiführung eines konkursabwendenden Ausgleichs sei als solcher schon ein „unmittelbar" benachteiligender Verpflichtungsakt, weil er zur Aufgabe von Befriedigungsmitteln gegen eine „im Konkursfalle wertlose" Tätigkeit führe. Indessen würde ja erst das Ausbleiben des Erfolges diese Benachteiligung ergeben und keinesfalls könnte eine vom ausgesprochenen oder mutmaßlichen Willen der Gläubiger getragene Verpflichtung des Schuldners zu dem in Rede stehenden Aufwand deshalb als unmittelbare Benachteiligung der Gläubiger gelten, weil die Rettungsversuche scheitern. In Wahrheit hat denn auch das Kammergericht jenen Standpunkt längst aufgegeben. Der heute herrschenden Auffassung entspricht er nicht. Siehe Jaeger a. a. O. Anm. 26, Emmerich Sanierung I (1930) S. 130 ff., E. List ZHR. 96 (1931) S. 316 ff.

2. Noch weniger kann von einer Anwendbarkeit des § 30 Nr. 1 Fall 2 die Rede sein. Das ergibt ohne weiteres der Zweck dieser Vorschrift. Sie will Deckungen, die dem Empfänger zwar gebührten, die er jedoch auf Kosten der par condicio creditorum in Kenntnis der Krise erhielt, rückgängig machen. In unserem Falle aber waren es die Gläubiger selbst, die nach Eintritt der Krise und zu deren Behebung den Abschluß des Geschäftsbesorgungsvertrages mit dem Treuhänder anstrebten. Denn mit dessen Hilfe sollte ihnen unter Abwendung des Konkurses eine günstigere Befriedigung erschlossen werden. Waren es in jener Versammlung von Juli 1929 auch zunächst nur die Hauptgläubiger, die mit dem Willen des Schuldners den Treuhänder um Anbahnung eines außergerichtlichen Vergleichs ersuchten, so haben doch auch alle diejenigen, die durch stillschweigende Kreditierung das Bemühen um eine außerkonkursmäßige Lösung förderten, den unvermeidlichen Aufwand der Treuhändertätigkeit im gemeinsamen Interesse gutgeheißen. Daß diese Tätigkeit niemand leisten wird, der darauf gefaßt sein müßte, mit seinen Vergütungsansprüchen hinterher durch die Konkursdividende abgefunden zu werden, das stand für alle am Stillhalte-Abkommen tatsächlich teilnehmenden Gläubiger außer Zweifel. Es würde durch nichts zu rechtfertigen sein, wenn zugunsten eben dieser Gläubiger der Konkursverwalter dem Treuhänder auch eine in angemessenen Grenzen liegende Vergütung wieder entziehen dürfte. Daß der Treuhänder die Gefahr des Erfolges seiner Bemühungen nicht übernommen hat und in aller Regel nicht zu übernehmen pflegt, bedarf keiner Begründung. Der Geschäftsbesorgungsvertrag, um den es sich handelt, ist Dienst-, nicht Werkvertrag.

Spricht sonach schon die besondere Lage des Falles gegen eine Anwendbarkeit des § 30 Nr. 1 Halbs. 1, so kommt hinzu, daß diese Vorschrift auf eine im voraus, d. h. vor Erwerb des Gläubigerrechts gewährte Vergütung überhaupt

nicht zutrifft. Sie setzt vielmehr voraus, daß eine bereits (wenn auch nur betagt oder bedingt) begründete und im Konkursfall ein Konkursgläubigerrecht bildende Forderung zu einer Zeit, zu der die Krise dem Gläubiger schon bekannt ist, befriedigt oder sichergestellt wird. Denn nur dann droht die Gefahr, der das Gesetz vorbeugen will: die Verschiebung der Gleichlage unter den im Konkursfall auf anteilsmäßige Befriedigung angewiesenen Gläubigern. Darum darf heute als anerkannt gelten, daß sich der zweite Halbsatz § 30 Nr. 1 nicht auf Deckungen bezieht, die *vor oder bei Neubegründung von Ansprüchen* trotz offenbar gewordener Zahlungsunfähigkeit gewährt wurden, also z. B. nicht auf die Konsultierung von Aerzten oder Anwälten gegen Bar- oder Vorschußhonorar. Sonst würde ja der Schuldner zur Zeit der Krise von allem vermögensrechtlichen Verkehr ausgeschlossen sein. In unserem Falle liegen die Dinge aber nun so, daß dem Geschäftsbesorger die zu seiner Vergütung dienenden Werte im voraus zugewendet worden sind. Denn die Uebertragung des Schuldnervermögens auf den Treuhänder hatte zwar in erster Linie und vornehmlich den Zweck, die Mittel zur Schuldenbereinigung in seine Hände gelangen zu lassen. Zugleich aber wirkte sie
| S. 53 als Vorschußdeckung für den Bereich | einer angemessenen Honorierung. Insoweit waren die Vergütungsansprüche des Treuhänders bereits vor dem Zustandekommen gedeckt. Wendet man demgegenüber ein, die Vergütungsansprüche seien schon durch den Abschluß des Geschäftsbesorgungsvertrages entstanden, eine Bardeckung liege also nicht vor, so verkennt man, daß der Geschäftsbesorger sein Honorar erst durch seine Tätigkeit *verdienen* muß. Hätte er die ihm aufgetragenen Bemühungen unterlassen, dann wäre aus dem Schuldverhältnis der Geschäftsbesorgung ein Vergütungsanspruch, der als Konkursforderung hätte verfolgt werden können, offenbar gar nicht erwachsen. Und was vom Vergütungsanspruch gilt, das gilt erst recht vom Anspruch auf Ersatz von Auslagen. Der Vertragsschluß hat das Schuldverhältnis, nicht aber die hier in Rede stehenden Forderungen zustande gebracht.

Jede andere Annahme würde das außergerichtliche Vergleichsverfahren mit Hilfe von Treuhandgesellschaften oder anderen Vermittlern überhaupt unmöglich machen.

Denn bei der heutigen Lage unserer Wirtschaft ist die Rettung notleidender Unternehmungen vor dem Konkurse niemals gewiß. Das außergerichtliche Vergleichsverfahren hat aber seine besonderen, nicht zu unterschätzenden Vorteile. Es wickelt sich im allgemeinen schneller und billiger ab, paßt sich leichter den Bedürfnissen des Einzelfalles an und pflegt das geschäftliche Ansehen des Schuldners weniger zu erschüttern, als das gerichtliche (Reimer ZZP. 57 S. 125).

Die Vereitelung des außergerichtlichen Vergleichs wäre daher im Verkehrsinteresse sehr zu beklagen*.

* Prozeßrechtlich bietet der Fall das besondere Interesse, daß in erster Instanz eine Kammer für Handelssachen über den anfechtungsrechtlichen Rückgewähranspruch erkannt hatte. Das kam so. Der Schuldner selbst hatte gegen den Treuhänder auf Rückgewähr eines Teilbetrages Klage erhoben, da der Treuhänder eine zu hohe Vergütung berechnet und zurückbehalten habe. Als Geltendmachung eines Anspruchs aus einem Geschäftsbesorgungsvertrag, der für beide Teile ein Handelsgeschäft war, gehörte die Klage nach § 95 Nr. 1 GVG. zum Geschäftsbereich der Kammer für Handelssachen. Nachdem nun der Kläger in Konkurs geraten war, nahm der Konkursverwalter die Klage auf (§ 240 ZPO., § 10 KO.) und stellte sie auf eine ganz neue tatsächliche und rechtliche Grundlage, indem er vom Vertragsanspruch zum anfechtungsrechtlichen Rückgewähranspruch aus § 30 KO. überging. Die Anfechtungsverbindlichkeit ruht aber, was Rechtslehre und Rechtsprechung heute einmütig anerkennen, unmittelbar im Gesetze. Darum kann die Anfechtungsklage keine Handelsprozeßsache im Sinne des § 95 Nr. 1 GVG. sein. Wird sie gleichwohl vor der Kammer für Handelssachen erhoben, dann muß sie auf rechtzeitigen Antrag des Beklagten (§§ 97 I, 101 GVG.) und kann sie von Amtswegen an die Zivilkammer verwiesen werden (§ 97 III GVG.). Diese Verweisungsmöglichkeiten eröffnen sich auch in Fällen einer Klagänderung, die den handelsgeschäftlichen Vertragsanspruch mit dem gesetzlichen Rückgewähranspruch vertauscht (§ 264 ZPO.). Im übrigen siehe wegen der sachlichen und örtlichen Zuständigkeit Jaeger KO.[7] § 29 Anm. 6, 17, 18 (hier auch wegen der Arbeitsgerichte), § 37 Anm. 37.

Aus der Praxis des Konkurs- und Vergleichsverfahrens VIII.

KonkTreuh 1933 S. 161–162
Von Professor **Dr. Ernst Jaeger,** Leipzig.

Zur Rechtslage absonderungsberechtigter Konkursgläubiger.

Wiederholte Anfragen aus Bankkreisen ergeben, daß in der Praxis über die Stellung absonderungsberechtigter Konkursgläubiger noch immer Unklarheiten bestehen. Namentlich wird darüber gestritten, wie die Anmeldungen zum Konkurse wirksam zu vollziehen und wie die Zinsansprüche zu behandeln sind.

I. Für die Anmeldung ist maßgebend der § 64 KO. In einem Berliner Konkurs hatte die eine Gruppe der Gläubiger in Schriftsätzen an das Konkursgericht erstens ihre Konkursforderungen aufgeführt und uneingeschränkt angemeldet, zweitens im einzelnen die Gegenstände bezeichnet, aus denen abgesonderte Befriedigung verlangt werde, zugleich aber auch dem Konkursverwalter eine Abschrift dieser Erklärungen übermittelt. Die Gläubiger einer zweiten Gruppe hatten dem Konkursgericht Forderungen und Sicherheiten bezeichnet, die Forderungen aber nur „als Ausfallforderungen" angemeldet und von diesem Vorgehen ebenfalls den Verwalter verständigt.

Beide Arten der Geltendmachung sind üblich, beide (was mit Unrecht bezweifelt wurde) vollwirksam. Zwar müssen Konkursforderungen beim Konkursgericht angemeldet (§ 139 KO.), Absonderungsansprüche gegenüber dem Verwalter erhoben werden (§§ 4, 6, 118 KO.). Doch ist es zweckmäßig, auch das Konkursgericht über Absonderungsansprüche von Konkursgläubigern zu unterrichten, und genügend, wenn dem Verwalter die Anzeige ans Gericht in Abschrift übermittelt wird. Bedenken aus § 64 KO. ergeben sich nicht. Denn diese Vorschrift gestattet dem absonderungsberechtigten Konkursgläubiger, seine „Forderung" ohne jede Einschränkung „zur Konkursmasse geltend zu machen", d. h. im Konkursverfahren anzumelden, und begrenzt nur das Recht „Befriedigung aus der Konkursmasse zu verlangen". Die Vorteile einer verfahrensmäßigen „Feststellung" der Konkursforderung (§§ 145, 194, 206 KO.) werden daher dem absonderungsberechtigten Konkursgläubiger noch vor der Entschließung über einen etwaigen Verzicht auf die abgesonderte Befriedigung und auch für den Fall des vorzeitigen Konkursabbruchs durch Einstellung des Verfahrens gewährleistet (Jaeger KO.[7]

§ 64 Anm. 11 mit Verw.). Jede andere Regelung wäre unzweckmäßig und unbillig. Wenn aber die Gläubiger der zweiten Gruppe ihre Forderungen ausdrücklich nur als „Ausfallforderungen" angemeldet haben, so wollten sie damit nur der gesetzlichen Schranke des § 64 KO. Rechnung tragen und zum Ausdruck bringen, was sich nach dieser Vorschrift von selbst versteht: wir verlangen „Befriedigung" aus der allgemeinen Masse (als Konkursgläubiger) nur für den Ausfall, den wir bei Verwertung und Verteilung der Sondermasse erleiden (Jaeger aaO.).

II. Namentlich aber bestand Streit darüber, ob im Falle ordnungsmäßiger Geltendmachung der Konkursforderung und des sie deckenden Absonderungsanspruches der Gläubiger *Zinsen* aus dem Erlöse des Absonderungsgegenstandes *für den vollen Forderungsbetrag* oder *nur für den Ausfall* verlangen dürfe.

Es wurde behauptet, auch absonderungsberechtigte Konkursgläubiger seien von vornherein der Schranke des § 63 Nr. 1 KO. unterworfen. Denn „soweit die Forderung sich (beim Vollzuge der abgesonderten Befriedigung) als nicht gedeckt erweise, sei sie gewöhnliche Konkursforderung und zwar von Anfang an". Man könne sich nicht vorstellen, daß eine volle Verzinsung der durch das Absonderungsrecht nur teilweise gedeckten Konkursförderung statthaft sei. Dabei wird verkannt, daß für den Begriff des „Ausfalls" *der Anrechnungsgrundsatz* maßgebend ist, der für die Fahrnisabsonderung im § 48 (mit § 49) KO. und ganz entsprechend für die Liegenschaftsabsonderung im § 12 ZVG. (mit § 47 KO.) festgelegt wird. Ihm zufolge müssen, wenn der *Ausfall* ermittelt werden soll, die Zinsen *vor* dem Kapital aus dem Erlöse des Absonderungsgegenstandes berichtigt werden. Jedes im Konkurse zur abgesonderten Befriedigung führende Wertrecht deckt die Zinsen der gesicherten Konkursforderung *vor* dem Kapital. Auch die erst während des Konkurses erwachsenden Zinsen kommen bei dieser Anrechnung in Vorabzug. So wird der absonderungsberechtigte Konkursgläubiger ermächtigt, seinen Kapitalausfall der allgemeinen Masse aufzubürden. Darin liegt gerade der Hauptzweck des Anrechnungsgrundsatzes. Siehe Jaeger KO.[7] § 48 Anm. 8, § 63 Anm. 2 a. Wird also gefragt, bis zu welchem Zeitpunkte die Forderung des absonderungsberechtigten Konkursgläubigers verzinst werden müsse, so kann die Antwort nur lauten: so lange, bis der Deckungsgegenstand verwertet ist. Jetzt erst läßt sich berechnen, wieweit der Ausfall reicht und worin er besteht. Die Forderung auf den so ermittelten Ausfall und *nur sie* unterliegt der Schranke des § 63 Nr. 1 KO. Für sie allerdings hat der Gläubiger als Konkursgläubiger Zinsen aus der Zeit des Verfahrens nicht weiter zu beanspruchen. Beträgt beispielsweise die Konkursforderung 200 000, der Erlös des Absonderungs- | gegenstandes 40 000, der Zinssatz 5 v. H. und die Zwischenzeit zwischen | S. 162

Konkursbeginn und Verwertung gerade ein Jahr, dann sind Zinsen in Höhe von 10 000 bei der Ausfallermittelung in Vorabzug zu bringen. Sieht man von den Kosten ab, so wären also vom Kapital nur 30 000 getilgt und folglich 170 000 bei den Konkursverteilungen zu berücksichtigen.

III. In einem süddeutschen Konkurse wurde die Frage der Zinsbehandlung für Grundschulden streitig, die auf massezugehörigen Liegenschaften ohne Zinsbestimmung im Grundbuch eingetragen waren. Der Grundschuldgläubiger, dessen Forderung voll angemeldet und als Ausfallforderung festgestellt worden war, verlangte den Vorabzug von Verzugszinsen in banküblicher Höhe, der Konkursverwalter widersetzte sich jedem Zinsabzug. Nach § 1192 Abs. 2 mit § 1118 BGB. erstreckt sich die dingliche Haftung aus der Grundschuld wie aus einer Hypothek schon von Rechts wegen (also ohne Buchung) auf Verzugszinsen und andere gesetzliche Zinsen. So jedenfalls in Höhe des gesetzlichen Zinssatzes (§ 288 Abs. 1 Satz 1 BGB.). Ob die grundpfandrechtliche Haftung ohne Buchung sich darüber hinaus auf besonders (etwa durch Hinweis auf die „Allgemeinen Geschäftsbedingungen" der kreditgebenden Bank) vereinbarte höhere Verzugszinsen erstreckt, ist streitig, aber mit OLG. Hamburg vom 26. 11. 1906 OLG. 14 S. 100 f, Planck-Strecker BGB.[4] § 1118 Erl. 1 b nach Wortlaut und Zweck des Gesetzes zu verneinen. Auch Verzugszinsen kommen daher, wenn sie nicht nach § 1115 BGB. im Grundbuch eingetragen sind, nur in Höhe des gesetzlichen Zinssatzes bei der Befriedigung aus dem Massegrundstück nach § 47 KO. mit § 12 ZVG. in Vorabzug.

Aus der Praxis des Konkurs- und Vergleichsverfahrens IX.

KonkTreuh 1934 S. 1–3
Von Professor **Dr. Ernst Jaeger,** Leipzig.

A. Wird der Konkursverwalter durch Beschlüsse der Gläubigerversammlung gebunden und persönlich entlastet?

I. Ein Kaufmann hatte seine Darlehnsschulden bei einer Bank durch Sicherungsübereignungen gedeckt. Der Rechtsbestand dieser Deckung wurde im Konkurse des Schuldners zweifelhaft. Der Konkursverwalter versuchte zunächst eine Beschlußfassung des Gläubigerausschusses nach § 133 Nr. 2 KO. über die Frage der Anerkennung zu erwirken. Doch ergab die Abstimmung Stimmengleichheit von zwei gegen zwei Stimmen, nachdem sich das fünfte Mitglied, Vorstand eben jener Bank, aus Rücksichten des Interessenwiderstreits der Stimmabgabe enthalten hatte. Die Entscheidung wurde nun nicht durch Zuziehung eines Ersatzmanns, sondern mit Hilfe der Gläubigerversammlung angestrebt, deren Einberufung der Konkursverwalter erwirkte (§ 93 Abs. 1 Satz 2 KO.)[1]. Als Gegenstand der Beschlußfassung wurde bei Einberufung der Versammlung die Anerkennung der „Aussonderungsansprüche" der Bank bezeichnet.

Die Abstimmung der Gläubiger ergab (unter Stimmrechtsausschluß der Bank) eine Mehrheit für die Anerkennung des Rechtsbestandes der Sicherungsübereignung. Der Konkursverwalter aber glaubte „nach Rücksprache mit einigen Juristen" sich bei diesem Bescheide nicht beruhigen zu dürfen und frug an, ob er sich ihm zu fügen habe oder ob ihm die endgültige Entschließung unter persönlicher Verantwortlichkeit vorbehalten bleibe. Zugleich wies er darauf hin, daß die Anerkennung der Sicherheit den völligen Ausfall aller nicht mindestens der zweiten Vorrechtsklasse angehörenden Konkursgläubiger zur Folge haben müsse.

II. Deshalb allein, weil bei Berufung der Gläubigerversammlung als Gegenstand der Beschlußfassung die Anerkennung eines Aussonderungsrechtes bekannt gemacht worden war, obwohl Sicherungsübereignungen im Konkurse

1 Eine vom Verwalter selbst einberufene Zusammenkunft der Gläubiger wäre gar keine Gläubigerversammlung im Sinne des Gesetzes (§§ 93 ff. KO.). Daß ihre Beschlüsse den Verwalter weder binden noch entlasten könnten, steht außer allem Zweifel.

zur abgesonderten Befriedigung führen (Jaeger KO.[7] § 48 Anm. 13 mit Verw.), bestehen gegen die Rechtsgültigkeit der Beschlußfassung keine Bedenken. Eine irgend wie maßgebende Entschließung über die Rechtsfrage an sich, ob die Deckung im Konkurs Aussonderungs- oder Absonderungskraft habe, konnten die Gläubiger gar nicht fassen. Es genügt, daß die Anerkennung der Gültigkeit einer bestimmt bezeichneten Sicherung auf die Tagesordnung gesetzt war. Ob die Gläubigerversammlung die Anerkennung des Rechtsbestandes der Deckung als Aus- oder Absonderungsrecht gutheißt, ist einerlei.

Zu einer wirksamen Genehmigung im Sinne des § 1 KO. war es aber garnicht gekommen. Der Gläubigerausschuß hatte eine solche nicht beschlossen. Die Gläubigerversammlung konnte sie nicht beschließen.

Darüber, ob Ausschußmitglieder in eigener Sache stimmrechtsunfähig sind, bestehen verschiedene Meinungen. In einem beachtenswerten Aufsatz hat Wassertrüdinger in Gruchots Beitr. Bd. 69 (1928) S. 464 ff. die Ansicht vertreten, daß ein Ausschußmitglied von der Teilnahme an Abstimmungen ausgeschlossen sei, an deren Ergebnis es persönlich beteiligt ist. Dem ist grundsätzlich beizupflichten und zwar in dem Sinne, daß das Stimmrecht einem Ausschußmitglied abzusprechen ist, wenn über ein mit ihm selber zu schließendes Rechtsgeschäft oder über einen mit ihm selber zu führenden Rechtsstreit Beschluß gefaßt wird. So jetzt Jaeger KO.[7] § 90 Anm. 3 und für Abstimmungen in der Gläubigerversammlung § 95 Anm. 6. Im Einzelfalle kann die Abgrenzung des Ausschlusses Schwierigkeiten bereiten. Ergibt sich aber infolge des Ausschlusses oder bei sonstiger gerader Mitgliederzahl Stimmengleichheit, dann ist durch Zuziehung von Ersatzmännern Abhilfe zu schaffen. Sind Ersatzmänner nicht von vornherein bestellt oder weggefallen, dann mögen sie durch Beschluß der Gläubigerversammlung nachgewählt werden (§ 87 Abs. 2 KO.). Keineswegs hat die Gläubigerversammlung die Macht, durch Stichentscheid den Ausschlag zu geben oder den Ausschußbeschluß zu ersetzen. Zwar wird von einigen Schriftstellern gelehrt, die Gläubigervesammlung sei hier zur Abhilfe berufen, denn sie sei „die Machtgeberin des Ausschusses" (so Th. Wolff KO.[2] § 133 Anm. 1 S. 424), sie sei „das dem Ausschusse vorgesetzte Organ der Gläubigerschaft" (so L. Seuffert Konkursprozeßrecht S. 314), wie denn auch die Motive S. 313 behaupten: die Gläubigerversammlung sei berechtigt, dem Ausschusse bindende Instruktionen zu erteilen. Von alledem weiß aber das Gesetz nichts. Die Gläubigerversammlung hat keine anderen Aufgaben als die ihr vom Gesetz zugewiesenen. Sie kann ihre Zuständigkeit nicht selbst erweitern. Wie sie außerstande ist, Ausschußbeschlüsse zu ändern oder aufzuheben, so ermangelt sie auch der
| S. 2 Macht, Ausschußbeschlüsse | zu ersetzen und etwa den Ausschußmitgliedern die gesetzliche Verantwortlichkeit (§ 89 KO.) abzunehmen. Die bedeutsame Gewähr dieser Haftpflicht ginge damit verloren. Die Konkursverwaltungsakte des § 133

KO. sind nach der bestimmten und klaren Anordnung des Gesetzes (vom Falle des § 135 Abs. 2 KO. abgesehen) jeder Einwirkung der Gläubigerversammlung entrückt. Ein Gläubigerausschuß braucht für die Regel nicht da zu sein. Fehlt er, dann entscheidet in Fällen des § 133 KO. der Konkursverwalter selbständig. Keineswegs rückt (wie für die Entschließungen des § 134 KO.) die Gläubigerversammlung in die Genehmigungszuständigkeit ein. Hat aber die Gläubigerversammlung andere als die ihr ausdrücklich zugewiesenen Machtbefugnisse nicht, dann ermangelt ihr Beschluß schon aus dem Grunde der Unzuständigkeit jeder Bedeutung.

III. Selbst wenn die Gläubigerversammlung in Fällen des § 133 KO. Ausschußgenehmigungen ersetzen könnte, würde die in Frage stehende Anerkennung des Absonderungsrechtes der Bank den Konkursverwalter keineswegs schlechthin binden. Wäre sie bindend, dann müßte sie den Verwalter auch entlasten. So würde sich in unserem Falle der bedenkliche Schluß ergeben, daß die persönliche Verantwortlichkeit des Konkursverwalters (§ 82) und die der Ausschußmitglieder (§ 89 KO.) durch die Entschließung einer unverantwortlichen Stelle umgangen wäre.

Genehmigungen, die Gläubigerausschuß oder Gläubigerversammlung in den Grenzen ihrer gesetzlichen Zuständigkeit erteilen, entheben den Konkursverwalter, der die so genehmigte Handlung vornimmt, allerdings für die Regel der eigenen Haftung (Jaeger KO.[7] § 82 Anm. 6). Damit ist aber nicht gesagt, daß er sie vornehmen müßte. Nicht der Gläubigerausschuß oder die Gläubigerversammlung hat den genehmigungsbedürftigen Akt vorzunehmen, sondern der Verwalter. In Fällen des § 133 Nr. 2 KO. „genehmigt" d. h. billigt der Ausschuß, daß der Konkursverwalter Aussonderungs-, Absonderungs- oder Masseansprüche anerkenne. Sie selber anzuerkennen, haben Ausschuß und Gläubigerversammlung nicht die Macht. Der bejahende Beschluß besagt: der Verwalter darf die Maßnahme treffen, sie ist ihm erlaubt. So bedeutet auch die vormundschaftsgerichtliche Genehmigung (§§ 1821 f. BGB.) nur ein Gestatten, nicht ein Gebieten. Man nehme z. B. an, der Konkursverwalter habe die Genehmigung zu einem kostspieligen Anfechtungsprozesse nach § 133 Nr. 2 KO. erwirkt, erfahre nun aber, daß das Reichsgericht einen rechtlich ganz gleich gelagerten Fall soeben in einem der Konkursmasse ungünstigen Sinne entschieden habe. Hier wird der Verwalter die genehmigte Anfechtung unterlassen. Die Erhebung der Klage könnte Verschulden im Sinne des § 82 KO. sein. Hätte er freilich keinen triftigen Grund, die genehmigte Handlung zu unterlassen, so würde er für eine auf diesem Unterlassen beruhende Schädigung der Masse verantwortlich werden, aber eben immer nur bei feststehendem Verschulden.

B. Kann der Konkursverwalter über unangemeldete Konkursforderungen wirksame Vergleiche schließen?

I. Die Aufgabe des Konkursverwalters geht im allgemeinen dahin, die zur Konkursmasse gehörenden Gegenstände zu sammeln, sie — soweit nötig — in Geld umzusetzen und aus der reinen Masse, die nach dem Vollzuge der Aussonderung, der Absonderung und der Massegläubigerdeckung verbleibt, die Konkursforderungen gesetzentsprechend zu erfüllen oder sicherzustellen. Zu allen Maßnahmen der Verwaltung und Verfügung, die dieser Aufgabe dienen, ist der Verwalter kraft Gesetzes ermächtigt.

Zu einzelnen Verwaltungshandlungen, die besonders folgenschwer sind oder in der Konkurslage als ungewöhnlich erscheinen, hat der Verwalter nach den Vorschriften der §§ 133 ff. KO. die Zustimmung eines Gläubigerausschusses oder die der Gläubigerversammlung einzuholen. Doch bestimmt der § 136 KO. ausdrücklich, daß diese Bindungen nur innerrechtliche Bedeutung haben, auf die Wirksamkeit der Handlung gegenüber Dritten also ohne Einfluß sein sollen.

Unter die Maßnahmen, die innenrechtlich der Zustimmung eines Gläubigerausschusses bedürfen, gehört nach § 133 Nr. 2 KO. der Vergleich, sofern er nicht etwa nur Bagatellwerte betrifft. Außer der Wertgrenze stellt die Vorschrift keine Schranken auf. Sie trifft (von dieser Grenze abgesehen) Vergleiche aller Art und über Gegenstände aller Art, also den rein rechtsgeschäftlichen Vergleich (§ 779 BGB.) so gut als den prozessualen (sei er zu Abwendung oder zu Beendigung eines Rechtsstreits geschlossen), den Vergleich über Aktiven wie über Passiven der Konkursmasse. Nur muß der Vergleich innerhalb des Bereichs der Aufgabe eines Konkursverwalters liegen, also dem Zwecke des Konkurses dienen. Nicht als ob seine Rechtswirksamkeit dadurch bedingt wäre, daß er im Einzelfalle wirklich auch zum Vorteil der Masse ausschlägt. Diese Schranke lehnen die Motive S. 34 und mit ihnen die gemeine Lehre zutreffend ab. Allein das Wesen der Konkursverwaltung zwingt zu dem Schlusse, daß einer außerhalb des Konkurszweckes liegenden Maßnahme die Wirksamkeit versagt bleiben muß. Reine Freigebigkeiten des Verwalters müssen beispielsweise auch dann unverbindlich sein, wenn sie in die Form von Vergleichen gekleidet werden. Nur echte Vergleiche liegen im Zweckgebiete des Konkurses und auch sie nur, wenn sie dem ernsten Willen entspringen, das gemeinsame Wohl der Konkursgläubiger zu fördern (mögen sie dieses Ziel tatsächlich erreichen oder nicht). Auch der im Machtkreise des Verwalters liegende und darum wirksame Vergleichsschluß kann den Konkursverwalter persönlich haftbar machen, wenn dieser durch vorsätzliches oder fahrlässiges Verschulden eine Schädigung der Konkursmasse verursacht (§ 82 KO.). Eine auf lautere Weise (nicht etwa durch Täuschung des Ausschusses) erwirkte Ausschußgenehmigung im Sinne des § 133 Nr. 2 KO. deckt den Vergleichsschluß des Verwalters. Auch kann der Verwalter dadurch entlastet werden, daß seine wahrheitsgemäß über den Vergleich berichtende Schlußrechnung (§ 86 KO.) im Schlußtermine gutgeheißen wird (§ 162 KO.).

II. Unter diesen allgemeinen Gesichtspunkten ist die Frage zu prüfen, inwieweit der Konkursverwalter Vergleiche über unangemeldete Konkursforderungen mit Rechtswirksamkeit für die Masse abschließen kann.

Unzweifelhaft fallen unter den § 133 Nr. 2 auch gerichtliche und außergerichtliche Vergleiche über Konkursforderungen. So namentlich Vergleiche in Konkursfeststellungsprozessen mit dem Verwalter. Kann aber | der Verwalter auch über | S. 3
unangemeldete und darum nicht zur Prüfung gestellte Konkursforderungen rechtswirksame Vergleiche schließen, so besteht die Gefahr, daß die Bestreitungsbefugnis der am Verfahren teilnehmenden Gläubiger vereitelt wird (§ 144 Abs. 1 KO.). Dieses Bedenken läßt sich nicht ausräumen durch den Hinweis darauf, daß die Bestreitung durch Konkursgläubiger tatsächlich eine geringe Rolle spielt. Denn schon in der Möglichkeit erfolgreichen Widerspruchs liegt ein bedeutsamer Schutz der Einzelbelange. Andrerseits bilden Anmeldung und Prüfung wohl Voraussetzungen und zwar unerläßliche Voraussetzungen der konkursmäßigen Befriedigung eines Konkursgläubigers, nicht aber auch der vergleichsmäßigen Abfindung. Nur für das Prüfungs-, nicht für das Abfindungsverfahren gewährleistet das Gesetz den konkurrierenden Gläubigern aus Rücksichten auf ihr Sonderwohl ein Mitwirkungsrecht. Wo das gemeinschaftliche Interesse der Gesamtgläubigerschaft den gewissenhaften Verwalter zum Vergleichsschlusse drängt, muß das Einzelinteresse zurückstehen. Bei Prüfung der Vergleichsfrage aber sind zwei Dinge scharf zu trennen: Die Macht des Verwalters und seine Verantwortlichkeit. Es ist nach den Ausführungen unter I recht wohl denkbar, daß der Verwalter einen wirksamen Vergleich schließen kann, aber den Vergleichsschluß persönlich zu vertreten hat.

Ermächtigt zum Vergleich über unangemeldete Konkursforderungen ist der Verwalter dann, wenn ein solcher Vergleich den Konkurszwecken dient. Daß diese Voraussetzung gegeben sein kann, lehrt gerade der Konkurs, in dem unsere Frage sich erhoben hat. Hier hatte der Gemeinschuldner Verbindlichkeiten im Auslande, denen weit höhere Forderungen an das Ausland gegenüberstanden. Hätte der Konkursverwalter die Auslandsgläubiger nicht außerkonkursmäßig befriedigt, so hätten diese den Weg der Auslandsvollstreckung beschritten (sei es durch Einzelzugriffe oder durch Erwirkung eines Sonderkonkurses). Die Folge würde eine Entwertung der Außenstände, eine Entstehung von Schadenersatzansprüchen und eine Vernichtung der ausländischen Geschäftsverbindungen gewesen sein, die einen beträchtlichen Wert der Inlandskonkursmasse bildeten. Es unterlag keinem Zweifel, daß der Konkursverwalter pflichtmäßig und zum Besten der Konkursmasse handelte, indem er die Auslandsgläubiger außerkonkursmäßig befriedigte. Und doch war damit das Bestreitungsrecht der Inlandsgläubiger ausgeschaltet worden. Es würde nur wirksam geworden sein, wenn die Auslandsgläubiger konkursmäßige Befriedigung aus der Inlandsmasse gesucht hätten (vgl. § 5 KO.), weil sie alsdann auf den Weg der Anmeldung und des Prüfungsverfahrens verwiesen waren.

Der Vergleich mit den Inlandsgläubigern kann keine andere grundsätzliche Behandlung erfahren. Auch er liegt, mögen die Forderungen angemeldet sein oder nicht, dann im Zuständigkeitsbereiche des Konkursverwalters, wenn dieser durch den Vergleich das Gemeinwohl der Beteiligten zu fördern sucht. Auf Wünsche und Launen einzelner Gläubiger oder einer Clique von Gläubigern hat der Verwalter dabei nicht zu achten. Er muß das Wohl der Gesamtgläubigerschaft und zugleich das des Schuldners zu wahren bestrebt sein. Vergleiche, die dieser Aufgabe dienen, liegen im Zweckbereiche des Konkurses und sind darum für die Masse verbindlich. So ist es denkbar, daß die Ungewißheit darüber, ob ein Anspruch Konkursforderung oder ob er (ganz oder teilweise) Ersatzaussonderungs- oder Masseanspruch sei (vgl. §§ 46, 59, 224 KO.), durch einen Vergleich im Sinne des § 133 Nr. 2 KO. (§ 136) behoben wird, ohne daß ein Anlaß vorläge, den Gläubiger zunächst zur Anmeldung zu drängen. Diese muß überall vermeidbar sein, wo das Gemeinwohl ihre Vermeidung erheischt.

Freilich trägt der so verfahrende Konkursverwalter und tragen die ihm nach § 133 Nr. 2 KO. zustimmenden Mitglieder des Gläubigerausschusses eine persönliche Verantwortlichkeit (§§ 82, 89 KO.). Gerade in ihr liegt eine unentbehrliche, den Belangen „aller Beteiligten" Rechnung tragende Schutzwehr. Nur dann aber, wenn Verwalter oder Ausschußmitglieder infolge nachweisbaren Verschuldens die Masse geschädigt haben, setzt die Ersatzpflicht ein. Das Wohl „aller Beteiligten" ist gleichbedeutend mit dem allgemeinen Wohle der Beteiligten, weshalb denn auch etwaige Ersatzansprüche in erster Linie als Bestandteile der Konkursmasse erwachsen.

Aus der Praxis des Konkurs- und Vergleichsverfahrens.

X. Fortbetrieb eines im Konkurse stehenden Handelsgewerbes durch den Konkursverwalter.

KonkTreuh 1935 S. 17–18
Von Professor **Dr. Ernst Jaeger,** Leipzig.

Im Konkurs eines Maschinenfabrikanten führt der Konkursverwalter das Geschäft des Gemeinschuldners im dritten Jahre unter dessen Firma ohne Hinweis auf den Konkurs weiter. Er beliefert auch Abnehmer im Ausland, ohne sie vom Konkurse zu unterrichten. Die nächstbeteiligte Fachuntergruppe (Wirtschaftsgruppe Maschinenbau) erhebt Vorstellungen bei der zuständigen Industrie- und Handelskammer sowie beim Konkursgericht. Ohne Erfolg. Sie fragt an, was zum Schutze des gefährdeten Industriezweigs geschehen könne, da der Konkursverwalter Verkäufe abschließe, die einem gesunden Wirtschaftsbetrieb widerstreben.

Das Verhalten des Verwalters ist unvereinbar mit seiner gesetzlichen Aufgabe. Wohl kann diese eine einstweilige „Fortführung des Geschäfts" gebieten, um dessen spätere Verwertung „im ganzen" (§§ 117, 132 ff. KO.) — eine solche pflegt ergiebiger zu sein als der Einzelverkauf — oder vielleicht auch einen für die Gläubiger vorteilhaften Zwangsvergleich anzubahnen. Es ist auch denkbar, daß bei besonders günstiger Lage einmal alle Konkursgläubiger aus den Betriebsüberschüssen befriedigt werden können. Solche Erfolge würden eine dem Konkurszweck entsprechende Lösung der Verwalteraufgabe, eine „Verwertung" der Masse im weiten Sinne des § 117 Abs. 1 KO. darstellen. Nicht aber darf der konkursmäßige Fortbetrieb Selbstzweck und Dauerzustand werden, auch dann nicht, wenn in ihm zahlreiche Angestellte ihr Dasein fristen, und keinesfalls darf er, auch als konkurszweckdienlicher und vorübergehender, unter Verschweigung der Tatsache stattfinden, daß es ein Konkursverwalter ist, der das Unternehmen betreibt. Wie man auch die Rechtsstellung des Verwalters auffassen mag, er darf immer nur als Verwalter einer genau bezeichneten Konkursmasse tätig werden (§ 6 KO.). Dabei versteht es sich durchaus nicht von selbst, daß er zur Ausübung des Firmenrechts ermächtigt ist, da dieses (jedenfalls nach herrschender Ansicht) überhaupt nicht zur Konkursmasse gehört. Er kann auf die Firma Bezug nehmen, soweit ihre Verwendung zur Kennzeichnung des Unternehmens erforderlich ist, und bedarf zu solchem Gebrauch keiner Zustimmung des Schuldners. Stets aber muß er klar zum Ausdruck bringen, daß er ein im Konkurse befindliches Unternehmen betreibt, daß er als Konkursverwalter tätig wird. Wenn die Firma nur den bürgerlichen Namen des im Konkurse stehenden Kaufmanns enthält („Maschinenfabrik Franz Faller") oder wenn eine Handelsgesellschaft im Konkurse steht, die keinen anderen Namen hat als ihre Firma („Maschinenfabrik Gebrüder Faller"), kann der Verwalter seine gesetzlichen Obliegenheiten gar nicht erfüllen, ohne bei ihrem Vollzug, besonders beim Abschlüsse von Rechtsgeschäften und bei der Führung von Rechtsstreitigkeiten, auf die Firma hinzuweisen (als Verwalter des Konkurses der Maschinenfabrik Franz Faller oder Gebrüder Faller). Darin liegt kein Eingriff in das beschlagsfreie Firmenrecht, so wenig als im Konkurse von Nicht- oder Minderkaufleuten der Gebrauch ihres Familiennamens einen Eingriff in das beschlagsfreie Namenrecht darstellt[1]. Wie anders sollte denn die Konkursmasse, für die der Verwalter zu handeln hat, bezeichnet werden können? Der Konkursverwalter ist aber unter persönlicher Verantwortlichkeit verpflichtet, bei jeder Bezugnahme auf den bürgerlichen oder auf den kaufmännischen Namen des Gemeinschuldners die Beteiligten wissen zu lassen, daß sie es mit einem im Konkurse stehenden Gegner zu tun haben (§ 82 KO.). Es leuchtet ein, daß er einen Wechsel oder Scheck auf den Namen des Schuldners nicht ohne Angabe der Konkurslage ausstellen darf. Ansprüche aus Handlungen des Konkursverwalters begründen Masseschulden (§ 59 Nr. 1 KO.). Desgleichen Prozeßkostenpflichten, wenn der Verwalter im Massestreit unterliegt. Auch die Massegläubiger sind Beteiligte im Sinne des § 82[2]. Wüßte der Gegner nicht, daß ihm eine Konkursmasse gegenübersteht, dann bestände die Möglichkeit, daß er sich gelegentlich auf Verhandlungen mit dem Schuldner persönlich einläßt und so empfindlichen Schaden leidet. Allein auch dann, wenn der Verwalter den Gewerbebetrieb ganz in der Hand behält, muß der Gegner darüber verständigt sein, daß dieser Betrieb auf Rechnung einer Konkursmasse geht. Nicht einmal die Vorzugsstellung der Massegläubiger (§ 57 KO.) gewährt ausreichenden Schutz gegen Einbußen (§ 60 KO.), zumal in Konkursen juristischer Personen, die regelmäßig ersatzlos von der Bildfläche verschwinden.

Das Gebot, die Konkursmasse im Verkehr bestimmt zu bezeichnen, ist eine konkursrechtliche Amtspflicht des Verwalters, deren Erfüllung das Konkursgericht zu überwachen hat (§§ 83, 84 KO.). Das Registergericht kann den Verwalter nicht anhalten, die Konkurslage bei Bezugnahme auf die Firma zu offenbaren. Bedient sich der Verwalter der Firma unter Angabe seiner Eigenschaft als Konkursverwalter, dann ändert er natürlich nicht etwa die Firma im Sinne des § 31 HGB. Auch für eine entsprechende Anwendbarkeit des § 37 Abs. 1 HGB., wie

1 Jaeger KO. § 1 Anm. 7 (7. Aufl. Bd. I S. 5 f.).
2 Ebenda § 82 Anm. 2 a (7. Aufl. Bd. II S. 293).

sie der § 37 Abs. 2 Satz 1 VerglO. vorsieht, ist im Konkurse kein Raum. Hier bedarf es auch keiner Vorschrift im Sinne des § 37 Abs. 1 VerglO. oder des § 153 HGB. Ganz anders als | Vergleichsschuldner oder Liquidatoren hat der Verwalter die Firma | **S. 18** überhaupt nicht zu „führen". Darum kommt das Gebot eines Firmenzusatzes für ihn auch nicht entsprechend in Frage. Auch wettbewerbsrechtliche Grundsätze sind hier nicht maßgebend. Alle Zweifel lösen sich aus der konkursrechtlichen Stellung des Verwalters.

Nach dem Zwecke des § 16 VO. v. 27. 11. 1934 (RGBl. I S. 1194) muß angenommen werden, daß jede Gruppe der gewerblichen Wirtschaft, gesetzlich vertreten durch ihren Leiter (§ 14 VO.), das Einschreiten des Konkursgerichts gegenüber einer die Wirtschaft des Gruppenbereichs störenden Pflichtwidrigkeit des Konkursverwalters anregen (§§ 83, 84 KO.) und ablehnende Beschlüsse mit der sofortigen Beschwerde anfechten kann (§ 73 Abs. 3 KO.). Sonst wäre der Gruppenleiter außerstande, die Angelegenheiten der Gruppe im Sinne des § 16 Abs. 2 VO. zu fördern[3].

---

3 Der § 16 Abs. 2 Satz 1 dieser auf Grund und zum Vollzuge des Gesetzes zur Vorbereitung des organischen Aufbaues der deutschen Wirtschaft v. 27. 2. 1934 (RGBl. I S. 185) erlassenen Verordnung legt dem Leiter die Pflicht auf: „Die Gruppe im Sinne des nationalsozialistischen Staates zu führen und die Angelegenheiten der Gruppe und ihrer Mitglieder unter Rücksichtnahme auf die Gesamtinteressen der gewerblichen Wirtschaft und unter Wahrung des Staatsinteresses zu fördern."

Aus der Praxis des Konkurs- und Vergleichsverfahrens.

XI. Die Nichtigkeit der Sonderbegünstigung beim Zwangsvergleich.

KonkTreuh 1935 S. 81–84
Von Professor **Dr. Ernst Jaeger,** Leipzig.

I.

Das Gebot der Gleichbehandlung aller beteiligten Gläubiger gilt für den konkurslösenden und für den konkursabwendenden Zwangsvergleich, für jenen mit der Maßgabe, daß eine ungleiche Bestimmung der Rechte die einmütige Einwilligung der Zurückzusetzenden erfordert, für diesen unter Zulassung eines Mehrheitszwanges. Beidemal erklärt das Gesetz jedes verbotene Bevorzugungsabkommen für nichtig, aber wiederum mit einem Unterschiede: beim Zwangsvergleich zur Abwendung des Konkurses wird jede tatsächliche, beim Zwangsvergleich des Konkurses nur diejenige Bevorzugung verworfen, die den am Abkommen Beteiligten zum Bewußtsein gelangt ist. § 181 KO., § 8 VerglO. v. 26. 2. 1935.

II.

Im Rahmen des allgemeinen bürgerlichen Rechts bildet die Nichtigkeit der verbotenen Sonderbegünstigung einen Anwendungsfall des § 134, nicht des § 138 BGB.[1] Sie setzt auch ein, wo die Begünstigung mit den Geboten der Sittlichkeit vereinbar ist, was etwa bei Vollbefriedigung kleiner und besonders hilfsbedürftiger Gläubiger durch Angehörige des Schuldners selbst in Fällen der Verheimlichung zutreffen kann. Auch die Anwendung des § 134 BGB. hat für jeden der beiden Zwangsvergleiche eine besondere Ausprägung erhalten. Die Verbotsverletzung löst verfahrensrechtliche, bürgerlich-rechtliche und strafrechtliche Wirkungen aus.

1. Verfahrensrechtlich hat die verbotene Sonderabrede, wenn sie (einerlei wie) rechtzeitig aufgedeckt wird, zur Folge, daß der Richter den Vergleich von Amts wegen verwerfen muß, mag auch die Sonderabrede ohne Einfluß

---

1 Anscheinend abw. AG. Greiz v. 7. 7. 1934 KonkTreuh. Seite 169.

auf die Annahme des Vergleichs geblieben sein (§ 186 Nr. 1 KO., § 79 Nr. 1 VerglO.)[2]. Wird der Verstoß erst ermittelt, nachdem das Gericht den Bestätigungsbeschluß verkündet hat (§ 185 mit § 189 Abs. 2 KO., § 78 Abs. 3 VerglO.), dann ist es im Konkurse durch das Verbot des § 577 Abs. 3 ZPO., im Vergleichsverfahren durch die schon mit der Verkündung einsetzende Rechtskraft des Bestätigungsbeschlusses (§ 121 Abs. I VerglO.) verhindert, ihn abzuändern. Wohl aber kann der Verstoß durch Beschwerde (soweit diese stattfindet) zur Berücksichtigung gebracht werden (§ 189 KO., § 80 Abs. 2 VerglO.). Erkennt ihn das Gericht schon vor der Abstimmung, dann darf es über den mit dem Mangel behafteten Vorschlag gar nicht abstimmen lassen. Bedenken hat es im Termin zur Sprache zu bringen.

2. Bürgerlich-rechtliche Folge der unerlaubten Sonderbegünstigung ist vor allem deren Nichtigkeit. Von ihr wird im Folgenden die Rede sein. Den Vergleich selber bringt der Verstoß nicht zu Fall[3]. Hat ihn aber die Begünstigung als arglistige Täuschung zustande gebracht, dann steht jedem vom Vergleich betroffenen Gläubiger das Recht zu, sich der Vergleichsschranken im Anfechtungswege mit Wirksamkeit für seine eigene Person zu entledigen (§ 196 KO., § 89 VerglO.).

3. Strafbarkeit zieht die Sonderbegünstigung in bestimmten, auf Vorsatz abgestellten Fällen nach sich (§§ 241, 243 KO., § 123 VerglO.).

III.

Das verbotene Abkommen ist nichtig (§ 181 Satz 3 KO., § 8 Abs. 3 VerglO.). Das Verbot gilt vor allem der verheimlichten Sonderbegünstigung, also einer solchen, die hinter dem Rücken der übrigen Gläubiger getroffen wird und den Begünstigten veranlassen soll, auch für einen dem gemeinsamen Wohle der Vergleichsgläubiger abträglichen Vorschlag einzutreten. Die Nichtigkeit setzt aber auch ein, wenn der Begünstigte gar nicht oder wenn er gegen den Vergleich stimmt; auch dann, wenn alle Zustimmenden um das Sonderabkommen wissen, mögen sie es für unschädlich halten oder es bewußt in den Kauf nehmen. | | S. 82

2 Hat die Begünstigung den Vergleich „zustandegebracht", so trifft auch der § 188 Abs. 1 Nr. 1 KO. sowie der § 79 Nr. 3 VerglO. zu. Darin liegt eine Unebenheit der Gesetze. Keinesfalls verdrängt der § 188 Abs. 1 Nr. 1 den § 186 Nr. 1 KO. oder der § 79 Nr. 3 den § 79 Nr. I VerglO. Vielmehr wird der besonders wichtige Verstoß des Sonderabkommens unter dem Gesichtspunkte der Vergleichserschleichung noch eigens gewürdigt.

3 Daß die Sonderbegünstigung dem Zwangsvergleich im ganzen die Wirksamkeit entziehe, bestimmt wohl auch kein Auslandsgesetz. Wie aber Dölle im Rechtsvergleichenden Handwörterbuch „Konkurs" S. 184 bemerkt, zieht in den Vereinigten Staaten von Amerika die Rechtsprechung diese Folgerung. Sie erscheint jedenfalls dann unangemessen, wenn die Sonderabrede auf das Zustandekommen des Vergleichs ohne Einfluß geblieben ist.

Starke Meinungsverschiedenheit besteht darüber, wie die zurückzusetzenden Gläubiger ihr Einverständnis mit der Zurücksetzung (§ 181 Satz 2 KO., § 8 Abs. 2 VerglO.) zu erklären haben und wie lange sie diese Erklärung wirksam abgeben können. Die Stellung des § 181 KO. unmittelbar vor den Bestimmungen über die Annahme des Vergleichs (§ 182 KO.) und der neue Wortlaut des § 8 Abs. 2 VerglO. weisen darauf hin, daß die Zustimmung im Vergleichstermine zu erklären ist. Der § 8 Abs. 2 Nr. 1 VerglO. fügt jetzt klarstellend hinzu: „Hierbei werden die schriftlich zustimmenden (Vergleichsgläubiger) wie anwesende behandelt." Der Zusatz steht im Einklange mit dem Grundsatz des § 73 VerglO. und fehlt wie dieser in der Konkursordnung. Trotzdem erscheint es zweckmäßig, die zu Protokoll der Geschäftsstelle des Konkursgerichts erklärte oder schriftlich eingereichte Zustimmung eines dem Termine fernbleibenden Gläubigers bei der Abstimmung genügen zu lassen, auch eine nur privatschriftliche. Denn die Bedenken, die sich gegenüber der Zulassung privatschriftlicher Vergleichsbürgschaften um deswillen ergeben, weil überall sonst aus triftigen Gründen nur öffentliche Urkunden als Vollstreckungstitel anerkannt werden[4], machen sich hier nicht in gleichem Maße geltend. Auch zum Konkursverzicht im Sinne des § 202 Abs. 2 KO. reicht die einfache Schriftform aus. Doch können Zustimmungen, die vor dem Termin erklärt worden sind, in diesem bis zum Schlusse der Abstimmung widerrufen werden. Die Zustimmung ist amtsempfangsbedürftig in dem Sinne, daß sie dem Konkurs- oder dem Vergleichsgericht mindestens zugegangen sein muß. Inhaltlich muß sie das Einverständnis mit einer genau bezeichneten Zurücksetzung klar zum Ausdruck bringen (siehe § 181 Satz 2 KO.).

Die dem Gesetz entsprechende Behandlung des bewilligten Sonderabkommens besteht also darin, daß es in den Vergleichsvorschlag und damit in den Vergleichsinhalt aufgenommen wird. Erst mit dem Vergleich wird es wirksam. Als Vergleichsbestandteil ist es auch der vergleichsmäßigen Vollstreckbarkeit zugänglich (§ 194 KO., § 85 VerglO.). So namentlich dann, wenn Kleinforderungen festbegrenzter Höhe Vollbefriedigung binnen bestimmter Frist zugestanden wird. Das im Termine nicht bewilligte Sonderabkommen, es mag bekannt oder verheimlicht sein, ist nichtig und kann auch durch nachträgliche Zustimmung keine Wirksamkeit erlangen. Diese Nichtigkeit ist eine ursprüngliche, uneingeschränkte und endgültige, eine echte Nichtigkeit im Sinne des § 134 BGB., keineswegs nur eine durch Genehmigung heilbare Unwirksamkeit.

Das bestreitet eine verbreitete Ansicht. Ganz allgemein erklärt Wolff KO.[2] § 181 Anm. 2 im Anschluß an eine beiläufige Bemerkung im Urteil des RG. v. 7. 11. 1891 Bd. 28 S. 99, die Einwilligung des § 181 Satz 2 KO. könne „formlos, vor, in oder

4 Siehe freilich Schumann KonkTreuh. 1931 S. 49 und jetzt ausdrücklich § 85 Abs. 2 VerglO.

nach dem Vergleichstermin" ausgesprochen werden. Aehnlich hält Mentzel KO.[4] § 181 Anm. 2 „jede Art der Erklärung, aus der die Einwilligung dem Gericht erkenntlich wird, auch die vor oder nach dem Termin schriftlich oder zu Protokoll der Geschäftsstelle abgegebene", für ausreichend, um das Sonderabkommen wirksam werden zu lassen (siehe jedoch ebenda Anm. 7, wo die Annahme einer Heilbarkeit durch nachträgliche Zustimmung der Zurückgesetzten als „bedenklich" bezeichnet wird). Weiter führt das OLG. Celle im Urteil v. 25. 2. 1929 KonkTreuh. S. 172 f. Nr. 1 für den Fall der schon vor Eröffnung des Vergleichsverfahrens verabredeten Begünstigung eines Vergleichsgläubigers durch Sonderbürgschaft aus: „zunächst" habe allerdings noch die Möglichkeit nachträglicher Zustimmung bestanden; „zunächst" sei also die Nichtigkeit „nur eine schwebende Unwirksamkeit" gewesen; sie sei aber zur „endgültigen, vollwirksamen Nichtigkeit" geworden, nachdem „der Vergleich abgeschlossen und bestätigt" worden sei, ohne daß die Zustimmung erteilt wurde. Unsicher bleibt, wann die Möglichkeit einer Heilung der Unwirksamkeit endet, ob schon mit der Annahme des Vorschlags oder mit der Verkündung oder dem Eintritte der Rechtskraft des Bestätigungsbeschlusses oder etwa auch dann noch nicht.

In den Gesetzen findet diese Auslegung keine Stütze. Auf den Gebrauch der Worte „Einwilligung" (§ 181 Satz 2 KO.) und „Zustimmung" (§ 8 Abs. 2 mit § 73 VerglO.) darf man freilich kein allzugroßes Gewicht legen. Sie sind im verfahrensrechtlichen Sinne, nicht in dem der §§ 182 ff. BGB. zu verstehen. Sonst könnte man auf den Gedanken geraten, im Konkurse solle nur die vorherige, im Konkursabwendungsverfahren auch die nachträgliche Zustimmung statthaft sein. Weit bedeutsamer ist, daß schon die Konkursnovelle von 1898 im jetzigen § 7 Abs. 1 KO. mit Rücksicht auf den Sprachgebrauch des BGB. das Wort „nichtig" durch „unwirksam" ersetzt hat, weil eine Heilbarkeit des Mangels besteht, und daß doch jedenfalls der § 8 Abs. 3 VerglO., der (wie der § 181 Satz 3 KO.) das Abkommen im Sinne des bürgerlichen Rechts für „nichtig" erklärt, unter dem Sprachgebrauch des BGB. stehen muß. Den Ausschlag geben sachliche Erwägungen. Wie der § 181 KO. regelt der § 8 VerglO. den Inhalt des Vergleichs: Der Vergleich muß allen beteiligten Gläubigern gleiche Rechte gewähren; eine ungleiche Behandlung ist nur mit dem Willen der Zurückgesetzten erlaubt. Wie die gleiche ist die ungleiche Bestimmung der Rechte als Vergleichsinhalt gedacht. Sollen sie ungleich bemessen werden, dann muß die Ungleichheit wie jeder andere Inhaltsbestandteil des Vergleichs der Verhandlung im Termin unterbreitet und mit der gesetzlich erforderten Einstimmigkeit oder Mehrheit von den Zurückgesetzten bewilligt werden, widrigenfalls jede Sonderbegünstigung der Nichtigkeit verfällt. So wird ein ausreichender Schutz gegen unlautere Vergleichsbeeinflussung erzielt. So wird aber auch die erwünschte Möglichkeit erschlossen, die in gesetzlicher Weise begünstigten Ansprüche vollinhaltlich an den Vergleichsvorteilen (§ 194 KO., § 85 VerglO.) teilnehmen zu lassen. Ergibt sich bei den Vergleichsverhandlungen, daß ein zur Erörterung stehendes Sonderabkommen noch Zustimmungen erfordert, die nicht erbracht, aber voraussichtlich noch zu erbringen sind, dann braucht der Vergleichsabschluß (was anerkanntermaßen statthaft ist) nur entsprechend *bedingt* zu werden, zweckmäßig so, daß binnen einer bestimmten Frist die Nachholung zu geschehen hat, die Bestätigung des Vergleichs aber bis zum Fristablaufe verschoben wird. Wenn im Hinblick auf einen geplanten Zwangsvergleich Sonderabreden zunächst nur zwischen dem Begünstiger und dem Begünstigten getroffen werden, so geschieht das unter der gesetzlichen Voraussetzung des Einverständnisses der Zurückgesetzten. Hier tritt ein Schwebezustand ein, aber nicht eine schwebende „Unwirksamkeit", sondern nur ein Aufschub des Beginnes der Wirksamkeit wie bei der rechtsgeschäftlichen Bedingung des § 158 Abs. 1 BGB. Ebensowenig als der Bedingungseintritt |S. 83 bedeutet der spätere Konsens die „Heilung" eines | Mangels. Wirksam werden kann eine gesetzmäßige Sonderabrede erst mit dem Vergleich im ganzen, also mit Eintritt der Rechtskraft des Bestätigungsbeschlusses. In eben diesem Zeitpunkt und somit als ursprüngliche setzt auch die Nichtigkeit der gesetzwidrigen Sonderabrede ein. Nach dem Schlusse der Abstimmung aber besteht, abgesehen von bedingter Vergleichsannahme, keine Möglichkeit mehr, durch Nachholung des Konsenses der Sonderabrede Rechtsbestand zu verleihen. Nur als Inhaltsbestandteil des Vergleichs kann sie wirksam werden. Wer ihr ein selbständiges rechtliches Dasein zuschreibt, ist außerstande, irgend eine feste Zeitschranke für die Nachbringung des Einverständnisses der Zurückgesetzten zu ziehen.

IV.

Damit die Nichtigkeitsfolge des § 181 Satz 3 KO. oder des § 8 Abs. 3 VerglO. eintreten kann, muß eine Sonderbegünstigung verabredet sein, die *neben einem wirksamen Zwangsvergleich* gelten soll. Die Abrede muß mindestens *zugleich* für den Fall eines geplanten Zwangsvergleichs getroffen sein. Ein ausschließlich für den Fall sonstiger Konkursbeendigung vereinbartes Bevorzugungsabkommen läßt der § 181 KO. unberührt. Wie der § 181 KO. versagt der § 8 Abs. 3 VerglO. aber auch dann, wenn Sonderbegünstigungen für den Vergleichsfall vereinbart sind, *die Vergleichsversuche jedoch scheitern.* Nur *neben* Zwangsvergleichen erfüllen die Verbote ihren Zweck. Sie wahren die *im Verhältnis* zu einem Zwangsvergleich verabredete Sonderbehandlung. Wo dieser Maßstab fehlt, bleibt das gesetzliche Erfordernis der „Bevorzugung" unerfüllbar und damit die Verbotsfolge ausgeschlossen. Zutreffend betont das Urteil des Reichsgerichts v. 7. 11. 1891 Bd. 28 S. 99, 100 wiederholt, das Gesetz verbiete die Sonderbegünstigung „*neben* dem Zwangsvergleich", verlange jedoch nicht, daß sie für das Zustandekommen des Vergleichs ursächlich, noch daß sie nur für den Vergleichsfall verabredet wurde. Kommt es aber, wenn die Sonderabrede sowohl für den Fall des Zwangsvergleichs als für den einer anderen Konkurserledigung getroffen wurde, nicht zur rechtskräftigen Vergleichsbestätigung, dann ist für das Verbot „ungleicher Bestimmung der Rechte" kein Raum, weil es nach Wortlaut, Zweck und Zusammenhang eben nur die Vergleichsgläubiger schützen will. Für keine andere Art der Konkursbeendigung, auch nicht für den Fall des Konkursverzichts im Sinne des § 202 KO., ist dem Schuldner (etwa aus freiem Vermögen) oder gar dritten Personen die bevorzugte Sicherstellung oder Befriedigung einzelner Konkursforderungen grundsätzlich verboten. Wohl beherrscht der Gedanke „par condicio omnium creditorum facta est" die ganze Konkursregelung; in der Ausprägung des § 181 aber ist er dem Zwangsvergleich eigentümlich. Im Gegensatze zu RG. Bd. 28 S. 99 behauptet das Urteil v. 29. 10. 1892 Bd. 30 S. 24: Die Sonderabrede müsse für den Fall des Zwangsvergleichs, „nicht auch" für den der anderweiten Konkursbeendigung getroffen sein; zum geplanten Zwangsvergleiche brauche es nicht zu kommen. Vergebens bemüht sich das Urteil v. 20. 1. 1912 Bd. 78 S. 185 den Widerspruch wegzudeuten und wiederholt dabei[5] die unrichtige Behauptung, das Abkommen sei, wenn für den Fall des Zwangsvergleichs bedungen, auch bei dessen Scheitern nichtig. Ohne den springenden Punkt zu erkennen, will auch RG. v. 28. 2. 1931 JW. S. 2117 f. Nr. 23 (= LZ. 1931 Sp. 780 f. Nr. 6) das Verbot des § 181 KO. selbst beim Scheitern der Vergleichsversuche gelten lassen. Dagegen treffend Kleinfeller zu Nr. 23 daselbst, aber auch schon F. Wach Zwangsvergleich (1896) S. 26, Petersen-Kleinfeller KO.[4] § 181 Anm. 3, Jaeger KO.[5] § 181 Anm. 4 und aus dem neuesten Schrifttum Kiesow VerglO.[4] § 5 Anm. 9 sowie JW. 1932 S. 2541 zu Nr. 21, Bley VerglO. § 5 IV 2, Levy VerglO.[3] § 5 Anm. 4, Vogels VerglO. § 8 III 4. Schritt um Schritt verliert die hier bekämpfte Ansicht den Boden.

Einer Nichtigkeit im Sinne des § 181 Satz 3 KO. oder des § 8 Abs. 3 VerglO. können Sonderbegünstigungen nur verfallen, falls es zur rechtskräftigen Vergleichsbestätigung kommt. Wenn der Vergleich von den Gläubigern angenommen, aber vom Gericht rechtskräftig verworfen, wenn der ursprüngliche Bestätigungsbeschluß (des Konkursgerichts) rechtskräftig aufgehoben wird, steht fortab fest, daß für unsere Nichtigkeit kein Raum ist. Vielleicht aber haftet dem Abkommen irgend ein anderer Nichtigkeitsgrund an. Verstößt es gegen das Verbot des Stimmkaufs (§ 243 KO., § 123 VerglO.), so ist und bleibt es selbst dann nichtig, wenn die Vergleichsversuche scheitern. Diese Nichtigkeit folgt unmittelbar aus

5 Ueberflüssiger Weise! Denn im Urteilsfalle war der Zwangsvergleich wirklich zustande gekommen.

§ 134 BGB. Mit einem Zwangsvergleich ist sie nicht verkoppelt. Sie kann auch in Fällen anderer Konkursbeendigung bedeutsam werden.

V.

Bis in die jüngste Zeit hat die herrschende Rechtsprechung und Rechtslehre angenommen: Leistungen zum Zwecke der Erfüllung oder Sicherung eines vergleichswidrigen Sonderabkommens werden „ohne rechtlichen Grund" bewirkt, sind aber gleichwohl nach näherer Maßgabe des § 817 Satz 2 BGB. der Rückforderung entzogen, weil der Leistende selbst gegen ein gesetzliches Verbot verstößt. So noch Jaeger KO.[5] § 181 Anm. 8 (mit Rechtspr.), Mentzel KO.[4] § 181 Anm. 7, Kiesow VerglO.[4] § 5 Anm. 14, Vogels VerglO. § 8 Anm. 4 u. a. Der Streit über die Tragweite des § 817 Satz 2 BGB. mag hier unerörtert bleiben. Es genüge ein Hinweis auf die schwerwiegenden Bedenken, die Lobe RGRKom.[8] § 817 S. 575 gegen die Verallgemeinerung des § 817 Satz 2 erhebt. Ohne weiteres leuchtet ein, daß die Schlagkraft der Verbote des § 181 Satz 3 KO. und des § 8 Abs. 3 VerglO. gebrochen wird, wenn nur das Zusichern, nicht auch das Gewähren von Sondervorteilen nichtig sein soll. Wortlaut und Zweck der gesetzlichen Vorschriften — „Jedes andere Abkommen ist nichtig" — widerstreiten solcher Beschränkung. Als Sonderregelungen sind sie selbständig auszulegen.

Die begrifflich gebotene Trennung der Verpflichtungs- und Verfügungsgeschäfte darf nicht in einer Weise überspannt werden, die zu lebensfremden Ergebnissen führt. Diese Erkenntnis hat sich auf dem Gebiete der Gläubigeranfechtung innerhalb wie außerhalb des Konkurses, aber z. B. auch bei Behandlung der Knebelungsverträge längst Bahn gebrochen. Sind Verpflichtung und Erfüllung von einem einheitlichen Willen getragen, dann muß auch ihr rechtliches Schicksal ein einheitliches sein. Unter diesem Gesichtspunkte verfällt das vergleichswidrige „Abkommen" im ganzen, Versprechen und Vollzug, der Nichtigkeit des § 181 Satz 3 KO. oder des § 8 Abs. 3 VerglO. Eine verbotswidrig zugesicherte und gewährte dingliche Sicherung ermangelt daher von Rechts wegen jeder Wirksamkeit: Fahrnispfand, Grundpfand, Siche-
| S. 84 | rungseigentum gelangen gar nicht zur Entstehung. Ebenso sind persönliche Sicherungen, also Bürgschafts- oder Schuldübernahme selbst nichtig, keineswegs nur die Verpflichtung zur Uebernahme. Der Garant hat nicht nur einen Bereicherungsanspruch auf Befreiung; seine Haftung ist überhaupt nicht zustandegekommen. Insoweit zutreffend RG. v. 28. 2. 1931 aaO. Mit Recht hat aber weiterhin das bedeutsame Urteil des RG. v. 13. 4. 1931 WarnRspr. Nr. 100[6], das

6 Veröffentlicht auch LZ. 1931 Sp. 1075 Nr. 10 und JW. 1931 S. 2088 n, stark verkürzt KonkTreuh. 1931 S. 90 Nr. 5.

den Zusammenhang der Verpflichtungs- und Verfügungsgeschäfte eingehend würdigt, ausgesprochen: es sei die Abtretung einer Eigentümergrundschuld zur Erfüllung einer verbotswidrigen Bürgschaft nichtig, darum bestehe ein Eigentumsherausgabeanspruch des Bürgen auf den Grundschuldbrief nach § 952 Abs. 2 BGB., dieser dingliche Anspruch aber werde durch den § 817 Satz 2 BGB. nicht ausgeschlossen. Treffend betont die Begründung: „Das beiderseitige Gewähren eines dem Vergleich und der Gleichbehandlung widerstrebenden Vorteils an einen Gläubiger verschiebe unmittelbar das vom Gesetz gewollte Gleichgewicht und vereitle selbständig den klaren Gesetzeszweck", ... der verbotswidrige „Erfolg komme gerade mit und durch den Uebertragungsakt zustande" (aaO. S. 202). Folgt man diesem Gedankengange, dann muß man aber auch anerkennen, daß Zahlungen, die der Schuldner oder ein Dritter zur Erfüllung verbotswidrig übernommener Verbindlichkeiten (z. B. über die Vergleichsquote hinaus) bewirkt, ebenfalls nichtig sind. Sonst stünden der Gesetzesumgehung Tür und Tor offen. Versprechen und Gewähren des Sondervorteils brauchten nur auf denselben Zeitpunkt abgestellt zu werden, und der Eintritt der Nichtigkeit würde durch das Bargeschäft vereitelt. So liegt beispielsweise der Fall, wenn ein Angehöriger des Schuldners den Widerstand eines „Akkordstörers" dadurch ausräumt, daß er ihm eine Mehrzahlung gleichzeitig mit dem Versprechen aushändigt. Da die Sondervorschriften des § 181 Satz 3 KO. und des § 8 Abs. 3 VerglO. das Gewähren mittreffen, lassen sie für die Anwendung eines allgemeinen Rückforderungsausschlusses, wie ihn die herrschende Ansicht im § 817 Satz 2 BGB. ausgesprochen sieht, keinen Raum. Es ist das Verdienst von Erich Bley VerglO. § 5 IV 2 c (S. 238 ff.) darauf hingewiesen zu haben, daß bei einheitlicher Nichtigkeit von Versprechen und Erfüllung die zunächst dingliche Haftung des Leistungsempfängers erst auf Grund weiterer Vorgänge (durch Verbrauch, Vermengung, Verarbeitung, Veräußerung, Zerstörung) zu einer persönlichen herabsinken könnte, daß diese aber auch als bloße Bereicherungshaftung nicht durch Ausschluß der Rückgewährpflicht nach § 817 Satz 2 BGB. — wie weitherzig auch die Vorschrift auszulegen sein mag — erlöschen würde. Denn der § 817 BGB. setzt wirksam gewordene Verfügungen, ein Leisten mit rechtlichem Erfolg, aber unter Verstoß gegen Gesetz oder Sittlichkeit, voraus. Es wäre ein unverständliches und unerträgliches Ergebnis, wenn die Leistung an Erfüllungsstatt (z. B. die Hingabe von Waren oder Wertpapieren) der vollen Herausgabe- und Ersatzpflicht nach Maßgabe der §§ 985 ff. BGB. ausgesetzt wäre, die Zahlung einer versprochenen Geldsumme aber grundsätzlich nicht zurückgefordert werden könnte. Bezeichnender Weise heben die meisten Auslandsgesetze das Recht der Rückforderung verbotswidriger Sonderleistungen ausdrücklich hervor, manche unter

Verschärfung der Rückgewährpflicht und unter Entziehung der Gläubigerrechte[7]. Wir bedürfen solcher Regelung nicht, da eine dem Verbotszweck Rechnung tragende Auslegung bereits zur Annahme der Nichtigkeit auch der Erfüllungsgeschäfte und damit zu einem ausreichenden Verbotsschutze gelangt.

7 Dölle aaO. S. 183 ff.

Aus der Praxis des Konkurs- und Vergleichsverfahrens.

XII. Absonderungsberechtigte Massegläubiger.

KonkTreuh 1935 S. 145–146
Von Professor **Dr. Ernst Jaeger,** Leipzig.

Ansprüche auf abgesonderte Befriedigung aus Gegenständen der Konkursmasse (§§ 4, 47 ff. KO.) können auch zugunsten von Forderungen bestehen, die als Massegläubigerrechte vor allen Konkursforderungen zu befriedigen sind (§§ 57 ff. KO.). So genießt der Mietzins für die Zeit des Konkurses nach § 59 Nr. 2 KO. die Gunst einer Masseschuld und ist zugleich durch das sich nach § 49 Abs. 1 Nr. 2 KO. als Absonderungsrecht auswirkende Vermieterpfandrecht geschützt[1]. Es gibt aber auch Forderungen, die als solche — ohne durch ein neben ihnen bestehendes Pfand- oder sonstiges Wertrecht gedeckt zu sein — mit Absonderungskraft ausgestattet sind, und auch sie können zugleich Massegläubigerrechte bilden. Das ist der Fall bei öffentlichen Grundlasten, deren Entstehungstatbestand sowohl die Voraussetzungen des § 10 Abs. 1 Nr. 3 ZVG. (§ 47 KO.) als die des § 58 Nr. 2 KO. erfüllt[2]. Der Abgabengläubiger kann hier nach seiner Wahl für die ganze Summe oder für Teile davon als Absonderungsberechtigter oder als Massegläubiger auftreten. In gleicher Lage befindet sich ein Erwerber der Ansprüche.

In einem württembergischen Konkursverfahren hatte jüngst ein Hypothekengläubiger, dem mehrere Massegrundstücke hafteten, an die Gemeinde, welche die Zwangsvollstreckung in diese Liegenschaften betrieb, Grund- und Gebäudeentschuldungssteuern bezahlt und aus der Zahlung den Erwerb der Steueransprüche hergeleitet. Die Abgaben waren teils für die Zeit vor, teils für die Zeit nach Konkursbeginn verfallen. Im Zwangsversteigerungsverfahren machte der Gläubiger nur einen Teil der von ihm bezahlten Abgaben geltend und erzielte insoweit Befriedigung. Den Rest verfolgte er für das Konkursvorjahr als Konkursgläubiger mit dem Vorrecht des § 61 Nr. 2 KO. hinsichtlich eines erst während des Konkurses verfallenen Betrags als Massegläubiger unter Berufung auf den § 58 Nr. 2 KO. Es wurde darüber gestritten, ob das in Anspruch genommene M a s s e g l ä u b i g e r r e c h t begründet sei.

1 Ein weiteres Beispiel bei J a e g e r KO.[7] § 27 Anm. 6.
2 Siehe aaO. § 47 Anm. 1, § 58 Anm. 5 u. 5 a.

Die Frage war zu bejahen. Unzweifelhaft war zunächst der Gläubiger in die von ihm bezahlten Steueransprüche eingerückt. Denn da ein vorgehender Realgläubiger die Zwangsversteigerung der hypothekenbelasteten Grundstücke betrieb, lief der Hypothekengläubiger Gefahr, einen Ausfall zu erleiden (§§ 10 Abs. 1 Nr. 3, 4, 44, 52, 91 ZVG.), und war daher nach § 268 BGB. zur Ablösung der Abgabenschulden berechtigt. Unzweifelhaft durfte er weiter die abgelösten Abgabeansprüche im Konkurse so geltend machen, wie sie die Gemeinde hätte geltend machen können (§§ 401 Abs. 2, 412 BGB.). Unzweifelhaft mußte es ihm endlich, ganz wie seinem Rechtsvorgänger freistehen, sich als Abgabengläubiger am Zwangsversteigerungsverfahren oder am Konkurse zu beteiligen. Wie der Rechtsvorgänger durfte daher der Rechtsnachfolger Steuerbeträge, die sowohl im Zwangsversteigerungsverfahren als im Konkurse verfolgbar waren, nach seinem Belieben ganz oder teilweise auf die Konkursmasse abladen und zwischen den gesetzlichen Vergünstigungen nach seinem Vorteil wählen. War also einer der abgelösten Steueransprüche zugleich der Gunst des § 10 Abs. 1 Nr. 3 ZVG. (§ 47 KO.) und der des § 58 Nr. 2 KO. teilhaftig, dann blieb es dem Erwerber unverwehrt, für den ganzen Steuerbetrag oder für einen Teil davon Befriedigung als Massegläubiger (57 KO.) zu verlangen. Absonderungsberechtigte Massegläubiger werden nicht wie absonderungsberechtigte Konkursgläubiger durch den Ausfallgrundsatz des § 64 KO. beschränkt[3].

Es wurde aber eingeworfen, der erst während des Konkurses erwachsene Abgabenanspruch gehöre gar nicht zu den Massekosten des § 58 Nr. 2 KO., weil der Hypothekengläubiger selbst die Zwangsverwaltung betrieben und damit die Konkursverwaltung verdrängt habe. Massekosten im Sinne dieser Vorschrift seien nur Ausgaben der Verwaltung, Verwertung oder Verteilung der Masse. In der Tat gibt es keine Vorschrift des Inhalts, daß alle für die Zeit des Konkurses geschuldeten Abgaben Massekosten wären. Deckt der Entstehungstatbestand nicht die Begriffsmerkmale eines Massegläubigerrechts im Sinne der §§ 58, 59 KO., dann erwachsen auch die Abgabenverbindlichkeiten des Gemeinschuldners wie dessen erst während des Konkurses entstehenden bürgerlich-rechtlichen Verpflichtungen als Neuschulden, die der Konkursmasse gegenüber nicht verfolgbar sind. So z. B. die Wertzuwachssteuer für ein vom Konkursverwalter freigegebenes und dann vom
| S. 146 Gemeinschuldner selbst veräußertes Grundstück[4]. Et- | was Gegenteiliges will auch die in den Erläuterungswerken angeführte Stelle der Motive S. 243 nicht besagen, wenn sie allgemein „die auf den Grundstücken haftenden öffentlichen Abgaben" dem jetzigen § 58 Nr. 2 KO. einreiht, sofern es sich um „Leistungen für die Zeit des

3 Siehe aaO. § 64 Anm. 2.

4 Ebenda § 58 Anm. 5 a; siehe dazu noch

Verfahrens" handle. Denn die Motive fügen begründend und eben damit einschränkend bei: „ohne sie" – die Lasten – „läßt sich der belastete Vermögensteil nicht benutzen und verwerten" (nämlich für die Konkursmasse). „Persönliche Steuern des Gemeinschuldners dagegen sind weder Massekosten noch Masseschulden". Daraus folgt, daß die Freigabe lastenbehafteter Massegegenstände der ferneren Entstehung von Massekosten einen Riegel vorschiebt. In unserem Falle sind die Grundstücke nicht freigegeben worden. Sie waren, als der in Rede stehende Steueranspruch fällig wurde, noch Massebestandteile. Der Konkursverwalter hat sie im Bereiche seiner amtlichen Zuständigkeit festgehalten, weil er mit der Erzielung eines auch noch der Masse zugute kommenden Erlöses rechnete und für den Fall eines Freihandverkaufs sich die Verfügungsbefugnis wahren wollte. Insofern sind die steuerbelasteten Gegenstände trotz der vom Hypothekengläubiger erwirkten Zwangsverwaltung im gesetzlichen Machtbereiche des Konkursverwalters verblieben §§ 6, 117, 126 KO.). Durch eine Zwangsverwaltung im Sinne der §§ 146 ff. ZVO. wird die konkursmäßige Verwaltung, Verwertung und Verteilung nicht ausgeschlossen. Es ist recht wohl denkbar, daß ihrer unbeschadet der Konkursverwalter die zwangsverwalteten Gegenstände in den Formen der freiwilligen oder der vollstreckungsmäßigen Verwertung veräußert und den Erlös zur Verteilung bringt. Die Aufgaben der Zwangsverwaltung und die der Konkursverwaltung sind inhaltlich ganz verschieden und schließen darum einander nicht aus. Hat nun auch im Streitfalle der Konkursverwalter die „Verwertung" der Grundstücke nicht betrieben, so hat er sie doch im Masseverband und darum unter seiner „Verwaltung" gehalten. Bei Steuerpflichten, für deren Entstehung wie bei Grund- und Gebäudeentschuldungssteuern schon die rechtliche Zugehörigkeit des lastentragenden Gegenstandes zum Vermögen einer bestimmten Person während einer bestimmten Zeit genügt, fordert die Anwendbarkeit des § 58 Nr. 2 KO. nicht mehr als Massezugehörigkeit beim Eintritt der Steuerfälligkeit. Auch hier trifft die Erwägung der Motive zu, daß ohne die Last eine Ausnutzung der lastentragenden Gegenstände für die Masse ausgeschlossen wäre. Ob der Ausnutzungsversuch des Verwalters Erfolg hat oder nicht, das spielt keine Rolle. Den Ausschlag gibt, daß der Verwalter der Konkursmasse die Anwartschaft wahrt, indem er die Gegenstände in der Masse beläßt (§ 6 KO.). Das bedeutet Fortdauer der „Verwaltung" auch im Sinne des § 58 Nr. 2 KO. Die in dieser Zeit verfallenden Grund- und Gebäudeentschuldungssteuern bilden daher Massekosten. Wie sie das öffentliche Gemeinwesen als ursprünglicher Steuergläubiger hätte geltend machen können, so darf sie auch der Ablösungsgläubiger geltend machen. Ihm steht weder der Umstand entgegen, daß die Gemeinde, noch daß er selber die Zwangsverwaltung zur Zeit des Steuerverfalls betrieben hat. Diese Beitreibung ist zulässige Rechtsausübung. Von einer widerrechtlichen Schädigung der Masse oder auch nur von einer ungerechtfertigten Bereicherung auf deren Kosten kann keine Rede sein.

Aus der Praxis des Konkurs- und Vergleichsverfahrens.

KonkTreuh 1936 S. 81–84
Von Professor **Dr. Ernst Jaeger,** Leipzig.

XIII. Nachträgliche Inanspruchnahme eines Konkursvorrechts.

Die bedeutsame Frage, ob für eine Konkursforderung, die ohne Vorrecht angemeldet und festgestellt worden ist, nachträglich noch ein Vorrecht beansprucht werden könne, wird durch das grundlegende Urteil des Reichsgerichts (VII. Zivilsenat) vom 26. 11. 1935 Bd. 149 S. 263 (KonkTreuh. 1936 S. 22) bejaht. Drei Senate hatten sie verneint (der II. im Urt. vom 13. 1. 1888 Bd. 20 S. 42, der VI. im Urt. vom 30. 12. 1896 Bd. 38 S. 417 und schließlich der III. im Urt. vom 9. 2. 1934 Bd. 143 S. 355), aber im Widerspruch mit Rechtslogik und Billigkeit. Den Grund des Irrtums bildete die Annahme, eine Feststellung der ohne Vorrecht angemeldeten Forderung wirke vermöge ihrer Rechtskraft (§ 145 Abs. 2 KO.) auch gegen den Anmelder. Urteile rein zuerkennenden Inhalts wirken aber ausschließlich für den obsiegenden und gegen den unterliegenden Streitteil. So auch die Feststellung eines Konkursgläubigervorrechts, mag sie mangels Bestreitung im Prüfungsverfahren durch den Tabellvermerk vollzogen oder mag sie im Erkenntnisverfahren erstritten sein. Was nicht „in Anspruch genommen" war, kann nicht mit Rechtskraftsfolge aberkannt werden. Im Sinne des § 322 ZPO. bilden die Anmeldung der Forderung und die des Vorrechts zwei „Ansprüche" verschiedenen Inhalts (§ 139 KO.). Das Urteil vom 9. 2. 1934 hatte die Unrichtigkeit der ursprünglichen Begründung bereits erkannt, aber vergeblich versucht die Unstatthaftigkeit nachträglicher Vorrechtsinanspruchnahme aus dem Wortlaut des § 142 KO. darzutun (Bd. 143 S. 357 f.). Das Urt. vom 26. 11. 1935 überwindet auch die letzten Bedenken (Bd. 149 S. 265 ff.). Es weicht bewußt von der bisherigen, im Urteil vom 9. 2. 1934 nachgeprüften und aufrechterhaltenen Rechtsprechung ab. Dabei beruft es sich (S. 270) auf den Art. 2 des Gesetzes vom 28. 6. 1935 (RGBl. I S. 844), der das Reichsgericht von der „Bindung an alte Urteile befreit", die aus einer „anderen Lebens- und Rechtsauffassung erwachsen" waren. In der Tat erscheint die formalistische Begründung des Urteils vom 9. 2. 1934, wenn sie jemals zu rechtfertigen gewesen wäre, heute sicherlich als Ergebnis einer unhaltbaren richterlichen Einstellung. Den Bedürfnissen des Verkehrs wurde die Gegenansicht zu keiner Zeit gerecht (Schumann KonkTreuh. 1935 S. 33 f.).

Für die Praxis steht fortab fest: eine nachträgliche Vorrechtsinanspruchnahme ist nicht deshalb unstatthaft, weil die Forderung ohne Vorrecht angemeldet und geprüft wurde, mag sie nun festgestellt oder bestritten worden sein. Die Nachholung unterliegt als Neuanmeldung des Vorrechts den allgemeinen gesetzlichen Schranken (§§ 142, 152 KO.). Da der Urkundsbeamte der Geschäftsstelle die Amtspflicht hat, jede Forderung „sofort nach der Anmeldung in der Rangordnung des beanspruchten Vorrechts“ tabellgemäß einzutragen (§ 140 Abs. 2 KO.), muß er, wenn eine offenbar bevorrechtigte Forderung ohne Vorrecht (schriftlich oder mündlich) angemeldet wird, zunächst durch unverzügliche Anfrage Klarheit darüber zu gewinnen suchen, ob das Vorrecht begehrt wird oder nicht. Er darf weder den Verzichtswillen des Anmelders, zumal eines rechtsunkundigen (vgl. § 61 Nr. 1 KO.) unterstellen, noch die Forderung ohne Vorrechtsbegehr einer Vorrechtsgruppe der Tabelle einreihen, da ja der § 139 Satz 1 KO. ausdrückliche Inanspruchname verlangt.

XIV. Mißbrauch der Konkursantragsbefugnis.

In der Zeitschrift „Gläubigerschutz“ (Organ des Kartells Deutscher Gläubiger-Schutz-Verbände) 1935 Seite 73 ff. wird ein Beschluß des Amtsgerichts W.-Elberfeld vom 23. 9. 1935 (13 N 27/35) veröffentlicht, der einen Konkursantrag unter entsprechender Anwendung des Gesetzes zur Verhütung mißbräuchlicher Ausnutzung von Vollstreckungsmöglichkeiten (vom 13. 12. 1934 RGBl. I S. 1234) abgewiesen hat. Eine jahrelang arbeitslose Kontoristin war wegen Nervenzusammenbruchs auf Kosten des Wohlfahrtsamtes und der Angestellten-Versicherung einer Heilanstalt überwiesen worden. Masse war nicht vorhanden. Einen Kostenvorschuß lehnte der Antragsteller ab. Seine Forderung betrug rund 30 RM. Das Gericht beanstandet in den Gründen seine Rücksichtslosigkeit. Die beim Feststehen des Massemangels an sich gebotene Abweisung des Konkursantrags nach Maßgabe des § 107 KO. sucht es durch entsprechende Anwendung des VollstrMißbrG. zu vermeiden. Es sagt ausdrücklich: „Den Umständen nach kann die Absicht des Gläubigers nur dahin gehen, mit Hilfe des Konkursantrags die Eintragung der Schuldnerin in das Schuldnerverzeichnis zu erzwingen, die mit Rücksicht auf die Schuldnerschutzvorschriften in dem voraufgegangenen Offenbarungseidverfahren nicht erreicht worden war.“[1] | | S. 82

1 Nach fruchtlosem Vollstreckungsversuch hatte der Gläubiger die Leistung des Offenbarungseides (§ 807 ZPO.) beantragt, die Schuldnerin aber diesen durch die Versicherung richtiger Vermögensangabe abgewendet und so ihre Eintragung in das Schuldnerverzeichnis (§ 915 ZPO.)

Daß der Konkursrichter sich bei dieser Lage der Dinge sträubte, die Schuldnerin dem Makel eines Eintrags in die schwarze Liste preiszugeben, entspricht gewiß jenem „gesunden Volksempfinden“, das den Leitstern des VollstrMißbrG. bildet. Die Analogie aber ist bedenklich und überflüssig zugleich: bedenklich, weil dieses Sondergesetz nur die „mißbräuchliche Ausnutzung von Vollstreckungstiteln“ zu unterbinden bezweckt; überflüssig, weil der beantragte Konkurs unter den obwaltenden Umständen gänzlich aussichtslos erschien, der Antrag also schon am allgemeinen Erfordernis eines Rechtsschutzbedürfnisses scheiterte, das auch der Konkurs als gerichtliches Rechtsschutzverfahren voraussetzt. Der Antrag war von Amts wegen als unzulässig abzuweisen, weil bei der Vermögenslosigkeit und Krankheit der Schuldnerin selbst ein Kostenvorschuß im Sinne des § 107 KO. die Befriedigung des Gläubigers nicht einmal teilweise ermöglicht haben würde, ein vollkommen zweckloser Konkurs aber gar nicht erst eröffnet werden darf. Was durch die vergeblich versuchte Einzelvollstreckung nicht zu erreichen war, konnte hier durch die kostspielige Gesamtvollstreckung erst recht nicht erreicht werden. Ernstlich war es ja dem Gläubiger auch gar nicht um den Konkurs zu tun. Als Werkzeuge der Schikane aber hat der Staat seine Gerichte nicht geschaffen.

Das Erfordernis eines Rechtsschutzbedürfnisses bedeutet, daß jeder, der eine staatliche Rechtsschutztätigkeit begehrt, an ihr ein schutzwürdiges Interesse haben muß. Die Wissenschaft des Prozeßrechts hat bisher dieses Erfordernis als Vorbedingung für die Zulässigkeit des Erkenntnisverfahrens (der Sachurteile) erörtert. Es gilt nicht minder für das Vollstreckungsverfahren, für die Zwangsvollstreckung und für den Konkurs. Unter den Umständen des Falles, die das Vollstreckungsgericht zu prüfen habe, hebt das VollstrMißbrG. „insbesondere auch ein berechtigtes Schutzbedürfnis des Gläubigers“ hervor. Hier aber bildet dieses Bedürfnis nicht den ausschlaggebenden Gesichtspunkt. Es kann sein, daß es zu bejahen und daß gleichwohl das Vorgehen des Gläubigers als verwerfliche Härte gegen den Schuldner zu werten ist. Steht bereits der Mangel des allgemeinen Rechtsschutzbedürfnisses fest, dann erscheint jede Maßnahme der Zwangsvollstreckung ohne weiteres als unzulässig. Unter dem Gesichtspunkte, daß ein Rechtsschutzbedürfnis am Konkurse fehle, hat der Verfasser erstmals KO.[7] § 103 Anm. 2 b (Bd. II S. 355 f.) die Frage nach der Zulässigkeit der Konkursanträge „wegen einer Mark“ geprüft und auch andere konkursrechtliche Zweifels-

verhütet gemäß § 19d Abs. 2, 5 VO. vom 26. 5. 1933 (RGBl. I S. 302) i. F. der Gesetze vom 22.3.1934 (RGBl. I S. 231) und vom 24. 10. 1934 (RGBl. 1 S. 1070). Gegenüber den Folgen des § 107 Abs. 2 KO. war sie damit nicht geschützt.

fälle zu lösen versucht (z. B. § 105 Anm. 2, § 198 Anm. 1, § 207 Anm. 21). Die ganze Lehre harrt noch des Ausbaues.

In diesen Zusammenhang gehören auch die Fälle, in denen ein Gläubiger nur wegen eines Teilbetrags seiner Forderung den Konkursantrag stellt und nach der erwarteten Bezahlung dieser Summe den Antrag zurückzieht, aber nur, um alsbald wegen eines weiteren Betrags erneut die Konkurseröffnung zu beantragen. Gewinnt das Gericht den Eindruck, daß es dem Gläubiger bloß darauf ankommt, nach und nach seine eigene Befriedigung zu erzielen und etwa den Schuldnerschutzvorschriften der Einzelvollstreckung auszuweichen, nicht aber eine gemeinsame Befriedigung der Konkursgläubiger zu erwirken, so hat es das Rechtsschutzbedürfnis an dem nur mißbräuchlich beantragten Konkurse zu verneinen und den Antrag als unzulässig abzuweisen. Siehe über solche Erfahrungen Schumann Gläubigerschutz 1935 S. 89 ff.

Der Begriff des Rechtsschutzbedürfnisses und die Folgen seines Mangels sind heute keine anderen als früher. Eingehen darf das Konkursgericht — seine Zuständigkeit vorausgesetzt (§§ 71, 238 KO.) — stets nur auf einen im Sinne des § 105 Abs. 1 KO. „zulässigen" Gläubigerkonkursantrag. Erweist ein solcher sich als zulässig, dann ist der Schuldner nach den Vorschriften des § 105 Abs. 2, 3 KO. zu „hören". Die nötigenfalls nach § 75 KO. zu ergänzende Klärung der Lage wird die Konkursrichter instand setzen, Konkursgrund und Rechtsschutzbedürfnis abschließend zu beurteilen. Wäre der Konkursgrund zu bejahen, das Konkursinteresse des Antragstellers aber zu verneinen, dann müßten der Gläubigerkonkursantrag von Amts wegen — nicht nur wie eine dem VollstrMißbrG. zuwider betriebene Zwangsvollstreckung nur auf Antrag des Schuldners — als unzulässig abgelehnt werden. Denn das Erfordernis des Rechtsschutzbedürfnisses dient in erster Linie dem öffentlichen Wohle. Bejaht aber der Konkursrichter auch das schutzwürdige Interesse des Gläubigers am Konkurse, dann muß er dem Antrage stattgeben, wenn nicht etwa ein besonderes Konkurshindernis (namentlich Massemangel im Sinne des § 107 KO.) vorliegt.

Demgegenüber behauptet ein in dieser Zeitschrift 1936 S. 44 ff. veröffentlichter Beschluß des Landgerichts Hamburg vom 22. 2. 1935, auch wenn ein Rechtsschutzbedürfnis „im alten Sinne" vorliege, könne der Gläubigerkonkursantrag nach Analogie des VollstrMißbrG. auf Antrag des Schuldners abgewiesen werden: „eine vorsichtige Uebertragung der Grundgedanken dieses Gesetzes auf das Konkursverfahren sei zulässig und geboten." Leider wird der Tatbestand des zur Entscheidung gelangten Falles nicht näher mitgeteilt. Doch läßt der Inhalt des Beschlusses vermuten, daß es sich um den Antrag eines hartherzigen Gläubigers gegen einen zahlungswilligen oder durch angemessene Stundung zur Zahlung zu befähigenden Schuldners oder um das rücksichtslose Sondervorgehen eines Gläubigers bei Bereitschaft aller übrigen, den Konkurs zum gemeinsame Besten zu verhüten, gehandelt habe. Das sind indessen Fälle, in denen – wenn überhaupt von einem schutzwürdigen Interesse des Antragstellers am Konkurse die Rede sein kann – das gerichtliche Vergleichsverfahren den gesetzlich vorgesehenen Weg zur Konkursvermeidung bildet. Darauf mag der Konkursrichter den Schuldner im Vorverfahren des § 105 Abs. 2 KO. hinweisen. Wenn aber der Beschluß S. 45 meint, das Konkursgericht „könne auch zunächst seine Entscheidung über die Abweisung des Eröffnungsantrages aussetzen, um festzustellen, ob der Schuldner sich tatsächlich bemühe, für ihn tragbare Ratenzahlungen zu leisten", so findet diese – auch durch das VollstrMißbrG. in keiner Weise zu stützende – Ansicht weder im Wortlaut noch im Zwecke des Konkursgesetzes einen Rückhalt, auch nicht etwa im § 110 Abs. 2 KO. Vielmehr muß das Konkursgericht, wenn Konkursvoraussetzungen und Konkursinteresse feststehen, die Konkurseröffnung unverzüglich aussprechen. Es ist nicht seines Amtes, zunächst noch einen Güte- oder gar einen Zwangsvergleich anzubahnen. Wie die Dinge sich im Streitfalle weiter entwickelt haben, läßt sich aus den obigen Angaben nicht ersehen.

XV. Tod des Gemeinschuldners.

Ein zahlungsunfähiger und überschuldeter Kaufmann hat sich wenige Stunden nach der Konkurseröffnung erschossen. Verfügungen von Todes wegen hatte er
| S. 83 nicht getroffen. Erben sind seine Witwe und beider Sohn. | Um diesem das Unternehmen zu erhalten, bemüht die Familie sich unter Aufbringung erheblicher Zuschüsse um einen Zwangsvergleich. Schon deshalb schlagen Witwe und Sohn die Erbschaft nicht aus. Das Konkursgericht macht bekannt, das Verfahren werde nach dem Tode des Gemeinschuldners als „Nachlaßkonkurs" fortgesetzt. Der Vergleich kommt auf gemeinsamen Vorschlag beider Erben zustande und billigt den nicht bevorrechtigten Konkursgläubigern eine Quote von 40 % zu, während der Rest mit Einschluß der seit Konkursbeginn erwachsenen Zinsen und Kosten erlassen wird. Masse- und Vorrechtsansprüche werden ordnungsgemäß gedeckt. Das Konkursverfahren wird aufgehoben.

War das Konkursgericht ermächtigt, das Verfahren als „Nachlaßkonkurs" fortzusetzen? Das Verfahren war beim Erbfalle von Rechts wegen zum Nachlaßkonkurse geworden: zu einem Sonderkonkurse der beiden Erben mit dem ererbten Vermögen. Erlassung und Bekanntmachung eines diesen Uebergang klarstellenden Beschlusses sind Gebote der Zweckmäßigkeit (Schumann KonkTreuh. 1934 S. 65 f.). Auch die Rechtslehre erkennt heute überwiegend den Uebergang des Verfahrens in einen Nachlaßkonkurs an (eingehend KO.[7] § 214 Anm. 21 ff., Bd. II S. 864 ff.). Verfahrensrechtlich hat dies, weil die meisten Sondervorschriften der §§ 214 ff. KO. durch den Gang der Ereignisse bereits überholt sind, im vorliegenden Falle keine erhebliche Bedeutung. Immerhin stellt der § 230 Abs. 1 KO. die Notwendigkeit eines auf dem einheitlichen Willen aller Miterben und Mitträger der Gemeinschuldnerrolle beruhenden Vorschlags außer Zweifel. Unbedenklich muß aber unser Verfahren auch im Sinne der bürgerlich-rechtlichen Vorschriften über die Erbenhaftung als Nachlaßkonkurs gelten, besonders im Sinne der §§ 1975, 1989 (§ 2013) BGB. (ebendort § 230 Anm. 16 ff. S. 936 ff.). Irgendein anderes gesetzliches Mittel der Haftungsbeschränkung kommt hier nicht in Betracht. Der schwebende Konkurs erfüllt alle Gewähr, die eine erbrechtliche Gütersonderung zu leisten hat, um die Beschränkung der Haftung auf den Nachlaß zu rechtfertigen. Sein Beschlag ergreift alle ererbten Befriedigungsmittel zugunsten aller auf sie angewiesenen Gläubiger. Ein erst unmittelbar nach dem Selbstmorde des Schuldners als „Nachlaßkonkurs" eröffnetes Verfahren hätte keinen anderen Gläubigerkreis und keinen anderen Massebestand vorgefunden. Verstreicht zwischen Konkursbeginn und Tod des Gemeinschuldners eine längere Frist, dann sind freilich auch erheblichere Aenderungen z. B. Mehrungen des Schuldnervermögens durch Neuerwerb denkbar. Insofern die Nachlaßgläubiger auch aus solchem Zuwachs der Zwischenzeit Befriedigung zu beanspruchen haben, können zum Zwecke des Vollzugs der Haftungsbeschränkung weitere Maßnahmen – auch ein weiterer Konkurs – geboten erscheinen (aaO. § 214 Anm. 23 S. 865 f.). An einem zweiten Nachlaßkonkurse können auch Neugläubiger der Zwischenzeit teilnehmen. Sind in dieser nur neue Schulden, nicht neue Mittel erwachsen, dann kann die Lage der Neugläubiger besonders mißlich sein. Befriedigung aus der schon vor der Schuldbegründung konkursbefangenen Masse hatten sie aber nicht zu erwarten. Keinesfalls rechtfertigt der Umstand, daß die erbschaftlichen Aktiven und Passiven sich in der Zwischenzeit ändern können, den Schluß, der beim Tode des Schuldners schwebende Konkurs dürfe fortab nicht als „Nachlaßkonkurs" gelten. Er kann gar nichts anderes sein.

XVI. Einzelanfechtung und Konkurs.

Sind bei Eröffnung des Konkurses über das Vermögen des Schuldners anfechtungsrechtliche Rückgewähransprüche solcher Gläubiger anhängig, die im nun eröffneten Verfahren zu den Konkursgläubigern zählen (§ 3 KO.), dann unterbricht der Konkurs die Prozesse. Ein derartiger Rechtsstreit „betrifft die Konkursmasse" im Sinne des § 240 ZPO., weil der Rückgewähranspruch nun als Bestandteil dieser Masse für gemeinsame Rechnung der Konkursgläubiger vom Verwalter auszuüben ist (§§ 36, 37 KO., § 13 Abs. 1 AnfG.) und gehört daher begrifflich zu den Teilungsmassestreitigkeiten des § 10 KO. Dem entspricht die

Regelung des § 13 Abs. 2 AnfG., derzufolge dem Verwalter eine Prozeßaufnahme für Rechnung der Masse anheimgestellt wird. Wenn der Verwalter die Aufnahme ablehnt, kann der unterbrochene Anfechtungsstreit im Kostenpunkt (nicht in der Hauptsache) von jeder der bisherigen Prozeßparteien gegen die andere – also vom klagenden Einzelgläubiger gegen den Anfechtungsbeklagten und umgekehrt – aufgenommen und ausgetragen werden (§ 13 Abs. 2 Satz 4 AnfG.). Die Kosten treffen den Streitteil, der bei Durchführung des Anfechtungsprozesses unterlegen sein würde (§ 91 ZPO.). Das Begründetsein des erhobenen Rückgewähranspruches bildet daher eine bedingende Vorfrage des Kostenurteils. Rechtskraftfähig wird über die Hauptsache nicht erkannt (§ 322 Abs. 1 ZPO.). Diese ist aber auch nicht etwa gegenstandslos geworden. Nur steht sie während des Konkurses ausschließlich zur Verfügung des Konkursverwalters, der den Rückgewähranspruch auch selbständig (ohne Prozeßaufnahme) geltend machen kann. Wie nun, wenn irgend eine wirksame Verfügung im Konkurse nicht vollzogen, das von Einzelgläubigern erstrittene Kostenurteil aber bei Konkursbeendigung unanfechtbar geworden ist? Kann der Gläubiger gleichwohl, wenn der Anfechtungsgegner jetzt die Erfüllung verweigert, den Anspruch noch einmal und nun der Hauptsache nach im Prozesse verfolgen? – Die Frage ist, soweit ersichtlich, bisher in der Rechtsprechung nicht erörtert worden. Ein in Rechtskraft erwachsenes Urteil des Landgerichts Würzburg vom 29. Februar 1936 (II O 116/35) bejaht sie. Im Streitfalle war eine Grundstücksübereignung nach § 3 Nr. 2 AnfG, angefochten, der Anfechtungsprozeß nach § 13 Abs. 2 Satz 1 AnfG. unterbrochen, vom Kläger nach Satz 4 daselbst aufgenommen, der Anfechtungsbeklagte aber rechtskräftig im Kostenpunkte verurteilt worden. Der nach Konkursbeendigung erhobenen Rückgewährklage des Gläubigers gab das Landgericht unter Verurteilung des Beklagten in die Kosten des neuen Rechtsstreites statt. Im wesentlichen Teile der Gründe heißt es:

> im aufgenommenen Prozesse sei eine Entscheidung zur Hauptsache nicht ergangen, „da das Anfechtungsrecht während des Konkurses nur vom Konkursverwalter ausgeübt werden konnte.“ Durch das Kostenurteil sei „über den Anfechtungsanspruch selbst nicht rechtskräftig entschieden worden“. „Es kann daher der erfolgten Erhebung der Anfechtungsklage nicht der Einwand der Rechtskraft entgegen gestellt werden. Da sich der Konkursverwalter um das ihm bis zur Beendigung des Konkurses am 15. 11. 1935 zustehende Anfechtungsrecht gar nicht gekümmert hat, haben die Beklagten bezüglich dieses Anfechtungsanspruchs keinerlei Einreden gegen den Konkursverwalter erlangt, welche jetzt der Klägerin entgegen gehalten werden könnten. Unter diesen Umständen steht nach Beendigung des Konkursverfahrens das völlig unverbrauchte Anfechtungsrecht wiederum der Klägerin zu und kann von dieser gemäß § 13 Abs. 4 AnfG. in zulässiger Weise zum Gegenstand eines neuen
> | S. 84 Anfechtungspro- | zesses gemacht werden (vgl. Jaeger, AnfG, § 13 Anm. 28 ff., Warneyer AnfG. § 13 Anm. II).“

In der Tat ist nicht einzusehen, wie anders dem Gläubiger zu helfen wäre. Auch nicht, welche prozeßrechtlichen Bedenken der Neuklage im Wege stehen sollten. Die Gegenseite hatte geltend gemacht, durch das rechtskräftige Kostenurteil sei der Gläubiger endgültig verhindert gewesen, nochmals zu klagen; unmöglich könne es im Sinne des Gesetzgebers liegen, über ein und dieselbe Sache nacheinander mehrere Prozesse zuzulassen. Richtig ist nur, daß der Erstprozeß nach Eintritt der Rechtskraft des Kostenurteils abgeschlossen war, also nicht etwa noch einmal „aufgenommen" werden konnte. Die Kostenfrage war mit Rechtskraftwirkung für diesen Prozeß erledigt, aber auch nur sie und auch sie nur für den Bereich der Erstklage und ihrer Aufnahme. Für die Neuklage bestand unzweifelhaft ein ausreichendes Rechtsschutzbedürfnis, da die Rückgewähr freiwillig nicht vollzogen wurde. Zur Hauptsache war rechtskraftfähig überhaupt nicht erkannt worden. Der neue Richter war also nicht etwa dadurch gebunden, daß im aufgenommenen Erstprozeß eine Verurteilung des Beklagten in die Kosten nur erfolgen konnte und nur erfolgt war, weil der Hauptanspruch (die anfechtungsrechtliche Rückgewährforderung) bejaht wurde. Diese Erwägung wirkte sich nur als Entscheidungs*grund* aus und blieb darum nach § 322 Abs. 1 ZPO. der inneren Rechtskraft unzugänglich. Wäre das Gericht der Neuklage zu dem Schlusse gekommen, der Hauptanspruch sei von vornherein unbegründet gewesen, so hätte es gleichwohl die Entscheidung über die Kosten des Vorprozesses nicht abändern können. Diese Wirksamkeit der Rechtskraft mag im Einzelfall als Mißstand empfunden werden, ist aber auch sonst nach selbständigen Prozessen über bedingende Vorfragen hinzunehmen. Vielleicht war der Gegner im Erstprozesse nur deshalb unterlegen, weil er sich nicht genügend verteidigt hatte. In unserem Falle stehen die Ergebnisse beider Prozesse völlig im Einklange. Nach keiner Richtung erscheinen sie unbillig. Daß der § 13 Abs. 4 Satz 1 AnfG. in seiner allgemeinen Fassung auch hier zutrifft, kann ernsthaft nicht bestritten werden.

Konkurs des Verkäufers.

KonkTreuh 1927 S. 1–4
Von Professor Dr. Ernst Jaeger, Leipzig.

In der jüngsten Praxis ist die Frage streitig geworden, welche Rechtsstellung der Käufer im Konkurse der Verkäufer hat, wenn die Kaufsache mit einem die Gewährpflicht des Verkäufers begründenden Fehler behaftet ist (§§ 459 ff. BGB.). Da der in Betracht kommende Grundsatz des § 17 KO. fast in jedem Konkurs eine bedeutsame Rolle spielt, sollen die Vertragspflichten, die einem Verkäufer als Gemeinschuldner obliegen, hier im Zusammenhang erörtert weiden.

I. Ist zu der Zeit, da der Verkäufer in Konkurs verfällt, weder die Ware geliefert noch der Kaufpreis bezahlt, so steht die Anwendbarkeit des § 17 KO. außer Zweifel. Denn es liegt alsdann ein bei Konkursbeginn noch von keinem Teile erfüllter gegenseitiger Schuldvertrag vor. Der Konkursverwalter darf also zwischen Erfüllung und Nichterfüllung wählen.

1. Die Wahl. Den Ausschlag gibt einzig und allein das Interesse der Konkursmasse. Sagt sich der Verwalter, daß er bei einer konkursmäßigen Verwertung der Ware weniger erlösen wird als das, was er auf Grund des schwebenden Kaufvertrags als Preis beanspruchen und erwarten kann, dann muß er auf Erfüllung bestehen. Hält er aber die Konkursverwertung für vorteilhafter, weil vielleicht der vereinbarte Preis zu niedrig oder die Zahlungsfähigkeit des Käufers zu unsicher ist, dann hat er die Erfüllung abzulehnen. Der Verwalter trifft die Entscheidung unter persönlicher Verantwortlichkeit (§ 82 KO.). Ablehnen kann er ganz selbständig. Will er Erfüllung verlangen, dann soll er (wegen der damit verknüpften Belastung der Masse) bei Werten über 300 Reichsmark zuvor einen etwa bestellten Gläubigerausschuß um Zustimmung angehen (§ 133 Nr. 2 KO.). Dem Käufer gegenüber wirkt aber auch das eigenmächtige Erfüllungsbegehren des Konkursverwalters (§ 136 KO.). Der Käufer kann den Verwalter zur Entscheidung drängen, um der Ungewißheit des zunächst bestehenden Schwebezustandes ein Ende zu bereiten. Verzögert auf solche Anfrage der Verwalter schuldhaft den klaren Bescheid, dann treten die Rechtsfolgen der Ablehnung ein (§ 17 Abs. 2 KO.). Die Wahl vollzieht der Verwalter in einer formlosen rechtsgeschäftlichen Willenserklärung gegenüber dem Käufer, die nach den allgemeinen Regeln der §§ 119 ff., 142 ff. BGB wegen Irrtums oder sonst eines Willensmangels anfechtbar sein, aber nicht frei widerrufen werden kann.

2. Die Erfüllung. Besteht der Konkursverwalter auf Erfüllung, dann haben Käufer und Verkäufer (an des letzteren Stelle der Konkursverwalter) ihre Vertragsverpflichtungen so zu erfüllen, wie sie außerhalb des Konkurses zu erfüllen wären. War nicht ausbedungen, daß ein Vertragsteil vorzuleisten habe,

dann sind Leistung und Gegenleistung Zug um Zug auszutauschen (§§ 320 ff., 433 ff. BGB). Der Käufer hat die Stellung eines Massegläubigers (§ 59 Nr. 2 KO.) und kann als solcher verlangen, daß der Konkursverwalter des Verkäufers dessen Verbindlichkeiten ganz und in Natur erfülle. Nicht also wird der Käufer als Konkursgläubiger auf Geldprozente verwiesen. Namentlich hat er beim Kauf einer beweglichen Sache Uebereignung durch Einigung und Uebergabe, beim Grundstückskauf Uebereignung durch Auflassung und Eintragung in das Grundbuch als Massegläubiger zu beanspruchen. Auch die Verpflichtungen des Verkäufers zur Gewährleistung wegen eines Mangels der Sache bilden Masseschulden nach § 59 Nr. 2 KO., die der Käufer durch Klage und Zwangsvollstreckung gegen den Verwalter geltend machen kann. Die Schranken der §§ 12, 14 KO. treffen den Mässegläubiger nicht. Kommt es zum Zwangsvergleich, so sind die Forderungen des Käufers wie alle „Masseansprüche" aus der Masse vor den bevorrechtigten Konkursforderungen vom Verwalter zu erfüllen und, soweit streitig, sicher zu stellen, ehe das Konkursverfahren aufgehoben wird (§§ 57, 193 Abs. 1 KO.). Ihnen tut der Zwangsvergleich keinen Abbruch.

So bürdet das Erfüllungsbegehren der Konkursmasse Pflichten auf, deren Tragweite der Verwalter vor Ausübung des Wahlrechts reiflich erwägen muß. Besondere Vorsicht erheischen die sog. Sukzessivlieferungsverträge. Es ist anerkannten Rechtens, daß der Konkursverwalter durch „Abruf" einer einzigen Rate (vielleicht der letzten, die noch aussteht) die Kaufpreislast für alle noch unbezahlten Raten als einheitliche Masseschuld der Konkursmasse aufbürdet. Des öfteren schon hat die Allgemeinheit der Konkursgläubiger bei Lieferungsverträgen durch unvorsichtiges Erfüllungsbegehren des Verwalters schweren Schaden gelitten. Seine Fahrlässigkeit hat der Verwalter, wie bereits betont, zu vertreten (§ 82 KO.), auch dann, wenn ein das Erfüllungsbegehren billigender Beschluß des Gläubigerausschusses vorliegt (133 Nr. 2 KO.), dessen Mitglieder sich bei eignem Verschulden ebenfalls verantwortlich machen (§ 89 KO.). Die weitverbreitete Ansicht, daß der Ausschuß den | Verwalter schlechthin decke, trifft keineswegs zu. Der Ausschuß kann dem Verwalter dessen Haftung für die schuldhafte Schädigung der Masse umso weniger abnehmen, als er gar nicht in der Lage ist, dem Verwalter die Erfüllung bindend vorzuschreiben. Eine Anfechtung der im Erfüllungsbegehren liegenden rechtsgeschäftlichen Willenserklärung wegen Irrtums (§ 119 BGB) läßt sich nicht darauf stützen, daß der Verwalter der Meinung war, es sei die Forderung auf den Kaufpreis der vor Konkursbeginn gelieferten Raten eine gewöhnliche, nur anteilsmäßig zu berücksichtigende Konkursforderung. Denn die Rechtsfolge des § 59 Nr. 2 KO. verknüpft sich mit dem Erfüllungsbegehren des Verwalters ganz ohne Rücksicht auf dessen Wissen und Wollen. Er irrt beim Abruf einer Rate, auch wenn er nicht weiß und nicht will, daß der Preis aller Raten zur Masseschuld werde, nicht „über den Inhalt" seiner Erklärung, sondern nur über eine außerhalb der Erklärung stehende gesetzliche Nebenfolge. Nur wenn der Verwalter beim Abrufe der Meinung war, die Vorkonkurslieferungen seien bereits bezahlt gewesen, es stehe also nur noch der Preis für die künftige Lieferung aus, nur dann bejaht das Reichsgericht in ständiger Uebung die Anfechtbarkeit unter dem Gesichtspunkte eines Irrtums über den Inhalt der Willenserklärung[1]. Angesehene Rechtslehrer bestreiten selbst dies, da der Verwalter auch hier nicht über den Inhalt, sondern nur über die rechtliche Tragweite seiner Erklärung, eben über die Folge des § 59 Nr. 2 KO., irre[2]. Doch trifft das nicht zu. Er irrt hier über eine Tatsache und gerade nicht über einen Rechtssatz. Denn auch wenn er ganz genau weiß, daß nach § 59 Nr. 2 KO. der Gesamtpreis zur Masseschuld wird, besteht jener Irrtum und mit ihm das Anfechtungsbedürfnis. Auf dem Grunde der Tatsache, die er sich unrichtig vorstellt (der Annahme, alle früheren Lieferungen seien bezahlt), gewinnt seine Erklärung einen anderen Sinn. Sein Mißverstehen der tatsächlichen, nicht der rechtlichen Tragweite des Abrufs bestimmt ihn zur Erklärung. Darum kann er sie anfechten, was nach Maßgabe der §§ 129, 143 BGB unverzüglich gegenüber dem Verkäufer zu geschehen hat. Ganz abgesehen aber von der Bestrittenheit der Anfechtungsbefugnis empfiehlt es sich schon mit Rücksicht auf die Haftung der Masse für den Vertrauensschaden (§ 122 BGB, § 59 Nr. 1 KO.) dringend, daß der Verwalter beim leichtesten Zweifel darüber, ob ältere Lieferungen bezahlt sind oder nicht, sich mit dem Käufer verständigt. Jedenfalls hat er die Pflicht, dem tatsächlichen Stand der Dinge nachzuforschen. Irren heißt eine falsche Vorstellung haben. Wer gar keine hat, der kann sich auch nicht auf Irrtum berufen.

3. Die Nichterfüllung. Lehnt der Konkursverwalter des Verkäufers die Erfüllung ausdrücklich oder stillschweigend ab, dann erlöschen für die Zukunft die Erfüllungsansprüche beider Vertragsgenossen, auch die des Käufers. Das gegenseitige Schuldverhältnis geht vollkommen unter, wenn der Käufer infolge der Ablehnung des Verwalters keinen Schaden leidet. Anderenfalls geht es auf in einer einseitigen Konkursforderung des Käufers (§ 26 Satz 2 KO.) auf Schadensersatz wegen Nichterfüllung des Vertrags. Der Wandel ist endgültig: weder während des Konkursverfahrens noch nach dessen Beendigung können Käufer oder Verkäufer Ansprüche auf „Erfüllung" des Kaufvertrages geltend machen. Wohl hat die Schadensersatzforderung ihren Rechtsgrund im alten Schuld-

---

1 Siehe namentlich RG. 51 S. 281, 62 S.201, 85 S. 223, 98 S. 136.

2 So besonders v. Tuhr LZ. 1918 Sp. 129 f. Enneccerus Bürg. Recht (23/27. Aufl. 1927) Bd. I § 157 Note 29 glaubt, wenigstens mit dem § 119 Abs. 2 BGB. die Anfechtbarkeit begründen zu können, da ein Irrtum über die verkehrswesentliche Artung des Geschäftsgegenstandes („Eigenschaft der Sache") vorliege.

vertrage, der sich noch z. B. insofern auswirken kann, als eine das Erfüllungsinteresse darstellende, wenn auch den wirklichen Schaden übersteigende Vertragsstrafe auch infolge der Ablehnung des Konkursverwalters verfällt und als Konkursforderung verfolgbar wird. Allein der Inhalt des Käufer-Anspruchs ist ein anderer geworden, da er nun nicht mehr auf Erfüllung der Verkäufer-Pflichten, sondern auf Schadensersatz wegen deren Nichterfüllung geht. War daher die Kaufsache dem Käufer zwar vor Konkursbeginn übergeben, aber noch nicht übereignet, dann darf der Käufer dem Konkursverwalter, der sie zur Masse abverlangt, die Herausgabe nicht etwa fernerhin auf Grund der §§ 433, 986 BGB. verweigern. Einen Verschaffungsanspruch, der ihm ein Recht auf den Besitz der Kaufsache gewährte, hat eben der Käufer nicht mehr. Gefeit gegen eine Erfüllungsablehnung im Sinne des § 17 KO. ist der Verschaffungsanspruch des Käufers nur dann, wenn ihm der Schutz einer Vormerkung nach § 24 KO. zur Seite steht. Darum kann namentlich der Grundstückskäufer im Konkurse des Verkäufers, auch wenn der Kaufvertrag noch beiderseits unerfüllt ist, kraft einer Eigentumsvormerkung vom Konkursverwalter nach wie vor die Uebereignung selbst beanspruchen, ohne einer Erfüllungsablehnung des Verwalters ausgesetzt zu sein. Der so gesicherte Grundstückskäufer darf daher auch fernerhin die Herausgabe des ihm bereits übergebenen Grundstücks verweigern.

II. Das Wahlrecht des Konkursverwalters besteht nach § 17 KO. bei gegenseitigen Schuldverträgen auch dann, wenn der eine oder der andere Vertragsgenosse oder wenn beide vor Konkursbeginn schon teilweise erfüllt haben. Dagegen versagt es, wenn der Schuldvertrag zur Zeit der Konkurseröffnung auf einer Seite schon vollständig erfüllt war. So z. B. wenn der jetzt im Konkurse stehende Verkäufer einer Ware diese auf Kredit schon vor Eröffnung des Verfahrens dem Verkäufer unter Verschaffung lastenfreien Eigentums in fehlerlosem Zustand übergeben hatte. Letzterenfalls muß es der Verwalter, wenn die Veräußerung nicht etwa nach Maßgabe der §§ 29 ff. KO. (z. B. als Schleudergeschäfte am Vorabend des Konkurses nach § 30 Nr. 1 Fall 1 KO.) anfechtbar ist, beim Verkaufe bewenden und sich mit der Einziehung des vielleicht niedrigen Kaufpreises, falls auch der Käufer sich im Konkurse befindet, sogar mit der Konkursdividende begnügen. Nicht vollständig erfüllt hat ein Vertragsgenosse, solange er auch nur einen geringfügigen Teil der Hauptleistung oder eine Nebenleistung noch zu bewirken hat. So ist die Verbindlichkeit des Käufers schon dann unerfüllt im Sinne des § 17 KO., wenn er nur noch einen kleinen Rest des Kaufpreises oder nur noch Kaufpreiszinsen oder nur die Abnahme der ihm ordnungsmäßig schon vor dem Konkurs angebotenen Sache schuldig ist (§ 433 Abs. 2 BGB). Der Verkäufer einer Sache hat noch nicht vollständig erfüllt, solange der von ihm geschuldete Erfolg der Uebereignung noch aussteht (§ 433 Abs. 1 BGB). So beim Verkauf eines Grundstücks noch nicht, wenn es bei Konkurseröffnung zwar übergeben, aber noch nicht übereignet (§ 925 BGB.) oder zwar übereignet, aber noch nicht über- | S. 3 geben ist.[3] So beim Ver- | kaufe beweglicher Sachen auch dann noch nicht, wenn der Verkäufer schon vor dem Konkurse die Ware zum Versand an den auswärtigen Käufer der Post oder Eisenbahn ausgehändigt (vgl. § 447 BGB) oder wenn er sich an der Ware bis zur Vollzahlung des Kaufpreises das Eigentum vorbehalten hat (vgl. § 455 BGB)[4]. Daß im einen oder anderen Falle der Verkäufer, noch ehe er in Konkurs geriet, das Seine getan hatte, um dem Käufer das Eigentum an der Kaufsache zu verschaffen, das allein steht der Anwendbarkeit des § 17 KO. nicht im Wege. Die objektive Tatsache des bei Konkursbeginn noch ausstehenden Leistungserfolges bedeutet Unerfülltsein.

III. Unter diesem Gesichtspunkt ist die Frage zu prüfen, wie *eine Mängelgewährpflicht des Verkäufers* auf die Anwendbarkeit des § 17 KO. einwirkt. Der Verkäufer kann dem Käufer wegen eines *Rechtsmangels* oder wegen eines *Sachmangels* gewährpflichtig sein. In keinem dieser Fälle hat er den gesetzlichen Pflichten voll genügt, mag er nun den Mißerfolg verschuldet haben oder nicht. Wegen eines *Rechtsmangels* hat der Verkäufer einer beweglichen Sache dem Käufer namentlich dann Gewähr zu leisten, wenn sich herausstellt, daß die Sache dem Verkäufer garnicht gehörte, sondern ihrem wahren Eigentümer gestohlen worden oder sonst abhandengekommen war und darum auch vom gutgläubigen Käufer nicht zu Eigen erworben worden ist. (§§ 434 ff., 935 BGB). Gibt hier der Käufer die Sache dem Dritten mit Rücksicht auf dessen Eigentum heraus, dann hat der Verkäufer dem Käufer Schadensersatz „wegen Nichterfüllung" des Kaufvertrages zu leisten (§ 440 Abs. 2 BGB). Ebenso hat der Verkäufer eines Grundstücks seine Verschaffungspflicht noch nicht erfüllt, solange er dieses zwar aufgelassen, aber eine nach dem Kaufvertrage von ihm zu beseitigende Hypothek noch nicht getilgt hat (vgl. §§ 434, 439 Abs. 2, 440 Abs. 1 BGB). Hier wie dort ist die Verkäuferpflicht noch unerfüllt, der § 17 KO. also anwendbar, wenn auch der Käufer noch nicht vollständig geleistet hat. Weit wichtiger ist die *Sachmängelgewähr* (§§ 459 ff. BGB). Sie bedeutet, daß der Verkäufer einstehen muß für Fehler der Kaufsache, die ihren Wert oder ihre Tauglichkeit aufheben oder mindern (z. B. Schwamm im verkauften Haus, erhebliche Webfehler der gelieferten Stoffe), und gehört gleichfalls mit zur Erfüllungspflicht des Verkäufers. Doch bestehen manche Zweifel. Sie sollen an einem Beispiel erörtert werden.

K hat vom Fabrikanten V nach dessen Katalogen eine Maschine bezogen, die an einem wesentlichen Mangel leidet. Der Kaufpreis ist abredegemäß inner-

---

3 RG. Bd. 84 S. 235, Bd. 85 S. 402, Bd. 90 S. 222.

4 RG. Bd. 64 S. 207 u. 336, Bd. 85 S. 403 (umstritten).

halb dreier Monate zu entrichten. Während dieser Frist gerät der Verkäufer V in Konkurs. Sein Konkursverwalter verlangt Zahlung des Kaufpreises. Dabei soll unterschieden werden:

1. Der Verwalter weiß, als er Zahlung des Kaufpreises fordert, daß die Maschine als fehlerhaft beanstandet wird, und erkennt die Berechtigung der Rüge an.
2. Er weiß um die Rüge, bestreitet aber den Mangel.
3. Er hört erst hinterher, daß die Maschine bemängelt wird.

Da es sich um einen Gattungskauf handelt, kann der Käufer nach § 480 BGB verlangen, daß ihm an Stelle der mangelhaften Maschine eine mangelfreie geliefert werde. Das gegenseitige Schuldverhältnis des Kaufes ist beiderseits noch unerfüllt: Lieferungsanspruch und Kaufpreisanspruch halten einander noch im ursprünglichen Austauschverhältnis die Wage. Besteht der Verwalter auf Zahlung, so verlangt er damit Erfüllung und hat nun seinerseits gemäß § 17 Abs. 1 mit § 59 Nr. 2 KO. die Verpflichtung des Gemeinschuldners, an Stelle der mangelhaften ein mangelfreie Sache zu liefern, als Masseschuld zu erfüllen. Das leuchtet ohne weiteres ein im Falle 1, einerlei, ob der Verwalter sich bewußt ist, die Wahl des § 17 KO. auszuüben und die gesetzliche Folge des § 59 Nr. 2 KO. auszulösen. Das Fehlen dieser rechtlichen Erkenntnis würde keinesfalls eine Anfechtbarkeit des Erfüllungsbegehrens wegen Irrtums (§ 119 BGB) rechtfertigen. Für die konkursrechtliche Behandlung besteht aber auch dann kein Unterschied wenn der Verwalter – wie im Falle 2 angenommen wird – den vom Käufer behaupteten Sachmangel bestreitet. Nur trägt alsdann der Käufer, der die Nachlieferungspflicht als Masseschuld verfolgt, die Beweislast für den Mangel. Für die Anwendbarkeit des § 17 KO. ist es ganz einerlei, ob der Verwalter den Mangel zugibt und damit die Gegenpartei des Beweises überhebt oder ob er ihn bestreitet. Denn unmöglich kann der Schutz, den das Gesetz bei unerfüllten Austauschverträgen dem Gegner des Gemeinschuldners gewähren will, davon abhängig sein, ob es dem Konkursverwalter beliebt, die Tatsachen einzuräumen, denen (wie hier aus der Mangelhaftigkeit) folgt, daß der Gemeinschuldner noch nicht oder doch nicht vollständig erfüllt hat. Das Gesetz ist seinem Zwecke entsprechend ganz objektiv gefaßt. Wenn ein beiderseits noch unerfüllter Austausch-Vertrag vorliegt, dessen Erfüllung der Konkursverwalter vom Gegner fordert, finden die §§ 17, 59 Nr. 2 KO. Anwendung, mag sich auch erst nachträglich herausstellen, daß im Begehren des Verwalters das Verlangen der Erfüllung eines beiderseits noch unerfüllten Austauschvertrages gelegen war. Damit erledigt sich auch der Fall 3. Für die Anwendbarkeit jener Gesetzesvorschriften besteht also zwischen den drei Fällen des Beispiels kein Unterschied. Wie sollte er sachlich zu rechtfertigen sein? Auch dann liegen die Dinge nicht anders, wenn wie der Verwalter so der Gegner selbst erst nachträglich erkennt, daß die Verpflichtungen des Gemeinschuldners ebenfalls noch unerfüllt sind, daß also (um bei unserem Beispiele zu bleiben) die Maschine fehlerhaft, daß deshalb eine Gewährpflicht des Verkäufers entstanden und daß diese noch begründet ist. (Zeitschranken: §§ 477 ff. BGB, § 377 HGB).

Fordert der Konkursverwalter eines wegen Sachmangels gewährpflichtigen Verkäufers Erfüllung, dann bilden auch die Gewähranspräche des Käufers Wandelung oder Minderung (§ 462 BGB) Masseansprüche nach § 59 Nr. 2 KO. Auch diese Art der Gewährleistung wird auf Grund des Kaufvertrages, wenn auch nur kraft einer gesetzlichen Nebenpflicht des Verkäufers geschuldet.[5] Solange er ihr nicht genügt, ist seine Leistung noch unvollständig. Wie steht es
| S. 4 endlich mit dem Gewähranspruch des Käufers | auf Schadensersatz beim Fehlen zugesicherter Eigenschaften oder bei Arglist des Verkäufers (§§ 463, 480 Abs. 2 BGB)? Wenn solchenfalls der Käufer unter Ablehnung jeder anderen Leistung des Verkäufers Schadensersatz wegen Nichterfüllung des Kaufvertrags im ganzen fordert,[6] drängt sich die Frage auf, ob denn auch hier, wo nur noch einseitig Schadensersatz, nicht ein wechselseitiger Austausch von Leistung um Gegenleistung begehrt wird, die konkursrechtliche Behandlung die gleiche sein könne. Unbedenklich. Denn auch der Schadensersatzanspruch entspringt „aus dem zweiseitigen Vertrag" des Kaufes, dessen Erfüllung zur Konkursmasse verlangt worden ist (§ 59 Nr. 2 KO,), und zwar verlangt wurde auf Grund eines bei Konkurseröffnung beiderseits noch nicht vollständig erfüllten Austauschvertrags (§ 17 Abs. 1 KO.). Der Käufer hat also hier, wo Zahlung des Kaufpreises zur Masse von ihm verlangt worden war, den großen Vorteil, daß er als Massegläubiger und nicht, wie im Falle einer Erfüllungsablehnung durch den Verwalter, nur als einfacher Konkursgläubiger (§ 26 Satz 2 KO.) Schadensersatz fordern darf. Der Unterschied rechtfertigt sich damit, daß der Konkursverwalter selber es ist, der durch sein Erfüllungsbegehren dem gegenseitigen Schuldverhältnis Maßgeblichkeit für und wider die Konkursmasse verschafft, eine Rechtsfolge, die zugleich dem Grundgedanken des § 59 Nr. 1 KO. entspricht. Der Verwalter bürdet durch Eintritt in den schwebenden Kaufvertrag das ganze Verkäuferrisiko der Masse auf. Erst

---

5 Daß beim Gattungskaufe der Käufer einen „Erfüllungsanspruch" auf Nachlieferung einer fehlerfreien Ware hat, entspricht der herrschenden Lehre (siehe z. B. Enneccerus aaO. (336 I 1). Die Ansprüche auf Wandelung oder Minderung und auf Schadensersatz werden dagegen beim Spezies- wie beim Gattungskauf von der Rechtslehre meist als Forderungen aus einer besonderen gesetzlichen (oder vertragsmäßigen) Garantiepflicht betrachtet (Enneccerus § 335 I). Die Anwendbarkeit der §§ 17, 59 Nr. 2 KO. ist auch bei dieser Auffassung, wie unser Text ergibt, zu bejahen.

6 Mag er dazu ohne weiteres (RG. Bd. 52 S. 355, Bd. 53 S. 89) oder nur dann berechtigt sein, wenn er am Behalten der fehlerhaften Sache kein Interesse hat (siehe Enneccerus § 331 Note 35, § 336 Note 8).

recht muß der Schadensersatzanspruch des Käufers als Massegläubigerrecht für den Fall anerkannt werden, daß der Käufer die ihm gelieferte Ware als Schuldgegenstand behält und nur wegen des Mangels Ersatz verlangt. Offenbar wäre eine verschiedenartige konkursrechtliche Behandlung der beiden Arten des Ersatzbegehrens unverständlich.

Möglicherweise hatte der Käufer seine Teilleistung vor dem Konkurse dadurch bewirkt, daß er eine Sache an erfüllungsstatt oder erfüllungshalber an den Verkäufer übereignet hatte (vgl. § 364 BGB). Insoweit geht der Schadensersatzanspruch auf Rückübereignung (§ 249 BGB). Auch mit diesem Inhalt bildet er einen Masseanspruch im Sinne des § 59 Nr. 2 KO. Für Aussonderung und Ersatzaussonderung (§§ 43, 46 KO.) ist insoweit kein Raum. Das gilt namentlich, wenn der Käufer dem Verkäufer zwecks Anzahlung auf den Kaufpreis einen Wechsel oder Scheck übereignet hatte, der sich noch in der Masse befindet.

Treuhandvergleich und Konkurs.

KonkTreuh 1927 S. 161–163
Von **Prof. Dr. Ernst Jaeger,** Leipzig.

I. Die Hoffnung weiter Kreise, daß die Vergleichsordnung den Treuhandvergleich zur Abwendung des Konkurses regeln werde, hat sich nicht erfüllt. Das neue Gesetz gedenkt der Einrichtung mit keinem Wort, obwohl sie als Lösung der Geschäftsaufsicht, die Fesseln des § 35 AufsVo. sprengend, eine von Jahr zu Jahr wachsende Bedeutung erlangt hat. So sind Rechtslehre und Rechtsprechung auf sich selber angewiesen. Nicht nur konkurs- und anfechtungsrechtliche, auch vollstreckungsrechtliche, auch steuerrechtliche Zweifel tauchen auf. Hier sei nur die zur Zeit besonders brennende Frage erörtert, welchen Einfluß der Konkurs des Schuldners äußert, wenn die Durchführung des Treuhandvergleichs scheitert. Schon oben Seite 4 f. hat der um die Wissenschaft und um die Praxis des Konkursrechts sehr verdiente Leipziger Konkursrichter diese Fragen behandelt. Er gelangt zu dem Ergebnisse, daß der Konkurs solchenfalls weder die Treuhandverfügung von selbst zum Erlöschen bringe, noch einen schuldrechtlichen Anspruch der Masse auf Rückgewähr des Treuguts auslöse. Den mehr oder weniger unerfreulichen Folgen sei dadurch vorzubeugen, daß das Hinfälligwerden des Treuhandvergleichs bei späterem Konkurse besonders vorgesehen werde. Eine solche Klausel „entspreche der Billigkeit." Wertvoll ist an diesen Ausführungen vor allem, daß ihr Verfasser selbst auf Grund seiner reichen Erfahrung die Folgen des Fortbestandes der Treuhand für unerwünscht und ungerecht hält. Unter der Herrschaft der neuen VerglO. droht die Gefahr, daß eine unfreie Gesetzesauslegung die Unbilligkeit bis zur Unerträglichkeit steigert. Denn nach § 7 VerglO. wird jetzt die kassatorische Klausel beim Teilerlaß im Zweifel unterstellt und zwar mit der Folge, daß im später eröffneten Konkurse nur der Erlaß hinfällt, die Vorteile des Vergleichs aber weiterbestehen. So liegt es nahe zu sagen: nur die Abrede, daß die Vergleichsansprüche in festbestimmter Höhe oder zu dem durch den Erlös des Treuguts nicht gedeckten Betrag erlassen sein sollen, werde hinfällig; das Treugut verbleibe den Vergleichsgläubigern wie Absonderungsberechtigten; der im Konkurse verfolgbare Ausfall sei nach der vollen, ursprünglichen Höhe der Vergleichsansprüche zu berechnen. Man braucht dieses Ergebnis nur klarzustellen, um seine Unannehmbarkeit zu erkennen. Aufgabe der Auslegung ist es, eine sachlich angemessene, den Verkehrsbedürfnissen Rechnung tragende Lösung zu finden. Sie kann nur dahin lauten, daß die Treuhand dem Konkurse weichen muß.

II. Aus einer Reihe von Fällen, die mir zur Begutachtung unterbreitet waren, greife ich den wesentlichen Inhalt heraus und lege der Betrachtung den Treuhandvergleich in einfachster Gestalt zu Grunde. Wir nehmen an: dem Treuhänder sind Warenbestände und Geschäftseinrichtung des Schuldners übereignet und dessen Außenstände abgetreten worden unter der Abrede, daß er aus dem Erlöse die Vergleichsgläubiger bis zu 50 % der Vergleichsansprüche zu befriedigen und einen Ueberschuß an den Treugeber auszuantworten habe, während die Restschuld erlassen sein solle (Treuhandvergleich mit einem von vornherein ziffermäßig feststehenden Teilerlaß) oder unter der Abrede, daß die Vergleichsansprüche aus dem Treugut, soweit es ausreiche, zu erfüllen, darüber hinaus aber erlassen sein sollen (Treuhandvergleich mit erst noch zu ermittelndem Teilerlasse). Der § 7 VerglO. (Wiederaufleben des Erlasses) trifft beide Vergleichsarten; die §§ 6, 23 Nr. 1 63 Abs. 3 VerglO. (Mindestquote) treffen dagegen nur den ersten Fall[1]. Hat der Schuldner liegende Güter, so werden mitunter auch solche zu treuen Händen übereignet, meist aber durch Sicherungshypotheken, auf den Namen des Treuhänders lautend, belastet.

In den mir unterbreiteten Fällen ist der Treuhandvergleich teils vollkommen unerledigt geblieben, (im einen, obwohl fast ein Jahr bis zum Konkurse verstrichen war), teils nur unvollständig und ganz und ganz ungleichmäßig ausgeführt worden (die ausgezahlten Quoten schwankten in einem Falle zwischen 7 und 38 %, ja es hatten dabei einzelne Vergleichsgläubiger überhaupt noch nichts erhalten, als der Konkurs ausbrach.) Ueberall hatte der Konkurs seinen Grund auch in den Altschulden. Mit den Altgläubigern waren vielfach neue Geschäfte geschlossen worden. Auch kam es vor, daß das Treugut ganz oder fast ganz in der Hand des Schuldners verblieben und von diesem in seinem neuen Geschäftsbetriebe teilweise versilbert worden war. Eine Aufrechterhaltung der Treuhand wäre hier auf unlösbare Schwierigkeiten gestoßen.

Nun gibt es freilich Fälle, in denen Treuhandverfügungen dem Konkurse widerstehen. So führen Sicherungsübereignungen und Sicherungsabtretungen, ihre Unanfechtbarkeit vorausgesetzt, im Konkurse des Treugebers zu abgesonderter Befriedigung (zust. RG. Bd. 91 S. 15). Das gilt namentlich von der unmittelbar zugunsten eines einzelnen Gläubigers vollzogenen Treuhandverfügung, auch von der auf ganze Sachgesamtheiten erstreckten Sicherungsübereignung,

---

1 Durch das Gesetz geht die für jedes feinere Ohr ungenießbare Wendung „der teilweise Erlaß", als ob „teilweise" ein Eigenschaftswort wäre. Unsere deutsche Sprache hat wie kaum eine zweite eine wunderbare Fähigkeit zu Wortverbindungen. Schlicht und gut klingt „Teilerlaß". Ebenso „Vorzugsbefriedigung" statt „die vorzugsweise Befriedigung". Andrerseits muß rühmend anerkannt werden, daß das neue Gesetz den Mut gefunden hat, endlich „den betrüglichen Bankerutt" unserer KO. durch eine Wendung zu ersetzen, die der Mensch gebraucht, wenn er redet, wie ihm der Schnabel gewachsen ist („betrügerischer Bankrott").

wie sie heute besonders im Verkehr der Banken eine für andere Gläubiger so verhängnisvolle Rolle zu spielen pflegt. Es ist aber auch denkbar, daß ein für eine Mehrheit von Gläubigern, namentlich von Vergleichsgläubigern, bestell- |
| S. 162 ter Treuhänder im Konkurse des Treugebers weiter zu wirken hat. So, wenn die Aufgabe des Treuhänders erfüllbar und vom Konkursgrund unberührt geblieben ist. Ein ausschließlich auf Neuschulden beruhender Konkurs würde solcher Treuhand keinen Abbruch tun.

Anders liegen die Dinge in unseren Fällen. Hier hat der Vergleich sich als undurchführbar erwiesen. Er hat seinen Zweck, für den Bereich der Treuhandschulden den Konkurs abzuwenden, verfehlt. Der Konkurs ist im Hinblick auf die Gesamtvermögenslage des Schuldners, mit Rücksicht auf neue und auf alte Verbindlichkeiten eröffnet worden. Wie wirkt diese Zweckvereitelung auf das zwischen den Vergleichsparteien und dem Treuhänder bestehende Schuldverhältnis, wie auf den Bestand der Treuhandverfügungen?

Zunächst gilt es, die Willensmeinung der Beteiligten zu erforschen. (§§ 133, 157 BGB.). Die Vergleichsparteien, der Schuldner und die Vergleichsgläubiger, haben mit dem Treuhänder, indem sie ihn damit betrauten, das Treugut zu verwerten und den Erlös in bestimmter Weise zu verteilen, einen auf Geschäftsbesorgung gerichteten Werkvertrag abgeschlossen (§ 675 BGB.). Mitgeschäftsherren sind der Schuldner und die Vergleichsgläubiger; Geschäftsbesorger ist der Treuhänder; den Geschäftszweck bildet die Abwendung des Konkurses durch die vereinbarte Befriedigung der Vergleichsgläubiger. Vgl. RG. Bd. 31 S. 121. Zweifellos erscheint dabei, daß die Beteiligten die Anvertrauung des Treuguts nur für den Fall gewollt haben, daß der Treuhandzweck erreichbar bleibt. Dem entspricht die Annahme, daß die Treugutsübertragung — soweit sie nicht als Grundstücksübereignung der Bedingbarkeit entrückt ist (§ 925 Abs. 2 BGB.) — ihre Wirksamkeit nach dem Willen der Parteien verlieren soll, sobald der Geschäftszweck, die Konkursabwendung, vereitelt wird. Die auflösende Bedingtheit der Treugutübertragung darf insoweit als stillschweigend vereinbart gelten. Siehe nun auch OLG. Hamburg vom 25. 1. 1927 Hanseat. Gerichtsz. 1927 Beibl. 13 Nr. 49 S. 70 f. (Doch hängt die Frage, ob das Treugut zur Masse „gehört", nicht davon ab, ob es der Verwalter tatsächlich „zur Masse zieht").

Zugleich mit Eröffnung des Konkurses, dessen Abwendung die Treuhand bezweckte, fällt also das Treugut wieder an den Treugeber zurück und zwar als Bestandteil seiner Konkursmasse. Spätestens jetzt muß auch der Schuldvertrag mit dem Treuhänder erlöschen, da der eigentliche Treugeber und Mitgeschäftsherr in Konkurs geraten ist und die Geschäftsbesorgung sich auf ein nun zur Konkursmasse gehörendes Vermögen bezieht (§ 23 KO.). Sonach hat die Eröffnung des zweckvereitelnden Konkurses nicht nur bei unechter Treuhand, d. h. in Fällen, da das Treugut im Vermögen des Schuldners verblieben, der Treuhänder nur mit schuldrechtlicher Macht ausgestattet war, sondern auch nach regelrechter Uebertragung des Treuguts an ihn das Erlöschen der Treuhand zur Folge. Siehe für den außergerichtlichen Treuhandvergleich RG. LZ. 1915 Sp. 218 Nr. 18. Irgend ein innerer Grund, weshalb für die Treuhandvergleiche des gerichtlichen Konkursabwendungsverfahrens ein anderes gelten sollte, besteht nicht. Hier wie dort ist, sobald der zu verhütende Konkurs eröffnet war, der Vertragszweck gescheitert.

Für den Bereich der auflösenden Bedingung ergibt sich also, daß der Rückfall des Treuguts in das Schuldnervermögen sich im Augenblicke der Konkurseröffnung von selbst vollzieht: Waren, Geschäftseinrichtung und ausstehende Forderungen gehören bereits von diesem Zeitpunkt ab zur Konkursmasse. Eine auflösend bedingt bestellte Treuhänderhypothek wäre erloschen, der Grundbuchberichtigungsanspruch ebenfalls Massebestandteil. Tritt kein unmittelbarer Rückfall des Treuguts in das Vermögen des Treugebers ein, dann gehören die forderungsrechtlichen Rückübertragungsansprüche zur Konkursmasse (§§ 667, 675 BGB., §§ 1, 6 KO.). Sie freilich würden in einem Konkurse des Treuhänders als bloße Verschaffungsansprüche der Aussonderungskraft ermangeln. Bei dieser Rechtslage bewendet es in den seltenen Fällen von Grundstücksübereignungen an den Treuhänder (§ 925 Abs. 2 BGB.). Für die Praxis dürfte es sich empfehlen, die auflösende Bedingung, soweit sie zulässig ist, ausdrücklich zu setzen, bei Grundstücksübereignung aber die Rückgewähr durch Vormerkung dinglich sicherzustellen (vgl. § 24 KO.). Der § 78 VerglO. (§ 63 AufsVO.) steht weder stillschweigenden noch ausdrücklichen Abreden dieser Art im Wege.

III. Aus alledem folgt: die Treuhand endet bei Eröffnung des sie vereitelnden Konkurses. Sie erlischt von selbst, aber sie erlischt nur für die Zukunft.

Im Konkurse stehen Alt- und Neugläubiger einander gleich. Auch die Altgläubiger können ihre Forderungen in voller Höhe, nicht nur in Höhe der Vergleichsquote, als Konkursgläubigerrechte verfolgen. Dies steht fortab nach § 7 VerglO. mangels gegenteiliger Abrede fest. Schon für den Geltungsbereich der Geschäftsaufsicht war gleiches aus der Willensmeinung der Parteien zu folgern, da die Gläubiger den Erlaß gewiß nur im Zusammenhange mit der Treuhandsicherung, nicht ohne diese bewilligten. Vorzugsbefriedigung aus Treuhandwerten haben die alten Vergleichsgläubiger nicht zu beanspruchen. Alles Treugut ist, vom Sicherungszweck entlastet, Konkursmasse geworden.

Hat der Treuhänder trotz des Erlöschens der Treuhand, vielleicht noch in Unkenntnis des Konkurses, (vgl. § 27 KO.) über Treugutsgegenstände verfügt, (z. B. Warenbestände veräußert, Forderungen eingezogen), dann liegen Verfügungen eines Nichtberechtigten vor. Sie können als solche Verkehrsschutz nach allgemeinen Regeln (z. B. nach den §§ 932 ff. BGB.) genießen. Der Schutz kommt, anders als im Falle des 7 KO., auch bei Fahrnis schon dem unmittelbaren Geschäftsgenossen des Treuhänders zu statten. Denn der Treuhänder ist nicht

Vertreter des Gemeinschuldners, auch nicht Vertreter der Vergleichsgläubiger. Er handelt im eigenen Namen. Eben darum findet auf die von einem konkursunkundigen Drittschuldner an den Treuhänder bewirkte Zahlung nicht der § 8 KO. Anwendung wie auf Leistungen an einen Vertreter des Gemeinschuldners. Der Schutz des Drittschuldners, der noch im Vertrauen darauf, daß die Forderung dem Treuhänder abgetreten war, an diesen gezahlt hat, bestimmt sich ebenfalls nach allgemeiner Rechtsregel, hier unter dem Gesichtspunkte, daß die Forderung von Rechts wegen an den Treugeber zurückgefallen ist, nach den §§ 407, 412 BGB.. Vgl. auch § 409 BGB.. Der § 15 KO. steht, wie heute anerkannt wird (RG. Bd. 87 S. 420), solchem Verkehrsschutze nicht entgegen. Zwangsverfügungen (z. B. Pfändungen) die ein Vergleichsgläubiger nach Konkursbeginn in Treugutsgegenstände erwirkt hat, ermangeln des Verkehrsschutzes. Sie fallen ohne weiteres unter den § 14 KO. Zwangsverfügungen aus der Konkursvorzeit und rechtsgeschäftliche Sicherungen oder Befriedigungen, die der Treuhänder einzelnen Vergleichsgläubigern noch vor dem Konkurse zubilligte, können anfechtbar sein. (§ 30 Nr. 1 Fall 2, Nr. 2, § 35 KO.). So jedenfalls dann, wenn zur Zeit der erzwungenen oder freiwilligen Deckung das Mißlingen der Sanierung und damit der Wiedereintritt des Konkursgrundes bereits erkennbar geworden war. Sobald der Treuhänder einmal die Undurchführbarkeit des Treuhandvergleichs erkannt hatte, war es seine Pflicht, die Vertragsgenossen rückhaltlos aufzuklären und ihnen die nach Lage der Umstände gebotene Konkursbeantragung anheimzugeben. Dem Zwangszugriff eines Gläubigers, den der Treuhänder dem Vergleiche zuwider, nicht befriedigt hatte, vermochte er mit der Widerspruchsklage aus § 771 ZPO. schon deshalb nicht zu wehren, weil der Treuhänder dem Vergleichsgläubiger nicht als Dritter gegenüberstand. Es ist vorgekommen, daß ein Treuhänder
| S. 163 die erhebliche | Kostenlast solcher von ihm erhobener und verlorener Widerspruchsklagen im später eröffneten Konkurs ersetzt haben wollte. Die Erstattungsfähigkeit eines derartigen Aufwandes, den der Treuhänder jedenfalls nur als Konkursgläubiger, nicht als Massegläubiger, verfolgen dürfte, unterliegt auf Grund der §§ 670, 675 BGB. ernsten Bedenken. Ein Zurückbehaltungsrecht gegenüber dem Konkursverwalter, der die Herausgabe des Treuguts verlangt, kann der Treuhänder nur in den Grenzen des § 49 Nr. 3, 4 KO. geltend machen. Vgl. OLG. Augsburg v. 26. 9. 1914 LZ. 1915 Sp. 78.

Geschäftsbesorgungsvertrag und Treuhandverfügungen erlöschen bei Konkursbeginn, aber nicht nach rückwärts, nur für die Zukunft. War also der Zwangsvergleich in einem selbständigen Teilabschnitt ordnungsgemäß ausgeführt, dann bewendet es, wenn der Vergleich nichts anderes bestimmt, bei diesem Teilvollzug. Daß Teilleistungen als solche der Wirksamkeit ermangeln müßten, das ergibt sich nicht schon aus dem Wesen des Zwangsvergleichs. Nehmen wir an, es habe der Treuhänder nach Inhalt des Vergleichs den Gläubigern 50 Prozent ihrer Forderungen in zwei Raten zu je 25 Prozent gegen Resterlaß auszuzahlen. Wenn hier die erste Rate vertragsgemäß an alle Vergleichsgläubiger entrichtet wurde, die weitere Durchführung des Vergleichs aber scheitert, weil Warenvorräte ihren Wert verlieren, Außenstände uneinbringlich werden oder die dem Vergleichsschluß unterlegten Berechnungen sich als irrig erweisen, dann kann nicht etwa der Verwalter des nun eröffneten Konkurses die erste Ratenzahlung als ungerechtfertigte Bereicherung zurückfordern. Hier sind vielmehr die Empfänger für eine Forderungshöhe von 50 Prozent vergleichsmäßig abgefunden. Die zweite Hälfte ihrer Forderungen, diese voll, aber auch nur sie, haben sie als Konkursgläubiger zu beanspruchen. Wäre dagegen bei Konkurseröffnung auch die erste Rate nur vereinzelt ausgezahlt worden, dann läge auch kein ordnungsmäßiger Teilvollzug des Zwangsvergleichs vor. Das oberste Gebot einer Zwangsvergleichsbefriedigung, die Gleichbehandlung, wäre verletzt. Alle Gläubiger würden hier zum ursprünglichen Vollbetrag ihrer Forderungen konkursteilnahmeberechtigt sein. Die einzelnen Leistungsempfänger aber hätten die Empfänge als vergleichswidrige und insofern nichtgeschuldete Leistungen zur Konkursmasse zu erstatten.

Zu Zweifeln gibt schließlich die Frage Anlaß, ob die alten Gläubiger im Konkurse die Stellung titulierter Konkursgläubiger nach § 146 Abs. 6 KO. einnehmen. Hier treten sie nicht als Vergleichsgläubiger auf, sondern unabhängig vom Vergleich. Die Vollstreckbarkeit des § 75 VerglO. wird aber wie die des § 61 AufsVO. dem Anerkennungsvermerk des Gläubigerverzeichnisses (§ 62 Abs. 4 Satz 2 VerglO., § 47 Abs. 4 Satz 2 AufsVO.) nur im Zusammenhange mit dem Vergleich zuerkannt. Bleibt es auch dabei, daß das gerichtliche Konkursabwendungsverfahren ordnungsmäßig durchgeführt und beendet worden ist, so hat doch der Treuhandvergleich, soweit nicht ein rechtsbeständiger Teilvollzug vorliegt, durch den Wegfall von Erlaß und Sicherung seinen Inhalt und damit alle fernere Wirksamkeit eingebüßt. Ob freilich die Praxis beim Mangel gesetzlicher Vorschriften gegenüber dem formalen Bestände des Vergleichs die Erteilung der Vollstreckungsklausel und damit die Titulierung im Sinne des § 146 Abs. 6 KO. versagen wird, das dürfte zu bezweifeln sein. Der Konkursverwalter wird durch Erteilung der Klausel in die Klägerrolle gedrängt und auf die Vollstreckungsgegenklage des § 767 ZPO. verwiesen. Da der Anerkennungsvermerk nur Vollstreckbarkeit, nicht Rechtskraft wirkt, entfällt ihm gegenüber die unlösbar mit der Rechtskraftwirkung des Urteils verknüpfte Einwendungsschranke des § 767 Abs. 2 ZPO. (Jaeger Geschäftsaufsicht S. 101).

Jedenfalls wird es beim Mangel gesetzlicher Sondervorschriften einer freien und mutigen Rechtsprechung bedürfen, wenn die Ergebnisse den Anforderungen des Lebens gerecht werden sollen.

Anfechtbare Grundbelastungen.

KonkTreuh 1937 S. 1–4
Von Prof. Dr. **Ernst Jaeger.**

I. Die Kernfrage.

Immer wieder tauchen in der Praxis Zweifel darüber auf, wie das Gesetz, betreffend die Anfechtung von Rechtshandlungen eines Schuldners **außerhalb** des Konkursverfahrens, die einzelnen Gläubiger eines Grundeigentümers gegenüber nachteiliger Bestellung von Grundpfandrechten (Hypotheken, Grundschulden oder Rentenschulden) schützt. Der Wortlaut des § 1 AnfG. spricht von „Rechtshandlungen des Schuldners", die „zum Zwecke der Befriedigung eines Gläubigers als diesem gegenüber unwirksam nach Maßgabe der folgenden Bestimmungen angefochten werden können". Wenn diese Vorschrift besagte, daß eine anfechtbare Verfügung des Schuldners z. B. die Belastung eines ihm gehörenden Grundstücks etwa im Sinne des § 135 Abs. 1 Satz 1 BGB. (§ 7 Abs. 1 KO.) dem benachteiligten Gläubiger „gegenüber unwirksam" wäre oder auf Grund einer rechtsgestaltenden Willenserklärung des Gläubigers oder kraft eines von ihm erwirkten gestaltenden Richterspruches in diesem Sinne „unwirksam" würde, dann wäre damit die Belastung selbst in ihrem dinglichen Bestande verneint. Es darf aber heute als ausgemacht gelten, daß die Gläubigeranfechtung rechtsvernichtender Kraft ermangelt. Sie begründet, was der Zusammenhalt der §§ 1, 7 AnfG. klarstellt, nur ein schuldrechtliches Rückgewährverhältnis. Dieses erschöpft sich darin, daß der Erwerber als Anfechtungsgegner dem benachteiligten Einzelgläubiger persönlich verpflichtet ist, ihm den Zwangszugriff auf den anfechtbaren Erwerb so zu erschließen (zu „gewähren"), als ob der Erwerb zum Vermögen des Vollstreckungsschuldners gehörte. Die nicht auszurottenden Klaganträge auf Anerkennung (will sagen: richterliche Feststellung) der „Unwirksamkeit" der Belastung und die entsprechenden Urteilssätze stiften nur Verwirrung. Der Vorsitzende hat die Amtspflicht, auf sachdienliche Antragstellung hinzuwirken (§ 139 ZPO.), also den Anfechtungskläger darauf aufmerksam zu machen, daß bloße Feststellungsanträge dieses Inhalts unzulässig sind (§ 9 AnfG.), daß sie aber auch verbunden mit Leistungsanträgen gar keinen Sinn haben, weil die in Rede stehende „Unwirksamkeit" ja nichts anderes ist als die Kehrseite des Anspruchs auf Rückgewähr, dessen Zuerkennung das beantragte Leistungsurteil — zugleich feststellend und erfüllunggebietend — auszusprechen hat (siehe den Wortlaut des § 767 Abs. 1 ZPO.). Da die „Unwirksamkeit" in schuldrechtlichen Beziehungen zwischen dem Anfechtenden und dem Anfechtungsgegner aufgeht[1], kann keine Rede davon sein, daß sie zum Aufrücken von Nachmännern führt, deren Rechte am Grundstück im Range hinter der angefochtenen Belastung stehen. Wie ein solches Aufrücken beim Vollzuge der Rückgewähr zu verhüten sei, wird unsere Untersuchung ergeben. In dieser Hinsicht besteht kein Unterschied zwischen Hypotheken und Grundschulden. Da freilich die Hypothek im Gegensatz zur Grundschuld rechtlich „eine Forderung voraussetzt" (§ 1192 Abs. 1 BGB.), ist es denkbar, daß Begründung der Forderung u n d Bestellung der Hypothek anfechtbar sind oder daß nur die dingliche Belastung angefochten werden kann. „Schuldner" im Sinne der Zwangsvollstreckung und Einzelanfechtung ist für unsere Betrachtung der Eigentümer des belasteten Grundstücks, er mag zugleich persönlich haften oder nicht. Der „Gläubiger" kann anfechten auf Grund der Vollstreckbarkeit eines nur persönlichen oder eines nur dinglichen Anspruchs oder auf Grund von Ansprüchen beider Art. Auch rein dingliche Geldsummenansprüche, wie die aus Grundschulden, sind Gläubigerrechte im Sinne der Einzelanfechtung (RG. v. 5. 2. 1929 Bd. 123 S. 243 f.), aber immer sind dies nur Ansprüche auf Zahlung einer Geldsumme. Nur einer Geldvollstreckung hilft die Gläubigeranfechtung auf. Als verselbständigte Rechtsform der Kreditbelastung liefert die Grundschuld, die sich nun auch in Süddeutschland immer mehr einbürgert, das einfachste und anschaulichste Bild.

II. Rechtsfall.

Der Schuldner hat ein ihm gehörendes Grundstück zugunsten seines Schwiegersohnes A. schenkweise an erster Stelle mit einer Grundschuld in Höhe von 10 000 belastet oder hat ihm schenkweise 10 000 zu zahlen versprochen und diese Forderung sofort durch Bestellung einer Hypothek gesichert. Kurz darauf lassen B. an zweiter und C. an | dritter Stelle für vollstreckbare Forderungen auf je 5000 | **S. 2**
Zwangshypotheken eintragen. Nur B. ficht die Zuwendung – dort die Bestellung der Grundschuld, hier einheitlich das Schenkungsversprechen samt der Hypo-

---

1 Das Rückgewährschuldverhältnis (die Anfechtbarkeit) entsteht v o n R e c h t s w e g e n, sobald der gesetzliche Anfechtungsbestand sich vollendet. „Anfechten" heißt also: den schuldrechtlichen Anspruch auf Rückgewähr (im Sinne des § 7 AnfG.) geltend machen, was fristwahrend nur durch Klage oder Einrede (Gegeneinrede) geschehen kann. Anfechten heißt nicht: die anfechtbare Rechtshandlung vernichten. Das Recht der Gläubigeranfechtung ist k e i n e G e s t a l t u n g s b e f u g n i s. Auch dies wird, so gewiß die sog. „Dinglichkeitslehre heute als überwunden gelten darf, noch immer viel zu wenig beachtet. Wegen aller Einzelheiten sei zum Folgenden verwiesen auf J a e g e r, Gläubigeranfechtung (Neuauflage in Vorbereitung).

thekbestellung – rechtzeitig an (§ 3 Abs. 1 Nr. 3 AnfG.), betreibt die Zwangsversteigerung des belasteten Grundstücks und erwirkt nach § 7 AnfG. die Zuweisung des der Rangstelle A. gebührenden Erlösanteils. Entfallen 9000 auf die Belastungen, so erhält B. 5000 (vor A.), A. 4000. C geht leer aus. Ihm gereicht die Anfechtung des B. nicht zum Vorteil. Noch weniger könnte, wenn die Belastung der dritten Stelle unterblieben wäre, der bisherige Grundeigentümer 4000 als Uebererlös für sich in Anspruch nehmen. Den Bestand der rechtlichen Beziehungen zwischen ihm und dem Erwerber der anfechtbaren Zuwendung läßt die Anfechtung unberührt. Wäre die Hypothek des A. zugunsten einer unanfechtbaren Forderung bestellt und darum für sich allein angefochten worden, dann würde das Verteilungsergebnis kein anderes sein. Wenn bei einem wesentlichen höheren Werte des Grundstücks die Schenkung weder von B. noch von C., wohl aber von einem persönlichen Gläubiger D. wegen einer vollstreckbaren Darlehnsforderung gegen den Grundeigentümer auf Rückerstattung von 12 000 angefochten worden, nach dem Versteigerungsergebnis aber ein Betrag von 25 000 zu verteilen wäre, würden dem D. an erster Rangstelle (den A. vollkommen daraus verdrängend) 10 000, dem B. und dem C. an zweiter und dritter Stelle je 5000 und schließlich dem D. an vierter Stelle noch 2000 gebühren, während dem Schuldner und Grundeigentümer ein Uebererlös von 3000 verbliebe. Auch ein persönlicher Gläubiger läuft also durch Anfechtung eines vorgehenden Realgläubigerrechts sogar nichtanfechtenden Realgläubigern den Rang ab, die auf Volldeckung gerechnet und deshalb die Anfechtung unterlassen hatten. Nur die Schranke besteht, daß alle vom Betreibenden nichtangefochtenen Realgläubigerrechte durch das geringste Gebot gedeckt sein müssen, wenn wegen eines persönlichen Anspruchs die Zwangsversteigerung betrieben wird (§ 44 mit § 10 ZVG.). Ist endlich das anfechtbar zugunsten des A. und sodann unanfechtbar zugunsten des B. und C. belastete Grundstück vom Eigentümer unanfechtbar einem Dritten übereignet worden, so kann zwar B. und ebenso C. auch jetzt noch das Grundstück kraft der dinglichen Belastung zur Versteigerung bringen; D. aber kann als persönlicher Gläubiger des früheren Grundeigentümers den Anfechtungsanspruch im Verteilungsverfahren nur verwirklichen, wenn ein anderer die Zwangsverwertung des Grundstücks betreibt. Das Rückgewährschuldverhältnis zwischen A. und D. wird durch die Uebereignung des anfechtbar belasteten Grundstücks nicht beeinflußt. Kann die Rückgewährpflicht nicht dadurch erfüllt werden, daß D. im Verteilungsverfahren A. die Zuweisung des auf seine Rangstelle entfallenden Erlösanteils an D. gestattet, dann haftet A. dem D. (unbeschadet der Schranke des § 7 II AnfG.) auf Wertersatz.

Im einzelnen sei bemerkt:

1. Das anfechtbar durch die Belastung begründete Recht (z. B. die anfechtbar bestellte Grundschuld) hat der Erwerber (z. B. der Grundschuldgläubiger) – das

ist der Inhalt seiner schuldrechtlichen Haftung nach § 7 AnfG. — dem Zwangszugriffe des Anfechtenden so darzubieten, als gehörte es zum Vermögen des Vollstreckungsschuldners (des Grundeigentümers). Allerdings war das Recht (die Grundschuld) in dieser Gestalt früher kein Bestandteil des Schuldnervermögens. Es stellt aber den anfechtbar aus diesem Vermögen aufgeopferten und darum „zurückzugewährenden" Wert dar. Keineswegs geht es durch die Anfechtung (durch das Rückgewährverlangen) unter. Auch ist der Erwerber nicht etwa verpflichtet, auf das Recht zu verzichten, es löschen zu lassen oder es an den Schuldner (den Grundeigentümer) oder an den Anfechtenden zu übertragen. All diese Anträge begegnen uns in der Praxis. Sie schießen aber über das Ziel hinaus. Namentlich würde die Aufhebung des anfechtbar bestellten Rechts nachfolgende Belastungen, zu deren Gunsten nicht angefochten wird, ohne Grund aufrücken lassen (RG. v. 11. 12. 1917 Bd. 91 S. 370, v. 14. 5. 1929 KonkTreuh. S. 122 f. Nr. 5). Ein nach den Befriedigungsbedürfnissen des anfechtenden Gläubigers beschränkter Verzicht auf das anfechtbar bestellte Grundpfandrecht mit der Folge des § 1168 Abs. 1 (§ 1192) BGB. und anschließende Pfändung der so entstandenen Eigentümergrundschuld durch den Anfechtenden wäre, wenn ihm der § 7 AnfG. wirklich einen Anspruch auf den Verzicht einräumte, jedenfalls ein zweckloser Umweg. Bei anfechtbarer Bestellung von Dienstbarkeiten würde für ein solches Vorgehen überhaupt kein Raum sein. Auch die naheliegende (z. B. noch von Meikel BayZ. 1913 S. 287 vertretene) Annahme, wie nach anfechtbarer Uebereignung beweglicher Sachen sei die Pfändung des anfechtbar bestellten Grundpfandrechtes, also z. B. die einer Grundschuld nach § 857 Abs. 6 (§§ 830, 837) ZPO., der regelrechte Weg einer Rückgewähr im Sinne des § 7 AnfG., ist vom Reichsgericht schon im Urteil v. 18. 2. 1898 JW. S. 224 Nr. 17 a. E. mit Recht für „nicht bedenkenfrei" erklärt und später bestimmt abgelehnt worden (z. B. U. v. 29. 1. 1901 Bd. 47 S. 222, v. 22. 7. 1930 JW. S. 3331 Nr. 7). Sie versagt ganz in dem wichtigen Falle, daß eine Hypothek anfechtbar für eine unanfechtbare Forderung bestellt worden ist. Denn eine Pfändung der Hypothek ohne die Forderung gibt es ebensowenig als eine gesonderte Abtretung oder Verpfändung (§§ 1153 Abs. 2, 1274 BGB. mit § 830 ZPO.). Ueberdies aber wird der Rückgewährzweck einfacher und sachgemäßer dadurch verwirklicht, daß im Beispielsfalle der anfechtende B. unmittelbar Zwangsversteigerung des belasteten Grundstücks betreibt, was er als Grundstücksgläubiger auch dann noch kann, wenn es inzwischen unanfechtbar in dritte Hand überging, und was ihm auch dann noch bevorsteht, wenn er erst eine Pfändung und Ueberweisung der anfechtbaren Grundschuld erwirkte, um diese zum Zwecke seiner Befriedigung geltend zu machen (§ 1147 BGB.). Meist kommt die Frage der Anfechtbarkeit einer Grundbelastung während des der Zwangsversteigerung des Grundstücks folgenden gerichtlichen Verteilungsverfahrens

zum Austrag (§§ 872 ff. ZPO., §§ 105 ff. ZVG). Wenn hier der Erwerber des anfechtbar bestellten Grundpfandrechts (A.) vor dem Anfechtenden (B.) auf dessen Verlangen und in den Grenzen seines Befriedigungsbedürfnisses aus der angefochtenen Rangstelle weicht, stellt er (A.) im Erfolge die Zugriffslage her, die ohne die anfechtbare Belastung bestände und erfüllt damit die ihm gegenüber dem Anfechtenden (B.) nach § 7 AnfG. obliegende Rückgewährpflicht. Im Weigerungsfalle hat daher der Anfechtende den Erwerber des anfechtbar bestellten Rechtes mit dem Antrage zu verklagen, daß er verurteilt werde: die Zuweisung des auf dieses Recht (die Grundschuld) entfallenden *Erlösanteils* an den Kläger in Höhe seiner Forderung zu *bewilligen* (§ 894 ZPO.) oder den schon bezogenen Erlösanteil insoweit an den Kläger *herauszuzahlen* (RG. aaO. u. ö.). Jene Bewilligung und diese Zahlung sind positive Rückgewährleistungen im Sinne des § 9 AnfG. Auf sie kann der Kläger einen zunächst anders gefaßten Klagantrag umstellen, wenn das Verteilungsverfahren erst im Laufe des Anfechtungsprozesses beginnt oder dem Kläger bekannt wird (§§ 268 Nr. 3, 523 ZPO.) oder wenn die Aenderung (z. B. beim Abgehen vom Antrag auf Vollverzicht) nur eine Einschrän-
| S. 3 kung des Klagebegehrens | bedeutet (§§ 268 Nr. 2, 523 ZPO). Eine solche Umstellung des Antrages bedarf keiner Bewilligung des Beklagten und keiner Erlaubnis des Gerichts. Dieses kann aber heute auch einseitig unzulässige Aenderungen, sofern sie ihm nur als sachdienlich erscheinen im zweiten wie im ersten Rechtszuge zulassen (§§ 264, 523 ZPO.). Führt das Vollstreckungsgericht den Teilungsplan dadurch aus, daß es statt der Zuweisung des Erlöses die Forderung gegen den Ersteher auf die Erlösanwärter überträgt und diese durch Hypotheken am erstandenen Grundstück sichert, dann geht der anfechtungsrechtliche Rückgewähranspruch darauf, daß der noch als bezugsberechtigt in den Plan eingestellte Anfechtungsgegner (A.) die — durch Hypothek gesicherte oder zu sichernde — Forderung wider den Ersteher dem Anfechtenden (B.) in den Grenzen des § 7 AnfG. überlasse, d. h. deren Uebertragung an den Anfechtenden bewillige oder sie ihm, wenn sie dem Gegner bereits übertragen war, abtrete (RG. v. 8. 1. 1915 Bd. 86 S. 102, v. 7. 5. 1929 WarnRspr. Nr. 121). Darauf ist der Klagantrag zu stellen oder umzustellen.

2. Wenn die den Anfechtenden benachteiligende Handlung des Schuldners darin besteht, daß er dem Begünstigten anfechtbar (etwa schenkweise) *eine Forderung und eine diese sichernde Hypothek* zuwandte, dann bilden die Begründung des persönlichen *und* die des dinglichen Rechtes einheitlich den Anfechtungstatbestand, also den Grund der Rückgewährpflicht im Sinne des § 7 AnfG. Verwirklicht wird diese Pflicht ganz wie die einer Grundschuldrückgewähr nach 1, nicht im Wege einer Pfändung der hypothekgesicherten Forderung und damit der Hypothek (§§ 830, 837 ZPO.). Entsprechendes gilt, wenn der Schuldner und Eigentümer zur Sicherung einer *unanfechtbaren* Forde-

rung anfechtbar eine Hypothek bestellt hatte. Hier kommt (wie schon bemerkt) eine Pfändung des anfechtbaren Erwerbs als Mittel des Rückgewährvollzugs überhaupt nicht in Betracht, da die Hypothek für sich allein der Pfändung unzugänglich ist. Eine Verurteilung des Erwerbers, die Zwangsvollstreckung in die Hypothek und nur in diese zu dulden, wäre unvollziehbar und bliebe es auch nach Eintritt der Rechtskraft. Ergeben freilich die Entscheidungsgründe, daß das Gericht Forderung und Hypothek für anfechtbar erachtet hat, dann würde die Formel des rechtskräftigen Urteils dahin zu deuten sein, daß der Beklagte die Zwangsvollstreckung in die hypothekgesicherte Forderung gestatten müsse. So wird auch oft genug in gedrängter Redeweise von einer Abtretung oder Verpfändung der Hypothek gesprochen, wo nach der grundsätzlichen Einstellung des Gesetzes (§§ 1153 Abs. 2, 1274 BGB.) nur Verfügungen über die hypothekgesicherte Forderung in Frage kommen. Steht aber fest, daß das rechtskräftige Urteil das Dulden einer Pfändung der hypothekgesicherten Forderung gebietet, dann muß es trotz der unter 1 dargelegten Bedenken hingenommen werden.

3. Ist die anfechtbare Belastung des Grundstücks dessen einzige oder letzte, dann hat der Erwerber dem Anfechtenden gegenüber auf Grund des § 7 AnfG. die Pflicht, bei der Zwangsversteigerung des Grundstücks dessen Ausbietung ohne Rücksicht auf die anfechtbare Last, also ohne deren Einstellung in das geringste Gebot, zu bewilligen, soweit dies zur Befriedigung des Anfechtenden erforderlich ist. Damit erübrigt sich eine Inanspruchnahme des auf die anfechtbare Last fallenden Erlösanteils durch den Anfechtenden. Wenn aber der anfechtbaren Last unanfechtbare folgen, dann müssen alle Lasten, auch die anfechtbaren, in das geringste Gebot aufgenommen werden, weil nichtanfechtende Nachmänner nicht aufrücken dürfen. Wird dabei kein zulässiges Gebot erzielt (§ 44 ZVG.), dann erweist sich der regelrechte Rückgewährvollzug als unmöglich. Ersatzweise hat daher der Erwerber des anfechtbar bestellten Rechtes dessen Wert durch Geldzahlung an den Anfechtenden zu erstatten. Ebenso geht die Rückgewährpflicht in einer Verbindlichkeit zum Wertersatz auf, wenn durch unanfechtbare Weiterveräußerung des belasteten Grundstücks einem anfechtenden persönlichen Gläubiger des bisherigen Eigentümers die Möglichkeit, seinen Anfechtungsanspruch im Verteilungsverfahren zu verwirklichen, abgeschnitten worden ist.

4. Anders als die anfechtbare Bestellung ist die anfechtbare Abtretung von Grundpfandrechten (Grundschulden oder hypothekgesicherten Forderungen) zu beurteilen. Verschenkt z. B. der Schuldner eine ihm an einem fremden oder an seinem eigenen Grundstück zustehende Grundschuld, dann hat der Beschenkte nach § 7 mit § 3 Abs. 1 Nr. 3, 4 AnfG. die Pflicht, den Zwangszugriff des anfechtenden Gläubigers auf die erworbene Grundschuld so zu gewähren,

wie wenn diese noch zum Schuldnervermögen gehörte. Dort hätte sie der Gläubiger pfänden können. Darum muß ihm auch der Erwerber die Pfändung der Grundschuld ermöglichen (§ 857 Abs. 6 ZPO.). Entsprechendes gilt für die Rückgewähr einer hypothekgesicherten Forderung, die der Schuldner anfechtbar an einen Dritten übertragen hat (§§ 830, 837 ZPO.). Ohne Pfändung der vom Schuldner veräußerten Grundpfandrechte hätte der Gläubiger, wenn die anfechtbare Veräußerung unterblieben wäre, bei einer Versteigerung des belasteten Grundstücks im Verteilungsverfahren keine Befriedigung suchen können. Darin liegt der Unterschied vom Falle anfechtbarer Grundbelastung. Der Gegensatz bedarf der Hervorhebung, weil die Praxis mitunter (worauf Bartmann DJZ. 1929 Sp. 1678 f. mit Recht hinweist) bei Benutzung der Rechtsprechung Bestellung und Abtretung von Pfandrechten zusammenwirft.

III. Andere Grundbelastungen.

Hat der Schuldner sein Grundstück anfechtbar mit Rechten belastet, die keine Grundpfandrechte sind, so ist wiederum davon auszugehen, daß der Erwerber dem Anfechtungsberechtigten nach § 7 AnfG. verpflichtet ist, den Zwangszugriff so zu gewähren, als ob die anfechtbare Belastung unterblieben wäre. Für Reallasten gilt entsprechendes wie für Grundpfandrechte. Ist das anfechtbar bestellte Recht ein Nießbrauch am Grundstück, so pflegt zunächst die Feststellung des allgemeinen Erfordernisses der Gläubigerbenachteiligung Schwierigkeiten zu bereiten. Wenn freilich der Eigentümer den Nießbrauch an einem ertragsreichen und bisher unbelasteten Grundstick bestellt hat, kann er damit die Lage seiner persönlichen Gläubiger erheblich verschlechtert haben. Soweit aber die Nießbrauchsbestellung nur bereits vorhandenen Grundpfandgläubigern Schutz bieten und die persönlichen Gläubiger von einem zuvorkommenden Zugreifen auf die mit dem Grundstück verstrickten Gegenstände, namentlich auf Miet- und Pachtzins zurückhalten, also nur die gesetzliche Haftung und Rangfolge wahren soll, fehlt es an einer die Zwangsvollstreckung persönlicher Gläubiger (oder nachstehender Realgläubiger) verkürzenden Benachteiligung (vgl. §§ 1120 ff. BGB., § 850 ZPO., §§ 21, 148 ZVG.). Eine Anfechtbarkeit würde hier nur begründet sein, soweit der Zinsertrag die laufenden Lasten des Grundstücks übersteigt. So das Reichsgericht in ständiger Rechtsprechung. Siehe namentlich U. v. 19. 2. 1916 LZ. Sp. 1027 ff. Nr. 15 (mit Nachweisen), v. 23. 11. 1917 JW. 1918 S. 176 Nr. 13 (Note Jaeger), v. 4. 3. 1919 JW. S. 572 Nr. 7 (Note Stillschweig); dazu Jaeger
| S. 4 KO.[7] | § 29 Anm. 45 S. 521 f., sowie R. Schneider u. Nissen LZ. 1909 Sp. 422 ff. u. 838 ff. Bei Anfechtbarkeit der Nießbrauchsbestellung, auch wo diese die einzige Belastung bildet, erscheint eine Verwirklichung der Rückgewährpflicht durch

Pfändung des bestellten Nießbrauchs (der Ausübung nach: § 857 Abs. 3, 4 ZPO. mit § 1059 Satz 2 BGB.) ebensowenig angemessen als bei anfechtbarer Bestellung von Grundpfandrechten. Wie bei solchen wäre die Rückgewähr vor allem im Verteilungsverfahren nach der Zwangsversteigerung des Grundstücks, ergänzend als Wertersatz zu beanspruchen. Entsprechendes gilt für Grunddienstbarkeiten. Bei Benachteiligung durch Bestellung einer beschränkten persönlichen Dienstbarkeit kommt im Regelfall eine Pfändung ohnehin nicht in Frage (§ 1092 BGB., § 857 Abs. 3 ZPO.). Erheblicher Schaden droht den persönlichen Gläubigern, wenn ihr Schuldner sein ganzes Vermögen mit einem Nießbrauch belastet. Dieser Gefahr sucht schon die Sonderregelung des § 1086 (§ 1089) BGB. verbunden mit den §§ 737, 738 ZPO. vorzubeugen: den Altgläubigern des Bestellers gewährleistet das Gesetz selber den Zugriff auf das nießbrauchbelastete Vermögen, ohne daß es erst einer Gläubigeranfechtung bedarf und ungeachtet der Nießbrauchbestellung (siehe Jaeger aaO. § 1 Anm. 41).

Reichsheimstätte und Konkursbeschlag.

KonkTreuh 1938 S. 1–2
Von **Ernst Jaeger.**

I. Am 1. Januar 1938 ist das durch Gesetz vom 24. November 1937 (RGBl. I S. 1289) geänderte und unterm 25. November 1937 in neuer Fassung bekanntgemachte (RGBl. I S. 1291) Reichsheimstättengesetz (RHG.) in Kraft getreten (Art. 12, 13 Ges. v. 24. 11. 1937). Eine kurze Begründung der Novelle (Deutsche Justiz 1937 S. 1871 Nr. 384) gibt Aufschlüsse über Anlaß und Ziele der Neuerungen und wird ergänzt durch einen wertvollen Aufsatz von Mitzschke (ebenda S. 1921). Danach findet der im Gesetz vom 10. 5. 1920 reichsrechtlich anerkannte Heimstättengedanke erst seit dem Umschwung des Jahres 1933 die ihm gebührende Beachtung. Auf Grund der Bestimmungen über die Förderung der Kleinsiedlung vom 14. 9. 1937 (RuPrStAnz. Nr. 214) sollen die Siedlerstellen möglichst als Reichsheimstätten ausgelegt werden. Damit wird ein Doppeltes erreicht: die Siedlerstelle wird Zwangszugriffen wegen persönlicher Verbindlichkeiten des Siedlers entrückt, dieser selbst aber in der Verfügung über die mit öffentlicher Hilfe geschaffene Stelle zweckentsprechend beschränkt. Er muß die gesetzlichen Bindungen hinnehmen, um eine gegen die Wechselfälle des Lebens gesicherte Seßhaftigkeit für sich und die Seinen zu gewinnen. Im Dienste der Kleinsiedlung wächst die Bedeutung des Heimstättengesetzes mehr und mehr. Sein tatsächlicher Herrschaftsbereich ist und bleibt die städtische Kleinsiedlung. Landwirtschaftliche Betriebe finden in anderen Rechtsformen Schutz, besonders als Erbhöfe. Die Scheidung zwischen Wohn- und Wirtschaftsheimstätten, die schon bisher nur begrifflich von Belang war, ist gefallen (Art. 1 Ges. v. 24. 11. 1937).

Die Zwangsbeitreibung einzelner Geldsummen aus einer Heimstätte beschränkt der § 20 RHG. sachlich ebenso wie das bisherige Gesetz. Im Wortlaute verändert ist nur der Abs. I (Art. 6 Ges. v. 24. 11. 1937). Er stellt jetzt klar, daß zum Zwecke der Befriedigung aus einer Heimstätte nicht nur die Zwangsversteigerung (§§ 15 ff. ZVG.), sondern auch die Zwangsverwaltung (§§ 146 ff. ZVG.) zulässig ist[1], daß aber die eine wie die andere nur zum Vollzug einer dinglichen Haftung der Heimstätte, wie zur Befriedigung von Hypotheken-, Grundschuld-, Rentenschuld- oder Reallastengläubigern, stattfindet. Siehe §§ 17, 18 RHG., § 1147

1 Freilich pflegt die Heimstätte beschlagsfähige Erträgnisse nicht abzuwerfen. Allein der Verwaltungsbeschlag reicht nicht nur gegenständlich weiter als der Versteigerungsbeschlag (§ 148 I ZVG,), sondern gewährleistet auch die Erhaltung der Heimstätte in ihrem wirtschaftlichen Bestande (§§ 148 II, 152 I ZVG.), was außerhalb des Konkurses ins Gewicht fallen mag.

mit §§ 1107, 1192, 1200 BGB. Für die Zwangsvollstreckung wegen Altschulden des Heimstätters und wegen öffentlicher Abgaben bestehen die Abs. II, III des § 20 RHG. unverändert fort. Nach wie vor gilt als Regel: Die Zwangsvollstreckung in eine Heimstätte wegen einer persönlichen – jetzt: „dinglich nicht gesicherten" – Schuld des Heimstätters ist unzulässig (Abs. 1 des § 20 RHG.).

II. Die Zugehörigkeit der Heimstätte zur Konkursmasse des Heimstätters wird auch in der Neufassung des Gesetzes nicht ausdrücklich ausgesprochen. Die Begründung zu dem den § 20 Abs. I ändernden Art. 6 Ges. v. 24. 11. 1937 (aaO. S. 1872) bemerkt lediglich: „Ob und welche besonderen Vorschriften über die konkursrechtliche Behandlung der Heimstätte etwa noch erforderlich sind, bleibt einer künftigen Regelung vorbehalten." Der § 11 RHG., der im Abs. I Satz 2 von einem „Verkauf der Heimstätte durch den Konkursverwalter" redet, ist unverändert geblieben. Bekanntlich hat das Reichsgericht im Urteil v. 3. 1. 1931 Bd. 131 S. 113 (KonkTreuh. 1931 S. 30 Nr. 3) mit Erman (Deutsch. WohnArch. 1927 S. 346 ff., ZZP. Bd. 53 S. 406 ff., ArchZivPrax. Bd. 132 S. 99 ff.) und gegen Jaeger KO.[7] § 1 Anm. 19a S. 16 f. (ZZP. Bd. 53 S. 411 f., KonkTreuh. 1928 S. 114) die Massezugehörigkeit der Heimstätte auf eine vom Heimstätter persönlich gegen dessen Konkursverwalter erhobene Feststellungsklage verneint, weil der § 11 Abs. I Satz 2 RHG. nicht eine „versteckte" Anerkennung der Massezugehörigkeit, sondern wohl „nur ein Redaktionsversehen" sei, die Massezugehörigkeit aber auch dem Zwecke des Gesetzes, „eine großzügige Erweiterung des vollstreckungsfreien Notbedarfs" zu schaffen, zuwiderlaufe. Der Versuch des Reichsgerichts, mit Erman aaO. den seiner Auffassung höchst unbequemen § 11 Abs. I Satz 2 RHG. als „Redaktionsversehen" auszuräumen, war schon vor der Neufassung des Gesetzes auf den Widerspruch ernster Beurteiler gestoßen (Bley i. d. Vierteljahrsschrift Judicium 1932 S. 75, Mentzel KO.[5] § 1 unter 10 S. 7 f.). Heute wird er durch die Tatsache widerlegt, daß auch das neue Gesetz, obwohl seine Bearbeiter das Urteil gekannt und die Frage der konkursrechtlichen Behandlung von Heimstätten reiflich erwogen haben, am Wortlaute des § 11 festhielten. Das stellen die Ausführungen von Mitzschke aaO. S. 1923 außer Zweifel. Zunächst weist er – ganz im Einklang mit meiner vom Urteil abgelehnten Grundauffassung – darauf hin, daß der § 20 RHG. zwar Einzelzugriffe persönlicher Gläubiger, nicht aber die Einbeziehung der Heimstätte in die Konkursmasse des Siedlers ausschließe; daß der § 11 Abs. I Satz 2 RHG. nicht auf Versehen beruhe, sondern „den klaren Willen des Gesetzgebers" für diese Einbeziehung ausdrücke; daß ein Siedler, der völlig abgewirtschaftet habe, gar nicht mehr in der Lage sei, den Betrieb ordnungsmäßig zu führen. Wenn das Urteil aaO. S. 118 geltend macht, „grobe Mißwirt- | schaft" des Siedlers im Sinne | S. 2
des § 12 (jetzt Abs. I b) RHG., die den Heimfallanspruch des Ausgebers auslöst, „brauche" im Konkursfalle nicht vorzuliegen, deshalb sei es „verfehlt, die Zuge-

hörigkeit der Heimstätte zur Konkursmasse trotz Unzulässigkeit der Einzelvollstreckung entsprechend dem § 1 Abs. II KO. zu rechtfertigen", so steht doch außer Zweifel, daß die zum Konkurse führende Abwirtschaftung in aller Regel jene Voraussetzung des Heimfallanspruchs erfüllt. Weiterhin macht Mitzschke aaO. mit Recht geltend, daß aus der Konkursbeschlagsfreiheit eines Erbhofes kein Schluß auf gleiche Behandlung der Heimstätte zu ziehen sei, da zwar der Erbhof, nicht aber die Heimstätte eine selbständige Erwerbs- und Ernährungsquelle bilde. Während der Bauer sich auf der Scholle seines Hofes ernähre, müsse der Heimstätter erst ein Einkommen aus Arbeit suchen; finde er es nicht am Orte, so müsse er abwandern und darum die Heimstätte veräußern. Grundsätzlich müsse daher die Heimstätte zur Konkursmasse des Siedlers gehören. Aus „siedlungs- und bevölkerungspolitischen" Rücksichten aber sei eine künftige Regelung zu erwägen, die es ermögliche, zugunsten eines unverschuldet in Vermögensverfall geratenen, aber als ordentlicher Siedler bewährten Heimstätters die richterliche Ausscheidung der Heimstätte aus der Konkursmasse vorzusehen und so auch der (im Urteil S. 117 betonten) Gefahr vorzubeugen, daß persönliche Gläubiger, denen der § 20 RHG. den Einzelzugriff verwehrt, das Verbot auf dem Umwege des Konkurses umgehen (Näheres aaO. S. 1923, 1924). Die Aufgabe, die hier dem Gesetzgeber der Zukunft gestellt wird, ist schwierig und heikel. Es erscheint zweifelhaft, ob eine Ausnahme der erwähnten Art überhaupt ratsam und wie sie zu begrenzen ist. Keinesfalls kann das Konkursgericht als solches zur Entscheidung berufen werden, da es nach dem bewährten System unseres Gesetzes keine erkennende Gerichtstätigkeit hat (Jaeger KO.[7] § 71 Anm. 19 ff., Bd. II S. 255). Ein sachkundiges Sondergericht aber, das wie etwa das Anerbengericht in Fällen des § 39 der Erbhofsrechtsverordnung (RGB. 1936 I S. 1069) die ausschlaggebende Entscheidung fällen könnte, ist für Heimstätten nicht zur Hand.

Nach alledem kann jedenfalls für das seit 1938 geltende Recht ein Zweifel an der Zugehörigkeit der Heimstätte zur Konkursmasse des Siedlers nicht weiter bestehen. Der Konkurs muß wie ein ihm vorausgehendes allgemeines Veräußerungsverbot (§ 106 KO.) auf dem besonderen Grundbuchblatte der Heimstätte eingetragen werden (§ 113 KO., § 4 RHG.) und sperrt das Grundbuch für alle Verfügungen des Gemeinschuldners über die Heimstätte (Jaeger KO.[7] § 113 Anm. 3 a, Anm. 7 ff. Bd. II S. 398, 399 ff.). Erbbaurechte und Erbpachtrechte können durch eine sie zu Erbbauheimstätten und Erbpachtheimstätten erhebende Buchung (§§ 26, 27 RHG.) dem künftigen Konkursbeschlage nicht entzogen werden. Der Konkursverwalter hat die Heimstätte sofort in Besitz und Verwaltung zu nehmen und sie für Rechnung der Konkursmasse zu verwerten (§ 117 Abs. I KO.). Zwangshypotheken, die für Altgläubiger des Heimstätters nach § 20 Abs. II RHG. vor Konkursbeginn eingetragen worden sind, begründen wie andere wirksam vor Konkursbeginn bestellte Grundpfandrechte (§§ 17, 18

RHG.) Ansprüche auf abgesonderte Befriedigung (§§ 4, 14, 47 KO.). Oeffentliche Abgaben gelangen in den konkursgesetzlichen Schranken als Vorrechtsansprüche zum Zuge (§ 20 Abs. III RHG., § 61 Nr. 2 KO.). Nichtbevorrechteten Konkursgläubigern kommt der Erlös der Heimstätte, obwohl diese ihren Einzelzugriffen unzugänglich ist, anteilsmäßig zugute (§ 61 Nr. 6 KO.). Verkauft der Konkursverwalter die Heimstätte zum Zwecke der Verwertung, so steht dem Ausgeber (§ 1 RHG.), einerlei, ob die Verwertung in den Formen freiwilliger Veräußerung oder im Wege der Zwangsvollstreckung vollzogen wird (Jaeger, KO.[7] § 126 Anm. 1, 3, 4 ff. Bd. II S. 434 ff.), ein Vorkaufsrecht zu, das den §§ 504, 505, 508—510, 513 BGB. entsprechend behandelt wird (der § 512 BGB. ist ausgeschaltet) und Dritten gegenüber — ebenso wie der Heimfallanspruch des Ausgebers — gleich einer Vormerkung zur Sicherung des Anspruchs auf Uebereignung wirkt (§§ 11, 12, 14, 26, 27 RHG.). Jaeger aaO. § 24 Anm. 4 a, § 126 Anm. 17. Ansprüche, die für den Heimstätter aus einer während des Konkurses erfolgenden Zwangsversteigerung der Heimstätte oder aus einer in dieser Zeit vollzogenen Ausübung des Vorkaufs- oder des Heimfallrechts (§ 15 RHG.) erwachsen, sind Bestandteile der Konkursmasse, weil sie auf Grund des Heimstättenrechts entstehen. Ebenso gehören zur Konkursmasse Ansprüche des Heimstätters, die bereits bei Konkursbeginn als pfändbare Forderungen begründet sind.

III. Gehört die Heimstätte zur Konkursmasse des Siedlers, dann müssen Belastungen der Heimstätte, die — wäre es auch mit Zustimmung des Ausgebers oder innerhalb der Verschuldungsgrenzen (§§ 17, 18, RHG.) — vor Konkursbeginn vollzogen worden sind, nach Maßgabe der §§ 29 ff. KO. durch den Konkursverwalter anfechtbar sein. Das gilt auch für Zwangsbelastungen, die ein Altgläubiger nach § 20 Abs. II RHG. in Kenntnis der Zahlungseinstellung oder des Konkursantrags erwirkt hat (§§ 30 Nr. 1 Fall 2, 35 KO.). Vom Zeitpunkt der Konkurseröffnung ab können Zwangshypotheken zugunsten von Konkursgläubigern, auch von Altgläubigem, mit Wirksamkeit gegenüber der Konkursmasse nicht mehr eingetragen werden (§§ 14, 108 KO.). Einzelanfechtungen nach Maßgabe der §§ 1 ff. AnfG. sind vor und nach Konkursbeginn zugunsten persönlicher Forderungen im allgemeinen unstatthaft, zum Zwecke der Beitreibung öffentlicher Abgaben jedoch vor, nicht auch nach Konkursbeginn zulässig (§ 20 Abs. 1 Halbs. 2, Abs. III RHG.). Absonderungsrechte als solche können nach wie vor Konkursbeginn durch Einzelvollstreckung (§ 20 Abs. I Halbs. 1 RHG.) und durch Einzelanfechtung geltend gemacht werden.

IV. Indem das Gesetz vom 24. 11. 1937 den die Konkursbeschlagsfähigkeit einer Heimstätte mittelbar anerkennenden, vom Reichsgericht als bloßes „Redaktionsversehen“ für unverbindlich erklärten Wortlaut des § 11 unverändert beibehielt, hat es zugleich klargestellt, daß diese Beschlagsfähigkeit schon bisher bestand. Ihre rechtskräftige Verneinung im Einzelfalle freilich wird dadurch nicht erschüttert. Fortab jedoch kann, auch wenn Konkurs- und Prozeßbeginn vor 1938 liegen, nur noch auf Zugehörigkeit der Heimstätte zur Konkursmasse des Siedlers erkannt werden. Eine zur Zeit schwebende verneinende Feststellungsklage des Siedlers gegen den Konkursverwalter, wie sie dem Urteil des RG. Bd. 131 S. 113 zugrunde liegt, müßte demnach als unbegründet abgewiesen werden. Nur beiläufig sei noch bemerkt, daß der in der Sammlung nicht abgedruckte Urteilssatz dahin lautet: „Es wird festgestellt, daß die im Grundbuche von Z., Blatt 186, eingetragene Reichsheimstätte nicht zur Konkursmasse des Klägers gehört. Die Kosten des Rechtsstreits fallen der Konkursmasse als Masseschuld zur Last." Da der Konkursverwalter in letzter Instanz unterlag, wurden gemäß § 91 ZPO. die Kosten „des Rechtsstreits" im ganzen „der Konkursmasse" als einheitliche Masseschuld im Sinne des § 59 Nr. 1 KO. auferlegt. Dieser Wortlaut verdient vor der immer wieder auftauchenden ungenauen und irreführenden Wendung, „die Kosten werden dem Konkursverwalter" (oder „dem Beklagten") aufgelegt, entschieden den Vorzug.

Absinken einer Auslandswährung im Laufe des deutschen Konkurses.

KonkTreuh 1939 S. 82–83
Von **Ernst Jaeger.**

I. In einem am 30. November 1934 eröffneten Saarbrücker Konkursverfahren hatte eine Straßburger Bank eine Forderung auf rund eine Million französische Franken angemeldet und deren Feststellung erwirkt. Die erste Abschlagsverteilung erfolgte Ende 1937. Bei ihr hatte der Konkursverwalter die Forderung nur unter Rücksicht auf die am 26. September 1936 erstmals eingetretene Frankenabwertung in Ansatz gebracht. Die Gläubigerin hat demgegenüber den Umrechnungskurs zur Zeit der Konkurseröffnung für endgültig maßgebend erklärt.

Der Konkursverwalter machte geltend: Die Forderung der Bank sei auch nach der Saarrückgliederung eine Frankenforderung geblieben; deshalb seien die auf sie zu berechnenden Anteile jeweils gemäß den allgemeinen devisenrechtlichen Vorschriften auf Reichsmarksperrkonto zu dem Kurse einzuzahlen, der für die ausländische (hier also für die französische) Währung am Vortage der Einzahlung maßgebend sei.

Die Gläubigerin erwiderte: Es sei nicht ihre Schuld, daß es erst nach der Frankenabwertung zu Auszahlungen komme; auch würden ihr gewiß im umgekehrten Falle der Frankenaufwertung keine höheren Anteile zugebilligt als diejenigen, die ihr bei Konkursbeginn gebührten; darum „müsse der Umrechnungskurs zur Zeit der Konkurseröffnung maßgebend bleiben". Ueberdies stelle die VO. über die Goldmarkrechnung im Konkurse vom 14. Februar 1924 (RGBl. I S. 115) ausdrücklich fest, daß Konkursforderungen den Goldmarkwert des Eröffnungstages behalten.

II. Rechtlich steht fest: daß zur Zeit der Konkurseröffnung (am 30. November 1934) im Saargebiet der französische Franken als Landeswährung galt; daß dementsprechend im § 69 KO. die Worte „in Reichswährung" für das Saargebiet durch die Worte „in Frankenwährung" ersetzt worden waren; daß die Verordnung über die Umstellung der Schuldverhältnisse im Saarland vom französischen Franken auf Reichsmark v. 22. Februar 1935 (RGBl. I S. 250) keine Vorschriften über die Behandlung der Konkurse, besonders der schwebenden, enthält und daß ihr § 1 nach § 5 Abs. 1 Nr. 3 nicht unmittelbar für die Konkursforderung der französischen Gläubigerin maßgebend sein kann, weil diese eine Niederlassung innerhalb des Saarlandes weder bei Konkursbeginn hatte noch nachher errichtete; daß endlich unsere Konkursordnung und andere Reichsgesetze konkursrechtlichen Inhalts in ihrer heutigen Gestalt (darunter gerade auch der § 69 KO.) durch § 1 VO. über die Einführung reichsrechtlicher Vorschriften im Saarland vom 27. September 1935 (RGBl. I S. 1204) wieder in Kraft gesetzt worden sind.

Der Streit dreht sich um die Frage, ob die Gläubigerin eine nach Konkursbeginn eingetretene Frankenabwertung zu tragen habe. Die Gläubigerin behauptet, es müsse „der Umrechnungskurs zur Zeit der Konkurseröffnung" maßgebend bleiben. Diese Wendung steht im Einklang mit der Auslegung des § 69 KO. Die Gläubigerin verwahrte sich aber ausdrücklich dagegen, die Maßgeblichkeit dieser Gesetzesvorschrift zu behaupten. In der Tat hat eine Umrechnung im Sinne des § 69 KO. auch gar nicht stattgefunden. Die Forderung der Gläubigerin lautete ursprünglich auf französische Franken, war in der Frankenwährung – wie geschehen – anzumelden und festzustellen und ist auch nach der Saarrückgliederung nicht auf Reichswährung umgestellt worden. Eine unmittelbare Anwendbarkeit des § 69 KO. ist daher ausgeschlossen. Nicht minder aber auch eine unmittelbare Anwendbarkeit des § 1 VO. über die Goldmarkrechnung im Konkurse, auf den die Gläubigerin hinweist. Denn zur Zeit der Konkurseröffnung und Anmeldung kam ein Goldmarkwert im Sinne dieser VO. nicht in Frage und war daher auch nicht (dem § 2 VO. gemäß) berechnet worden. Der Konkursverwalter beruft sich auf den § 1 UmstellVO. vom 22. Februar 1935, demzufolge Frankenschulden von Rechts wegen Reichsmarkschulden geworden seien, obwohl er selbst betonte, die Forderung der Gläubigerin sei nach § 5 Abs. 1 Nr. 3 VO. von dieser Umstellung ausgenommen. Eine unmittelbare Anwendbarkeit auch dieser VO. lehnt also der Konkursverwalter mit Recht ab. Näher liegt die Annahme, daß er sich auf den § 7 VO. stütze und aus der Maßgeblichkeit des § 244 Abs. 2 BGB. die Behauptung rechtfertigen wolle, er sei zu einer den devisenrechtlichen Vorschriften entsprechenden Umrechnung der Frankenschuld nach dem Zeitpunkte der jeweiligen Zahlungen verpflichtet. Allein der § 244 BGB. paßt überhaupt nicht auf die konkursmäßige Befriedigung, die – was die Währung betrifft – durch den § 69 KO. geregelt wird.

So versagt die unmittelbare Anwendbarkeit aller hier genannten Vorschriften. Wir stehen vor einer Lücke des Gesetzes. Hätten die Verfasser der UmstellVO. vom 22. 2. 1935 an den Konkursfall gedacht, so hätten sie ihn ausdrücklich geregelt und hätten mit Rücksicht darauf, daß der deutsche Konkurs ausländische Gläubiger den inländischen grundsätzlich gleichstellt (§ 5 KO.), aber nur Zahlungen in Reichswährung gestattet (§ 69 KO.), sich keinesfalls damit begnügen dürfen, die Ansprüche von Gläubigern mit Auslandswohnsitz von der Umstellung auszunehmen. Die Gesetzeslücke muß mit Rücksicht auf den Zweck des Konkurses und auf die Gebote der Billigkeit im Wege der Auslegung durch entsprechende Anwendung allgemeiner Rechtssätze ausgefüllt werden.

Dem Zwecke des Konkurses wird nur eine Regelung gerecht, die ein Schwanken in der Bewertung der auf ausländische Währung lautenden Konkursforderungen vermeidet. Denn nur eine solche gewährleistet den ungestörten Gang des Befriedigungsverfahrens. Ausschlaggebend muß zeitlich der Augenblick der Konkurseröffnung sein; denn auf ihn begrenzt unser Gesetz gleichermaßen den Umfang | der Teilungsmasse und den der Schuldenmasse (§§ 1, 3 KO.). Darum gilt es heute für ausgemacht, daß sowohl für Abschätzungen wie für Umrechnungen im Sinne des § 69 KO. ein für allemal der Zeitpunkt der Konkurseröffnung maßgebend ist. Diese Auffassung hat durch den § 1 VO. über die Goldmarkrechnung im Konkurse ihre gesetzliche Bestätigung gefunden. Siehe Jaeger, KO. (7. Aufl.) § 69 Anm. 8 und 9 (Bd. II S. 244) und die dort angeführten Abhandlungen. Für die zum Zwecke der Anteilsberechnung notwendig werdende Währungsumstellung kommt in unserem Falle aber nicht der Abs. 2 des § 1 VO. über die Goldmarkrechnung im Konkurse, sondern nur eine entsprechende Anwendung des § 1 Abs. 2 UmstVO. in Frage. Denn durch diese letztere Vorschrift bestimmt das Gesetz, welcher Umrechnungssatz maßgebend sein soll, wenn infolge der Saarrückgliederung eine Umstellung von Frankenschulden in Reichsmarkschulden notwendig wird. Es gilt also die Gleichung 1 Frank = 0,1645 *RM*. Sicherlich würden die Verfasser der UmstV., wenn sie des Konkurses gedacht hätten, diesen Satz und nicht etwa den Börsenkurs für maßgebend erklärt haben, da gar nicht einzusehen ist, warum für Befriedigungen innerhalb und außerhalb des Konkurses verschiedene Sätze maßgebend sein sollten. | S. 83

Das Festhalten am Werte zur Zeit der Konkurseröffnung entspricht auch der Billigkeit. Zutreffend betont die Gläubigerin, es sei nicht ihre Schuld, wenn sie erst nach dem Absinken der Frankenwährung befriedigt worden sei. Sie war auf den Gang des Konkurses angewiesen (§ 12 KO.). Wie sollte es zu rechtfertigen sein, daß sie die Gefahr eines Zahlungsaufschubs zu tragen habe, der im Vermögensverfalle des Schuldners und in der Art des Konkursverfahrens seinen Grund hatte? Es hat ja umgekehrt der Geldschuldner auch unverschuldetes Zahlungsunvermögen zu vertreten (§ 279 BGB.). Beim Steigen der Frankenwährung im Laufe des Konkurses wären der Gläubigerin gewiß keine erhöhten Anteile zugebilligt worden.

Die Frage, ob eine auf Auslandswährung lautende Konkursforderung eine geminderte Berücksichtigung erfährt, wenn die Auslandswährung im Laufe des Konkurses absinkt, kann in jedem deutschen Konkursverfahren auftauchen. War solchenfalls die Forderung nach Maßgabe des § 69 KO. auf Reichswährung umgestellt worden, dann behält sie nach allgemeiner Annahme den Konkurswert des Eröffnungstages. Es besteht aber kein Grund, der eine abweichende Behandlung rechtfertigen könnte, wenn die Forderung — wie in unserem Fall — in der

Auslandswährung anzumelden und festzustellen war. Darum behauptet sie hier den für den Zeitpunkt der Konkurseröffnung nach § 1 Abs. 2 UmstVO. errechneten Wertbetrag ungeachtet des Absinkens der Frankenwährung für den ganzen Bereich der konkursmäßigen Befriedigung.

Bei Fragen zur Produktsicherheit wenden Sie sich bitte an:
If you have any questions regarding product safety,
please contact:

Walter de Gruyter GmbH
Genthiner Straße 13
10785 Berlin
productsafety@degruyterbrill.com